# LA VOZ DE TU ALMA

# Lain García Calvo

Dentro de estas páginas se encuentran
las joyas imperecederas del Universo

¡Y el Mayor Tesoro de Tu Corazón!

La Voz de tu alma

Primera edición: abril de 2013

Reimpresión: julio de 2019

© Laín García Calvo 2016

Autoedición y Diseño: Laín García Calvo

laingarciacalvo@gmail.com

ISBN: 978-84-61716-09-8

Depósito legal: B-17682-2018

IMPRESO EN ESPAÑA / *PRINTED IN SPAIN*

«El que busca no debe dejar de buscar hasta tanto que encuentre. Y cuando encuentre se estremecerá, y tras su estremecimiento se llenará de admiración y reinará sobre el Universo.»

**Evangelio perdido de Santo Tomás**

Dedicado a TI, querido lector.

Cuídate a ti mismo, trátate con cariño y atención. Entonces tu alma entrará en calor, y desplegará sus alitas.

## AGRADECIMIENTOS:

Agradezco en primer lugar a Dios por la oportunidad de vislumbrar lo que ahora tú vas a descubrir, y permitirme aplicarlo a mi vida con éxito.

Quiero agradecer también a las dos personas más maravillosas que conozco, MIS PADRES, por darme la vida, su apoyo incondicional y todo su amor. GRÀCIES PAPÀ, GRACIAS MAMÁ.

A mis hermanos, por ser un apoyo y por compartir este viaje juntos.

A mi abuela, a mi abuelo y a mi tía, que aunque están lejos, los llevo siempre en mi corazón.

A mi tío Miguel Ángel, que ya nos dejó en este plano, pero nos acompaña desde arriba.

A mis amigos que me apoyan siempre, ellos saben quiénes son, ¡GRACIAS!

Quiero agradecerte a ti, que has adquirido este ejemplar, por darme la oportunidad de vivir mi misión de vida y ser tan feliz. ¡GRACIAS!

A todos los maestros, mentores y autores de los que he aprendido, algunos de ellos los cito en estas páginas, otros por desconocimiento o no recordar de dónde saqué la fuente, no he podido nombrarlos. Si algo escrito aquí no aparece citado, pido disculpas de antemano, pues me ha sido imposible recordarlo todo. Sin embargo, agradezco enormemente su inspiración y la aportación para el progreso global de la humanidad.

**GRACIAS, GRACIAS, GRACIAS**

*El 10% de los beneficios recaudados con este libro irán donados al proyecto de Lain, algo muy especial (revisa el final del libro, apartado de embajadores).

Amado lector,

**gracias, gracias, gracias** de todo corazón por tomar la iniciativa de adquirir este libro y leerlo.

Quizás tú también pasaste por algunas decepciones e injusticias… No importa nada de eso, **es mucho más importante el lugar a dónde vamos que el lugar de dónde venimos**. En estas páginas se encuentran las joyas invaluables del Universo y el mayor tesoro de tu corazón, lo que significa que vas a desatar un inmenso poder que todos tenemos dentro y empezarás a ver como el viento comienza a soplar a tu favor y el mundo sale a tu encuentro para ungirte y para bendecirte.

Escribí estas páginas con el profundo convencimiento de que el ser humano es extraordinario y que en su interior encierra el poder más grande del Universo, la capacidad de convertirse en Creador de su propia Vida.

La Saga de LA VOZ DE TU ALMA nació con el propósito de abrir puertas de bendición a todo aquél que la lea y la practique.

De alguna forma el universo apoya estos libros, pues cosas mágicas han sucedido con ellos desde su nacimiento, en el año 2013 con el primer tomo, y cada día ofrecen nuevos milagros a todo aquél que entra en contacto con ellos.

Tampoco llega a las personas por casualidad, sino por sincronicidad, así que los tienes en tus manos, significa dos cosas:

## ERES TREMENDAMENTE ESPECIAL

## Y...

## HAY MILAGROS QUE ESTÁN A PUNTO DE SUCEDER EN TU VIDA

**Este es mi deseo para ti, que todos tus sueños se hagan realidad.** "*Conoce la verdad y ella te hará libre*", decía Jesús; y la verdad es que ¡YA ERES LIBRE! Tú eres más grande que cualquier obstáculo, hay ADN ganador en tu interior, sangre de campeón en tus venas.

No importa lo mucho que trates de escaparte, no importa lo que corras, el Universo te alcanzará y derramará todas las bendiciones destinadas para ti aquí y ahora.

La Saga de LA VOZ DE TU ALMA contiene libros especiales y enseguida lo vas a notar. Si puedes sentir su vibración reconocerás de qué está hecho. Por este motivo, sé que va a aportarte grandes cosas en tu vida. El Universo entero desea darte su favor y el mundo cuida de ti, por mucho que cueste aceptarlo.

Abre tu mente y tu corazón a recibir la abundancia en todos los sentidos de tu vida, y la recibirás.

**No estás solo en este viaje**, te voy a acompañar porque mi PROPÓSITO DE VIDA eres tú, así que si lo deseas **puedes seguirme en mis redes sociales** donde hago **lecturas en directo** de los libros con todos los estudiantes de la saga.

Quiero terminar recordándote que **POR MUCHOS "NO" DE TU PASADO HAY UN GRAN "SÍ" EN TU FUTURO**, y que el Universo cerró puertas de bronce para abrir nuevas puertas de oro para ti.

GRACIAS DE CORAZÓN por adquirir estos libros y querer llevar tu vida al siguiente nivel.

**♥La saga de LA VOZ DE TU ALMA bendice a quien la tiene, la lee y la practica♥**

GRACIAS GRACIAS GRACIAS.

TE AMO.

# ¿POR QUÉ DEBERÍA YO LEER ESTE LIBRO?

¿Recuerdas cuando eras niño y te ilusionabas por todo? ¡Tenías grandes sueños, todo era una aventura! Te ilusionabas por la Noche de Reyes o Papá Noel, ni siquiera sabías cómo se las arreglaban para poder traer a todos los niños lo que estos habían pedido, pero no te preocupaba... Sabías que lo tendrías. Cuando llovía pisabas los charcos. Te encantaba ponerte las botas de lluvia para poder meter el pie dentro del agua. Al llegar la primavera te ilusionabas cuando veías la primera mariposa y las primeras flores. Soñabas con tener una mascota. Cuando tus padres te decían que ibais a ir a la playa o a la montaña de excursión te tirabas toda la semana soñando con eso.

Pero poco a poco, la ilusión se fue apagando. Y con ella tus sueños. Empezaste a escuchar a tus mayores, ellos eran más realistas, sabían lo que era bueno para ti. Empezaron a decirte que no pisaras los charcos en invierno porque te resfriarías. Te advertían de que posiblemente llovería el fin de semana y que no podrías ir a la playa o a la excursión. Descubriste que los Reyes y Papá Noel son los padres. Cuando se te posaba una mariposa en el hombro la apartabas de un manotazo diciendo: ¡sal de aquí, bicho asqueroso! Las flores empezaron a producirte alergia debido al polen. Tuviste tu primera mascota pero cuando murió lo pasaste tan mal que decidiste no volver a tener otra. Te convencieron de que tus grandes aspiraciones podían frustrarse y te llevaron por el camino más seguro y "lógico".

Poco a poco dejaste de ilusionarte por las cosas. No es que no quisieras ser u obtener cosas o experiencias que te gustaban y amabas, pero empezaste a tener miedo... En lugar de ilusionarte, te preocupabas por si eso no se fuera a dar. Ya no tenías la fe de que los Reyes vinieran sí o sí, o de que Papá Noel se las arreglara para entrar en tu casa en plena noche. Si tenías que ir de excursión el fin de semana, empezabas a ver las telenoticias para constatar si haría o no buen tiempo. Dejaste de centrarte en todas las cosas buenas que harías en tu excursión para pasar a preocuparte por si llovería o no, por si habría caravana de coches o cualquier otra cosa que te impidiera disfrutar de lo que tú realmente querías.

Tus sueños se fueron apagando y con ellos tus ilusiones, tu entusiasmo, tu amor por la vida. De repente, con el tiempo, un día despertaste y te preguntaste cuál es el sentido de la vida. Empezaste a tener pesadillas. Por las noches te despertabas a menudo. Empezaste a sentirte cansado. Qué sentido tiene hacer todo lo que estás haciendo. ¿Acaso hemos venido a este mundo para esto? ¿De qué sirve todo esto? ¿Qué pinto yo aquí?

Tengo una pregunta muy importante para ti, de seguir así:

¿Cuál será tu final?..

Y sin haber terminado aún tu historia todo apunta ya a cómo será su final… en tu lecho de muerte, mirando atrás y dándote cuenta de que todo ha sido una gran mentira. Que tu mente creó todos esos problemas que nunca jamás llegaron a suceder. Y así pasaste tu vida angustiado hasta que fue demasiado tarde. Tu vida había pasado por delante de tus narices y la habías desaprovechado. Llorando, te resignas a morir sabiendo que todo podría haber sido diferente.

No hay nada más trágico que ver a las personas limitadas en sus verdaderas posibilidades para esta vida. La mayoría vive sus vidas en su propia prisión. Se ve en sus caras a medida que envejecen. Son como fieras salvajes encerradas en jaulas paseándose de un lado a otro mientras piensan en qué pasó con aquella vida que alguna vez soñaron y que nunca llegó…

El infierno en esta tierra es encontrarte de frente con la persona que podrías haber sido y mirarle a los ojos… Pero ha llegado el momento de escapar de tu jaula dorada.

Llegamos a este mundo sin manual de instrucciones, sintiéndonos desamparados, e intentando aprender qué es esto de vivir. Qué sentido tiene. Nos sentimos como un corcho en medio del océano yendo de un lado al otro a merced de la corriente. Y el ser humano se pasa su vida intentando resolver este gran misterio que algunos logran desvelar al final de sus vidas y otros no lo conocen jamás. Estamos tan ajetreados con los quehaceres cotidianos que no tenemos tiempo para pensar. No tomamos perspectiva de las cosas y no nos enteramos de que nada sucede por casualidad. Que todo en el Universo se rige por unas leyes. Que el manual de instrucciones está al alcance de todos y que lleva desde el inicio de los tiempos al alcance de la humanidad. He escrito este libro para que sepas que no eres un corcho flotando en medio del mar. Tú tienes tu propio barco, y tienes tus velas y tu timón para dirigir tu vida hacia donde tú quieras.

## CONOCE LA VERDAD:

Estamos hechos a imagen y semejanza del creador. Nacimos creadores y nuestra misión es crear. Crear no es copiar. Tú naciste con unas cualidades únicas. Has venido aquí con una misión. Tu alma se acuerda pero tu mente interfiere. Calma tu mente y escucha el susurro de tu alma, ella te guiará.

Si te fijas, todo lo que ha acontecido en tu vida de alguna u otra forma lo has pensado y atraído hacia ti, ya sea directa o indirectamente. ¿Te has dado ya cuenta de que tus peores temores se manifiestan? ¿También te has dado cuenta de que cuando deseas algo con mucha intensidad y no te preocupa demasiado el hecho de si lo vas a lograr o no, acabas obteniéndolo? ¿Cómo crees que hemos pasado de vivir en cuevas a poder manejar ordenadores? ¿Quién ha inventado todo eso y de dónde ha salido esa información y la técnica para hacerlo?

¿Qué es lo que hace que algunas vidas transcurran en medio de la abundancia y felicidad y otras transcurra en medio del sufrimiento y la miseria?

Remóntate al pasado, hace 10 años. ¿Dónde estabas? ¿Quiénes eran tus amistades? ¿Qué tipo de conversaciones tenías? ¿Qué decisiones tomaste? ¿Qué creías o no posible para ti? ¿En qué te enfocabas? ¿Guarda todo esto alguna relación directa con todo lo que estás teniendo ahora en tu vida? ¿Tiene eso algo que ver con lo que tú realmente querías? ¿O más bien fuiste realista? ¿Te dejaste aconsejar, hiciste caso de tu entorno? ¿Tuviste miedo de hacer lo que tu alma quería? ¿Fuiste por el camino seguro, tal y como tu lógica te indicaba?

Durante la lectura de este libro encontrarás las respuestas a todo esto y mucho más. Entenderás por qué ya no puedes dormir del tirón. Por qué te despiertas con una sensación de vacío y de tristeza. Por qué tu energía ha ido bajando poco a poco. Porqué sientes una presión en el pecho de vez en cuando y un escalofrío que recorre tu cuerpo.

Es tu alma quejándose. Cuando eras niño sabías lo que querías.

Hacías caso a tu alma. Pero poco a poco fuiste sustituyéndola por tu mente. Ahora ella domina tu vida, pero tu alma se queja. Lo hace tan sutilmente que apenas lo percibes. La mente es muy ruidosa y tu vida es tan ajetreada y distraída que apenas tienes tiempo para escuchar ese susurro en tu interior.

Pero tú tienes un propósito. Viniste aquí por una razón. Tú formas parte de un puzle enorme que es este Universo en el que cada uno tiene su función. Y no existen piezas de más en el Universo. Eres tan importante que ni tú mismo todavía te lo imaginas, pero pronto lo harás. Es tu Dharma. Tu propósito de vida. Lo que tu alma trata de decirte.

*"Dejar un legado a seguir por otros es parte de lo que me motiva. Seguí a otros que se han ido antes que yo. Dejaron un legado para mí. Ahora estoy asegurándome de que los que vengan después de mí tendrán un camino a seguir también."*

**Jim Rohn**

No puedes irte de aquí sin hacer lo que has venido a hacer. Y si no lo haces repetirás curso. ¿Vas a tener la valentía de hacer lo que tu alma quiere? ¿O dejarás que tu mente con sus dudas, preocupaciones y miedos te impida soñar y cumplir tus sueños?

Si no colocas tu pieza del puzle los que vienen detrás no podrán colocar la suya.

Tarde o temprano tendrás que elegir la fe (alma) o el temor (mente), y de ello dependerá tu vida.

La vida es un espejo que refleja tu actitud. Literalmente es un espejo, pero a diferencia de los espejos corrientes, el espejo de la vida refleja con retraso. A veces tarda días, a veces meses, pero obtienes lo que das.

*"La esperanza es el sueño del hombre despierto."*

**Aristóteles**

DESPIERTA DE TU "SUEÑO DESPIERTO" Y CONOCE LA VERDAD. Tú eres responsable de todo lo que te sucede, directa o indirectamente. Lo creas o no. DESPIERTA. DESPIERTA TU CONCIENCIA.

Jesús dijo: "Busca primeramente el Reino de Dios, y lo demás se te dará por añadiduría". También dijo: "el Reino de Dios está dentro de ti". Ya tienes la clave, busca primero dentro de ti, y todas las riquezas materiales, de salud y de amor se te darán por anadiduría. En la Biblia, la palabra "dentro" significa pensamiento. Busca primero en tu pensamiento. Ahí está la clave...

ESTÁS EN UN JUEGO, SI CONOCES LAS REGLAS Y LAS APLICAS, TODO FLUIRÁ COMO LA SEDA, SUAVE, SIN RESISTENCIAS. PORQUE CONOCES LA VERDAD:

## VINISTE AQUÍ PARA BRILLAR

Si tienes este libro en tus manos, es probable que en tus círculos más cercanos seas el tipo de persona que sus pensamientos son un poco... "diferentes". ¿Es eso cierto? Percibes las cosas de manera distinta, te has dado cuenta de algo. Ves el mundo de manera distinta y algunas veces incluso se ríen de ti por ello. Tú tienes la visión de vivir la vida de manera distinta. Es tan inmensamente importante... si te has dado cuenta de que hay algo más que controla nuestras vidas entonces tienes un papel muy importante que desempeñar en el mundo hoy...

Las personas a las que alguna vez se les han señalado como raras, son las que suelen marcar un antes y un después en el mundo.

También puedo adivinar que seas quien seas, sé que tenemos algo en común: no nos conformamos. ¿Eres tú ese tipo de persona que quiere más? Y es porque en el fondo solo hay una cosa que nos hace felices, el PROGRESO, el CRECIMIENTO. Como en la naturaleza, si algo no está creciendo, ¿entonces qué está haciendo? ¡Se está muriendo! No importa cuál sea tu situación económica, tu situación amorosa, tus relaciones, tu familia, tu vida en general. Si no estás creciendo en cada una de esas áreas, entonces serás infeliz.

*"Cuando lleguéis a conoceros a vosotros mismos, entonces seréis conocidos y caeréis en la cuenta de que sois hijos del Padre Viviente. Pero si no os conocéis a vosotros mismos, estáis sumidos en la pobreza y sois la pobreza misma."*

**Evangelio perdido de Santo Tomás**

Quiero presentarte a alguien. Es la persona en la que te vas a convertir cuando termines este libro y lo asimiles. Una persona con la conciencia despierta que está viviendo el amanecer de su alma. Es posible que ya conozcas a algún "despierto". Este tipo de personas no son reactivas ante las circunstancias exteriores y son unos entusiasmados de la vida y sus posibilidades. Como niños. Son alegres, siempre listos para su próxima aventura. Pacíficos. Son perseverantes, rendirse no forma parte de su vocabulario. Tienen un aspecto juvenil sin importar su edad real. Son muy creativos y siempre terminan lo que empiezan, cuando deciden algo se aferran a ello. Cuando estás a su lado te sientes más feliz y mucho más esperanzado acerca de todo. Ellos sí saben escuchar. Y aunque puedan ser abiertos de personalidad, nunca sabrás demasiado de ellos. Quizás te cuenten algo para satisfacer tu curiosidad pero ni siquiera sus amigos más cercanos sabrán nada demasiado profundo de ellos, solo trivialidades. Lo que sí sabrás de manera clara es que te sientes espectacularmente bien en su compañía. ¿Conoces a alguien así? Son despiertos de conciencia. Son personas con alma. Son personas que escuchan a la voz del alma.

La mayoría de las personas pasan sus vidas dormitando en su barquito navegando por un río, hasta que de repente les despierta un ruido. Unas inmensas cataratas están a punto de precipitarles al vacío, y cuando se dan cuenta ven que van en un barco sin remos a la deriva y que ya es demasiado tarde…

Pero tú aún estás a tiempo, no importa la edad, ni tus circunstancias actuales. Hoy no es un día más. Hoy vas a crear algo maravilloso. Hoy vas a coger e izarás las velas de tu intención, vas a marcar el rumbo que te dicta tu alma, y te guiarás con el timón de tu intuición hacia tus sueños.

No nos define nuestro pasado. Este solo indica nuestro punto de partida. Pero tu futuro lo decides tú. Hoy es el día en que determinas hacia dónde te diriges. Hoy es el día en que eliges tu destino. Hoy es el día en que empiezas tu nueva vida, aquella que siempre tuviste que vivir... Nunca es tarde para ser quien deberías haber sido.

¡¡¡Estoy corriendo hoy la gran carrera de mi vida, y quiero que tú corras conmigo!!! Y si me acompañas deseo algo, quítate todo lo pesado que llevas, esas cargas que no te pertenecen, ¡¡¡eso que de verdad no es tuyo!!! ¡¡¡Vamos a correr ligeros!!! ¡¡¡Vamos!!! ¡¡¡Ánimo!!! ¡¡¡TÚ PUEDES!!!

Si decides un cambio en tu vida, no pongas fechas, no esperes ciertos momentos, no lo dejes para mañana... ¡tu cambio empieza hoy!

El momento adecuado nunca llegará. Siempre tendrás algo que hacer, algo que te impida empezar, y así vas retrasándolo hasta que finalmente nunca lo haces. Hoy es el día. El mejor día es hoy. ¿Estás listo?

Empezamos...

# DESCUBRE TU
# "COEFICIENTE DE MANIFESTACIÓN"

¿Te has preguntado alguna vez por qué ciertas personas son capaces de manifestar los resultados que desean, aparentemente sin esfuerzo, mientras que por desgracia para la gran mayoría los sueños nunca se cumplen por mucho que se esfuercen?

**Este sencillo TEST** resolverá todas tus dudas.

Nos enseñaron en la escuela que para triunfar en la vida y obtener lo que deseamos es necesario tener un coeficiente intelectual elevado. Si tú eres como yo, nuestro coeficiente intelectual es normalito tirando a bajo. O puede que tengas un coeficiente intelectual elevado y aun así las cosas que más deseas se te resisten...

¡Tengo una buena noticia!

Lo que mide tu capacidad de cumplir sueños, ser feliz, tener abundancia en relaciones maravillosas, salud ilimitada y prosperidad económicas no es el coeficiente intelectual, sino el **COEFICIENTE DE MANIFESTACIÓN.**

Hoy tienes la oportunidad única de descubrir en qué nivel de manifestación de la realidad te encuentras, con este TEST de ejecución súper sencilla pero muy revelador, que **te indicará en qué punto estás antes de leer LA VOZ DE TU ALMA.**

Al hacerlo, no solamente obtendrás más claridad, sino que te permitirá ver dónde empiezas y dónde terminarás al finalizar la lectura de esta saga, dándote cuenta de los enormes avances que vas a tener después de completarla.

¿CÓMO REALIZAR EL TEST?

Entra ahora en la web:

www.testdemanifestacion.com

# ¿QUIÉN ES LAÍN GARCÍA CALVO?

El mundo se comporta como un espejo. Todos los conceptos de la realidad son literalmente reflejados por el mundo. Al ser un reflejo de lo que pensamos de él, puesto que la realidad siempre estará de acuerdo con lo que pensamos de ella, ¿son todos los esfuerzos por tratar de explicar la realidad en vano?

En última instancia, no es necesario tratar de explicarla, sino aceptar el hecho de que al igual que un espejo, la realidad tiene dos lados. El lado físico que se puede tocar con la mano, y el metafísico que va más allá de las fronteras de la percepción, pero que es igual de preciso. La ciencia trata de explicar lo que aparece reflejado y la espiritualidad trata de explicar el otro lado del espejo.

Para LA VOZ DE TU ALMA, ambas partes son importantes y trabajan en total sincronicidad. Dicho de otra forma, lo que ocurre a un lado del espejo influencia a lo que ocurre al otro lado y viceversa. El estudio de

LA VOZ DE TU ALMA y su práctica te llevará a entender cómo funciona el mundo, por qué hacemos lo que hacemos y cómo influenciarlo para poder cambiar el reflejo.

Como siempre digo, no es necesario que creas en ello para que funcione, pero sí que lo practiques. Cautivados por el espejo, las personas asumen que el reflejo es la verdadera realidad. El efecto del espejo crea una ilusión, como si el mundo alrededor nuestro existiera por sí mismo y estuviera fuera de tu control. Como resultado de esta falsa apariencia, la vida se presenta ante nosotros como un juego en el que no tienes posibilidad de intervenir.

Alguna vez fuiste tentado a manejar tu propio juego, pero no siempre resultó efectivo y nadie te enseñó las reglas para dejar de ser una ficha y pasar a ser el jugador. LA VOZ DE TU ALMA te enseñará la posibilidad de controlar tu realidad, de cómo despertar de la ilusión del reflejo y empezar a cambiar las cosas donde verdaderamente se forman.

Todo mi trabajo se basa en estudiar lo que sucede al otro lado, mediante la ESPIRITUALIDAD, para poder influenciar la MATERIA, tus RESULTADOS. Entre medias, está tu comportamiento, es decir, la ACCIÓN, esta parte influenciada por tu PSICOLOGÍA.

Cada una de estas partes es manejada por un tipo de energía, masculina y femenina, cuya unión genera nuevos nacimientos en la materia, es decir, una nueva realidad para ti. La energía femenina es la de la CREACIÓN, representada por la espiritualidad; mientras que la energía masculina es la ACCIÓN, que es el puente entre la CREACIÓN y la MANIFESTACIÓN (tu deseo ya cumplido).

En LA VOZ DE TU ALMA (que incluye la SAGA *La voz de tu alma*, *Un milagro en 90 días*, *Tu propósito de vida*, *Abriendo Puertas de Bendición*, *Sanación del Alma* y *Fe*; así como el Manual de Ejercicios y el Manual del Maestro), aprenderás a trabajar con la energía CREATIVA.

¡Felicidades por adquirir LA VOZ DE TU ALMA! Gracias por iniciarte en este viaje apasionante y te prometo grandes sorpresas que cambiarán tu percepción del mundo.

Mi trabajo se basa en la TRANSFORMACIÓN PERSONAL, que no es más que la capacidad de pasar de un estado a otro. Si buscamos el significado de la palabra "transformación" encontramos que etimológicamente hablando significa "producir cambios en algo, de modo que, en mayor o menor grado, pierda sus anteriores atributos para adquirir, en forma transitoria o permanente, otros nuevos". Es decir, transformar significa cambiar de forma, pasar de quien has venido siendo a quien has venido a ser, ¡tu mejor versión!

Resumiendo un poco, la finalidad de este libro y de los otros es que pases del lugar donde estás al lugar en el que te gustaría estar, metafóricamente hablando pero también literalmente. Para ello, estudia y aplica estos principios, conviértete en un gran maestro y enseña a otros seres humanos a pasar por el proceso, pero antes de hacerlo, obtén lo que deseas y después podrás ayudar a otros a hacer lo mismo.

Para la preparación de estos seis volúmenes (LA VOZ DE TU ALMA vol. 1, UN MILAGRO EN 90 DÍAS vol. 2 y TU PROPÓSITO DE VIDA vol. 3, ABRIENDO PUERTAS DE BENDICIÓN vol. 4, SANACIÓN DEL ALMA vol. 5 Y FE vol. 6), del Manual de Ejercicios y Manual del Maestro; he leído todo lo que pude encontrar acerca de las leyes universales (incluida la Ley de la Atracción), la creación de milagros, espiritualidad, metafísica y física cuántica. Fuentes obtenidas de artículos, libros, revistas, vídeos, documentos, cursos, entrevistas de nuevos pensadores, científicos, filósofos, grandes maestros y avatares de toda la historia. Además, **he invertido más de 15 años en la búsqueda de los mejores autores, vivos o ya fallecidos, y leído más de 500 libros acerca de los temas aquí tratados.** He atendido a decenas de seminarios y cursos de los más grandes maestros alrededor del mundo. Estudié las biografías de las grandes personalidades en la historia que lograron ascender de la nada aplicando estos principios, desde Jesucristo, Buda y Mahoma hasta Steve Jobs y Richard Branson, pasando por Barack Obama y Oprah Wifrey. De Julio César a Platón, llegando a Tony Robbins o Tharv Eker. Pude conocer y entrevistar a grandes deportistas como Michael Phelps o David Meca. ¡En estas páginas encontrarás la forma de crear milagros aplicada por los más grandes maestros y mentores del mundo, **en más de 5.000 años de sabiduría ancestral y moderna!**

Además, he tenido la oportunidad de conocer a miles de personas. Durante el primer año de la publicación del libro que ahora tienes en tus manos, me han llegado miles y miles de testimonios de personas explicándome pequeños y grandes milagros que han tenido en sus vidas con la aplicación de estos principios.

Gracias al evento que he creado, tan solo en un año ya pasaron más de 5.000 personas por las conferencias y el seminario, y ya van más de 50.000. Todas ellas me enseñaron una gran lección.

Si sumara tan solo las personas que han pasado por el evento y han leído este libro durante los primeros tres años de su existencia, estaríamos hablando de más de 400.000. Sus edades tienen una media de unos 40 años. 400.000 personas a 40 años de edad, ¡SUMAN MÁS DE 16.000.000 DE AÑOS DE SABIDURÍA!

Además, tengo la bendición de ser entrevistado en los grandes medios de comunicación en España, apareciendo en televisiones nacionales como ANTENA 3, TELEVISIÓN ESPAÑOLA, RADIO NACIONAL DE ESPAÑA, ONDA CERO, COPE, CADENA SER, etc. **Y he podido comprobar cómo las personas, sean de la edad que sean, estatus social, religión o sexo, todas ellas sin excepción, tienen un Poder Ilimitado que yace dormido en su interior.**

En mis seminarios de INTENSIVO ¡VUÉLVETE IMPARABLE!, con la experiencia de CAMINA POR EL FUEGO, siempre explico que el primer gran motivador del cambio es el DOLOR. La mayoría de las personas están tan cómodas dentro de su incomodidad que no son capaces de hacer lo que tienen que hacer para cambiar. No hacen nada hasta que ocurre algo que les proporciona el suficiente dolor para provocar ese cambio.

Estamos tan acostumbrados a la zona de confort, que aceptamos el dolor porque nos es conocido, renunciando con ello a nuestros sueños.

En este sentido, todos y cada uno de nosotros tenemos uno o varios puntos de inflexión en nuestras vidas que desvían nuestra trayectoria, a veces ligeramente, a veces drásticamente. Esos sucesos que nos obligan a tomar decisiones distintas. Esto hace que nuestra vida nunca vuelva a ser como antes.

Como tú, también **he tenido algunos puntos que me han hecho pensar diferente** y me han llevado a entender estos principios que ahora te explico en este libro y cómo entenderlos y aplicarlos pueden cambiar la vida a cualquiera; incluido aquel que crea que su situación es insalvable o irreversible. Un día sentí una emoción muy intensa, algo que me llenó de energía y vitalidad. Me desperté con una idea en la cabeza. Me indicaron un camino a seguir. **Mi alma, mi intuición, sabía lo que era...**

## UNA GRAN LECCIÓN

Con 10 años tuve una experiencia personal que cambió mi manera de ver el mundo para siempre. Mi padre solía navegar, y todavía lo hace, con una embarcación deportiva típica en Cataluña llamada "patín de vela". Este tipo de embarcación ligera es muy divertida cuando aprendes a dominarla pero es también bastante inestable. Como no tiene timón, la manera de marcar el rumbo es con la aplicación de tu propio peso sobre la vela. Para dar la vuelta, tienes que ponerte de pie, apoyar los brazos y el cuerpo contra la vela y cuando el viento empuja entonces agacharte y que la vela pase por encima de ti cambiando de enfoque. Entonces el viento comienza a golpear la vela por el otro lado y el barco gira. Pues bien, mis padres nos compraron a mi hermano y a mí una versión más pequeña de este barquito para que pudiéramos iniciarnos. Después de mucho practicar, y teniendo en cuenta que mi hermano y yo éramos nadadores y nos defendíamos bien en el agua, mis padres decidieron que ese día por fin ya podíamos salir solos al mar a navegar. Comenzamos muy bien. Al ser pequeños podíamos movernos con suma agilidad por la superficie del barco y poder así repartir el peso para guiar el barco. Sin embargo, de pronto empezó a soplar más viento, el mar se agitaba cada vez más y más y desde la playa veíamos a mi padre haciéndonos señales para que volviéramos. Así que mi hermano y yo nos dispusimos a dar la vuelta. Para ello, procedimos a ponernos de pie contra la vela y esperar que el viento girase para dejar la vela pasar y cambiar el rumbo. Sin embargo, mi hermano y yo éramos muy pequeños y el viento muy fuerte. En cuanto el viento golpeó la superficie de la vela, mi hermano y yo nos precipitamos hacia el frío y oscuro mar…

## ETIQUETAS EXTERNAS QUE DEFINEN LO QUE ERES

Empecé a leer metafísica y espiritualidad con 14 años. Siempre había sido muy consciente de que hay algo más, que no todo es lo que parece. Recuerdo el primer libro que leí de Paulo Coelho, *El alquimista*. Hablaba de la leyenda personal y de que el Universo conspira para que tus deseos se cumplan. No podía creerlo, ¡por fin alguien me había dicho algo que yo entendía!

Pero como siempre, en toda vida de cualquier persona, hay un punto de inflexión. Con 15 años, me había convertido en un nadador de éxito. Mi carrera profesional iba avanzando muy bien, quedaba campeón de todas las competiciones autonómicas o estatales a las que me presentaba, mis relaciones iban viento en popa y todo parecía ir muy, muy bien.

Pero de repente contraje una enfermedad llamada mononucleosis. Me afectó al hígado y estuve 6 meses en cama. Perdí el curso académico y mi carrera deportiva se derrumbó. Fueron meses muy duros, imaginaos un chico de 15 años, en plena adolescencia, con todos sus amigos disfrutando de la vida y pasándolo bien, y uno mismo que no podía apenas tenerse en pie y con una depresión que solo me hacía enfermar más y más.

Fueron días tremendamente duros. Recuerdo despertar a las doce del mediodía, con un cansancio fuera de lo normal y mis emociones por los suelos. No tenía sentido nada. ¿Cómo era posible que hubiera pasado de una vitalidad y energía sin límites a un estado tan lamentable en tan poco tiempo?

Cuando por fin me dieron el alta, empecé a hacer vida normal, pero no podía con mi alma. Estaba muy cansado y me dolían mucho las articulaciones. Volví al médico y me diagnosticaron síndrome de fatiga crónica y principio de fibromialgia. Palabras textuales del médico, ya puedes dejar de nadar, nunca vas a poder entrenar y vas a tener que cuidarte porque esto que tú tienes es degenerativo. Me puso la etiqueta de enfermo y se quedó tan ancho. ¡Pero yo tenía 16 años y toda una vida por delante! Lo pasé muy mal, estuve tres días encerrado, deprimido y con ganas de llorar a todas horas. Pero al cuarto día tomé una decisión. Recordé las palabras de Coelho y decidí perseguir mis sueños. Me quité la etiqueta que me habían inculcado de enfermo y empecé a escribir aquello que quería conseguir. En menos de un año quedé doble campeón de España y récord nacional por edades. Después de eso estuve varias veces dentro del equipo nacional de mi país, viajé por toda Europa y fui medallista en los campeonatos de España durante más de 7 años consecutivos.

Allí tuve claro algo. No importa lo que alguien piense sobre ti. Lo importante es la visión que tienes sobre ti mismo. NO DEJES QUE NADIE TE ETIQUETE. A veces nuestra sociedad le da tanta importancia a la medicina que cuando nos etiquetan como enfermos ya cargamos con esa losa toda la vida. La medicina cura, pero cura si tú quieres y, en última instancia, el que se cura eres tú, con tu intención. Tú decides estar enfermo o sano. Cuesta de asimilar porque a veces estar enfermos nos conviene. Recibimos más cuidados y atención, estamos más mimados, captamos más la atención de la gente… piénsalo… pero eso no es vida, eso es sobrevivir, y si eres como yo, querrás vivir.

Después de eso investigué más y he visto milagros de curación increíbles. Ahí entendí el primer principio que aprenderás en este libro.

## ¡CUIDADO CON LO QUE ME PIDAS! ATTE. EL UNIVERSO.

En aquel entonces hice una lista de todas las cosas que quería conseguir, de mis peticiones. Recientemente mi madre trajo un libro que teníamos guardado en el pueblo donde vive mi abuela. Era un libro de Jorge Bucay, *Cuentos para pensar*. Al abrirlo se deslizó hacia el suelo una hoja de papel. Parecía tener muchos años y estaba bastante manoseada. Estaba doblada por la mitad. Cuando la abrí y empecé a leer mi rostro palideció. ¡Era la lista que había hecho 13 años atrás! Pero lo más curioso es que revisé una a una todas mis peticiones, **¡y todas y cada una de ellas se habían cumplido!** Fue impresionante, pues cuando escribí la lista, la mayoría de esas cosas eran imposibles para mí, o al menos eso creía… Ahí aprendí que los límites están en tu mente y que tú pones el listón a la altura que tú puedes concebir. Porque cuando abrí la lista y vi lo que había escrito pensé "¡¿y por qué no pedí más!?" Entendí algo y es que en esta vida, **AQUELLO CON LO QUE TE CONFORMES ES LO QUE TENDRÁS.**

## EL DESAFÍO DEL DINERO

Años después me volví a encontrar con otro desafío, esta vez económico. Estaba estudiando en una universidad privada en Madrid, pero no tenía dinero ni para irme a tomar un refresco con mis amigos. Vivía en una residencia de estudiantes de clase alta y compartía habitaciones con la cantera del Real Madrid de fútbol. Todos ellos muy bien posicionados, pero cuando me decían de salir de fiesta a divertirnos yo siempre decía que no me apetecía. Y la realidad es que no tenía el dinero para hacerlo. (Desde aquí agradezco profundamente a una persona que me ayudó muchísimo, él ya lo sabrá cuando lea esto. J.L.L, te quiero, eres un ángel para mí, GRACIAS DE CORAZÓN).

Los miércoles se jugaba partido de fútbol en la televisión y todos pedían una pizza, pero yo no tenía dinero y tenía que ir a cenar solo a la cafetería. Imagínate, todos mis amigos disfrutando del partido riéndose, cantando el himno de su equipo, comentando… y yo solo y sin televisión en la cafetería de mi universidad.

Fueron momentos duros pero comencé a aplicar los principios que aprenderás en este libro y en menos de tres meses ¡¡¡conseguí ganar cerca de 30.000 euros!!! Entre otras cosas me tocó un premio en un programa de televisión de 15.000 euros, me dieron varias becas de estudiante, etc.

Lo primero que sucedió es que cuando tenía 23 años, estaba celebrando con unos amigos valencianos el hecho de que me iba a vivir a Madrid. Ellos habían venido expresamente desde Valencia a Barcelona para ello. Ese fin de semana salimos de fiesta a una discoteca y cuando salimos de la discoteca, vimos un grupo de gente rodeando un coche volcado en medio de la carretera. Seguimos caminando y tres manzanas más abajo pararon tres coches de policía, nos detuvieron, nos esposaron y nos llevaron al calabozo, en el que permanecimos más de veinte horas, acusándonos de ser los autores de ese delito. Finalmente pudimos salir, y unos meses después fuimos a juicio. Nos condenaron a pagar 5.000 euros a cada uno de nosotros.

Pues bien, cuando empecé a hacer este sistema tenía una deuda de 5.000 euros y no tenía dinero ni para salir a tomar algo con mis amigos.

Exactamente dos semanas después de comenzar este proceso, me llamó mi amigo valenciano y me dijo: "Lain, ¿no te has enterado?" Yo dije: "no, ¿de qué? "Nos han absuelto", dijo. "Nuestro abogado recurrió y nos han absuelto". Wow, fue impresionante, había pasado de deber 5.000 euros a no deber nada, ¡¡¡y no había hecho nada más que visualizarme con mucho dinero!!!

Tres semanas después de la llamada de mi amigo fui a ver al director de la residencia, amigo mío, al cual le debo muchísimo, y le dije que hacía unos meses que no me pasaban unos recibos de la universidad. Entonces él sacó la lista de las asignaturas en las que me había matriculado, comenzó a hacer cálculos y me escribió en un pósit amarillo la cifra que debía: 3.303,57 céntimos. Él conocía mi situación económica, así que me tranquilizó diciéndome que podía pagarlo a plazos y que no me preocupara.

Esa misma noche me fui a dormir y recibí una notificación de correo en el teléfono móvil. Al día siguiente abrí el correo y empecé a leer. Leí algo sobre 3.303 euros y pensé, ups, si me había dicho mi amigo que no me preocupase, que podría pagar a plazos... Pensaba que era una notificación de la universidad acerca de la deuda. Seguí leyendo y entonces me di cuenta. No era una notificación de deuda, ¡era una beca de movilidad del Estado! Pero lo más fuerte de todo es que la beca era de **EXACTAMENTE** de 3.303 EUROS. ¡¡¡El día anterior el director me había escrito en el pósit que debía 3.303,57 céntimos y ese mismo día por la noche había recibido una notificación de una beca de 3.303 euros!!! Solo faltaban los 57 céntimos.

Cuatro semanas después de eso conocí a una persona muy especial. Escuché hablar de una mujer que en la década de los sesenta había ganado todos los concursos a los que se presentaba. Su nombre es Helen Hadsell. Pensé que si hasta aquel momento había logrado esos resultados, ¿por qué no podría también ganar un concurso? Así que estudié cómo Helen Hadsell había ganado todo aquello. Después busqué qué concursos había en aquel momento para poder seleccionar uno al que darle energía.

Puedes ver el vídeo de Helen escaneando el código:

En aquel tiempo, estaban sorteando 1 millón de euros por los 25 años de historia de Telecinco. En todos los programas sorteaban premios de 5.000, 10.000, 15.000 euros, etc.

Inmediatamente comencé el proceso para poder ganarlo. Lo primero, fue un plan de acción. Se trataba de enviar mensajes a un número de teléfono y ellos te enviaban preguntas sobre esos 25 años de programas en dicha cadena de televisión. Mi plan de acción consistía en enviar diez mensajes al día durante una semana. Después, todo el tiempo imaginar y ponerme en situación. Más tarde os explicaré cómo lo hice y lo que aprendí de Helen Hadsell.

Apunté en una hoja todo lo que quería que sucediera. Seleccioné que el presentador, Jorge Javier Vázquez, me diera el premio en su programa *Sálvame*. Pasaron cuatro días de espera, con el teléfono móvil siempre en la mano para cuando me llamasen. Incluso recuerdo un día que fui a cenar a casa de un amigo y estaban dando un programa donde iban a repartir un premio. Me quedé sin batería en el móvil y dejé la cena a medias para volver a la residencia de estudiantes donde vivía para poder cargarlo. Tampoco sucedió nada hasta el martes de la semana siguiente, curiosamente un martes día 13. Recuerdo que estaba estudiando porque esa tarde tenía un examen, con lo cual no estaba pensando demasiado en todo aquello. Y fue entonces cuando pasó. Me llamaron de la dirección de programa de Ana Rosa Quintana para decirme que había sido seleccionado y que ya había ganado 15.000 euros. Pensé que era extraño porque yo había estado visualizando a Jorge Javier Vázquez y su programa *Sálvame*; sin embargo, había una sorpresa más.

Me dijeron los de la dirección del programa de Ana Rosa que en unos momentos iba a salir en directo y que hablaría con ella. Ana Rosa me iba a dar a elegir entre dos preguntas, pero que las pactaríamos antes para que no me equivocase. Entonces me dieron a elegir, entre MAGAZINE y tres temas más. Elegí MAGAZINE. Y ahora viene lo mejor de todo, estaban haciendo preguntas sobre todos los programas que habían pasado por los 25 años de historia de Telecinco. Y la pregunta que me tocó a mí fue: ¿Qué programa presenta cada tarde Jorge Javier Vázquez en Telecinco? La respuesta era *Sálvame*.

**Fue impresionante, había estado visualizando que Jorge Javier me daba el premio en *Sálvame* y no fue él, pero sí la pregunta que me dio el premio.** Cientos de programas durante más de 25 años de historia de esa cadena de televisión y, casualmente, me tocó la pregunta de *Sálvame* y Jorge Javier Vázquez.

Después de esto no podía creer lo que estaba viendo. Todo aquello que había leído o escuchado era cierto, ¡¡¡sólo que me faltaba EL SISTEMA!!!

Entonces empecé a enseñarlo a otras personas y vi que ellos obtenían el mismo resultado.

Mira el vídeo en el siguiente enlace, escanea con tu móvil:

*Si deseas aprender más puedes adquirir el libro CÓMO ATRAER EL DINERO.

## MI GRAN DESCUBRIMIENTO

…y ahí estábamos mi hermano y yo, en medio del mar. El viento nos había precipitado al agua. Hacía mucho frío y las olas eran cada vez mayores. Se avecinaba una tormenta. Tenía que tomar una decisión rápida porque el barco se estaba alejando debido a la corriente. Cogí a mi hermano y empecé a empujarle desde abajo intentado que pudiera subirse de nuevo encima del patín de vela. Pero, aunque mi hermano era pequeño y no pesaba mucho, yo también lo era y lamentablemente no tenía la suficiente fuerza.

El barco cada vez se tambaleaba más y yo, intentando subir a mi hermano, cada vez estaba más agotado. Tuve que tomar una decisión. Entonces me subí yo primero encima del barco y desde arriba le dije a mi hermano, "Dani, ¡dame la mano!" Y desde arriba pude coger la mano de mi hermano y fue muy fácil poder subirle arriba.

Y esa fue mi gran lección. **ES MUCHO MÁS FÁCIL PODER AYUDAR DESDE ARRIBA QUE DESDE ABAJO.**

Lo que más felices nos hará en esta vida es la CONTRIBUCIÓN. Poder ayudar a los demás nos hace sentirnos muy bien. Da sentido a nuestras vidas, nos sentimos útiles. Pero lamentablemente es mucho más difícil ayudar cuando tu vida no está bien.

Ese es el motivo por el cual he escrito este libro, tienes que ayudarte a ti primero y luego poder ayudar a los demás. Vivimos en tiempos de cambio, hay millones de personas que necesitan ayuda, ¿estás de acuerdo conmigo? Pero antes debes ayudarte a ti mismo. Una sola vela puede encender a cientos de ellas y tú vas a convertirte en la vela que ilumine tu camino y el de cientos de personas porque viniste aquí para brillar.

Ahora bien, no quiero que me malinterpretes. Las cosas no suceden por casualidad, no hay ningún secreto mágico, sino que las cosas que funcionan son las cosas simples. No sucumbas ante mensajes de éxito en dos semanas, millonario al instante o cosas por el estilo. **El éxito en la vida llega por el tipo de persona en el que te conviertes.**

Puedes intentar montar un mueble de Ikea solo con el poder de tu mente, pero eso no sucederá nunca porque tienes que hacer algo. Al mismo tiempo puedes intentar montarlo sin la guía para hacerlo pero estoy seguro de que, aun si lo consigues, te llevará muchísimo más tiempo lograrlo y será a base de ensayo-error.

Lo mismo ocurre con tu vida, puedes intentar cambiarla solo con el deseo de hacerlo, pero si no conoces las reglas que gobiernan el mundo, y lo han gobernado desde el inicio de los tiempos, seguramente te llevará más tiempo. Eso si es que finalmente consigues lo que te propones. Al mismo tiempo, si no tomas acción, el conocimiento de esas reglas no te servirá para nada.

No quiero engañarte y quiero insistirte en este punto: nada de esto funcionará si no lo aplicas. Está muy de moda leer libros de superación personal, asistir a seminarios de éxito, etc., pero no se trata de lo que sabes. Se trata de lo que haces con lo que sabes.

Es posible que algunos conceptos que aquí leas ya los conozcas, pero no dejes que por ello se te pasen por alto. Si ya los conoces pregúntate: ¿domino ya este concepto? Y para saber si lo dominas o no, simplemente mira tus resultados. Si tus resultados no son los que tú esperas es porque todavía no dominas el concepto. La repetición es la base del aprendizaje. Debes integrar cada uno de ellos hasta hacerlos tuyos y que no tengas que pensar conscientemente en ellos para actuar de determinada manera, sino que lo harás en automático.

¡NECESITAS UN SISTEMA!

**Ahora tienes en tus manos EL SISTEMA que abre las puertas de tus sueños. Algo que aprenderás y que no dejarás nunca más porque conoces la verdad: viniste aquí para brillar.**

Lo que sé es lo que transmito, ¡pero sé que me queda tanto por aprender!

Y eso me llena de entusiasmo porque la vida está llena de misterios y enseñanzas que están allí listas para ser descubiertas. Recientemente, hace pocos años conocí los principios de la creación, desde entonces los aplico y los resultados son asombrosos. Solo sé, hasta ahora, que todo en la vida sucede por algo, que hay una causa que evoca a todos los efectos. Que en nuestra propia vida, nosotros somos la causa que provoca nuestras circunstancias. Y que nada sucede por casualidad sino que es a base de constancia, aprendizaje y perseverancia. Que uno puede ir por la vida despistado, distraído con los problemas de la sociedad y los propios personales, pero eso te aleja del camino. Creo también que nuestro trabajo es descubrir nuestros dones personales y que cuando los hemos descubierto es el momento de ponerlos al servicio de la humanidad.

**En mi más profunda oscuridad encontré mi luz. Un día me desperté con un pálpito en el corazón. De repente mi cabeza empezó a darme vueltas y sentí que debía escribir este libro. Mi alma habló e inmediatamente actué. Este es el resultado...**

Estás a punto de emprender un viaje hacia la verdad. Una verdad que ha permanecido oculta durante mucho tiempo. Durante toda la humanidad el conocimiento ha pasado de generación en generación, pero hubo un punto en que esta rotación se rompió. Hoy por fin podemos desvelar lo que los antiguos ya sabían. Pero insisto una vez más, hay una gran diferencia entre conocer el camino y caminar por el camino. Debes aplicar y practicar una y otra vez siempre, pase lo que pase. Cuando te des cuenta lo dominarás y entonces tu vida será fácil y sencilla, obteniendo todo aquello que quieres sin resistencias.

¿Me acompañas?

Para emprender este viaje primero quiero pedirte algo, para que realmente esto funcione para ti. Mi deseo es ayudarte de corazón y para ello, según mi experiencia, hay algo que debes hacer.

Todas las personas de mi equipo y las de mi familia, amigos y personas cercanas, mis seres queridos, todos ellos, leen LA VOZ DE TU ALMA.

La razón es muy sencilla, tu familia, tu equipo y tus seres queridos, o crecen contigo o crecen contra ti. Tú quieres volar alto, pero si las personas de tu alrededor tienen la mente pequeña o no conocen estos principios, ellos mismos te autosabotearán. ¿Alguna vez te ha ocurrido que tratas de crecer, tratas de volar alto, pero se lo cuentas a tu entorno y se encargan enseguida de tirar tus ilusiones por los suelos? Eso es porque ellos no lo creen posible...

¡Haz que lo crean posible!

Entra ahora en www.vozdetualma.com y regala un ejemplar de este libro a todas aquellas personas con las que pasas más tiempo o aquellos integrantes de tu equipo. Esto creará un impulso tremendo a tus resultados y a los de ellos y creará un ambiente de sinergia en el que todos os apoyaréis, pensaréis en grande y crearéis grandes milagros en vuestras vidas. Puedes hacerte EMBAJADOR, y así colaboras con una causa además de ayudar a los tuyos y, por supuesto, a ti mismo. Te explico más al final del libro…

Haz click en el código y empieza tu labor de inspirar a las personas de tu alrededor. ¡Haz feliz a otras personas! A veces es tan, tan sencillo…

# NO HAY NADA NUEVO BAJO EL SOL

No hay nada nuevo bajo el sol. Los principios que aprenderás en este libro llevan miles de años a disposición de la raza humana. Mis maestros y antecesores ya enseñaban esto hace años, décadas e incluso milenios. Sin embargo, son el SUPER-SECRETO PERDIDO de la humanidad. Todas las tradiciones y textos espirituales antiguos sugieren que, de alguna manera u otra, estamos conectados al Universo que nos rodea y que nosotros lo afectamos con nuestro pensamiento y emociones. Las enseñanzas son muy antiguas. Lo que sí es nuevo quizás es la manera de expresarlos que hallarás en este libro. Me he decidido a escribirlo porque he podido comprobar en mis cursos y sesiones individuales que realmente estos principios funcionan. Debes saber que todo es energía y que nada sucede por accidente o casualidad. Debes estudiar estos principios, debes ponerle pasión y ganas, pero la realidad es que es fácil, si esa es tu intención.

Tengo que advertirte algo. Hay tres palabras muy, muy, muy peligrosas. Y lo son en cualquier idioma. Las palabras que van a limitarte más y a provocar más sufrimiento en tu vida. Esas palabras son YA LO SÉ. Probablemente leas cosas aquí que ya sabías o habías leído en algún otro lugar y tu mente automáticamente dirá, "esto ya lo sé", pero debes preguntarte, ¿realmente lo sé? Y la respuesta es muy sencilla, mira tus resultados.

Si quieres saber si realmente sabes esos conceptos que recuerdas hay una forma muy simple, mira tus resultados. Si tus resultados no son los que tú esperas significa que no sabes ese concepto. Lo has oído, lo has leído, pero no lo has integrado, por tanto no lo sabes. Se necesita mucha humildad para abandonar nuestro ego y dejar atrás los viejos hábitos que, precisamente, nos han llevado a donde nos encontramos ahora. **Recuerda que lo que ves lo olvidas, lo que escuchas lo recuerdas, pero lo que haces entonces lo aprendes, lo sabes**.

Si durante el estudio de esta filosofía sientes el impulso de rebatir algo que te cuesta aceptar o entender, por favor, no lo hagas. Pasa ese punto y sigue leyendo. **Cuando el alumno está preparado aparece el maestro.** Dependiendo de la evolución de cada uno habrá cosas más sencillas de entender o de asimilar que otras, pero no importa. Haz caso de aquello que ahora te vibre más y aplícalo, pues solo mediante la acción verás los resultados. Si sigues leyendo y nada te resulta familiar y no estás de acuerdo con lo que aquí se dice, deja de leer. Es inútil que continúes. Te faltan escalones o pasos que dar, no lo fuerces.

Esta filosofía produce paz, amor y felicidad. Cuando conoces la verdad te envuelve una especie de serenidad y tranquilidad. Si sientes durante la lectura de este libro la necesidad de rebatir, de luchar o de pelear contra lo que aquí se dice es que todavía no estás en el momento de buscar la paz. Estás queriendo guerra. Y es mejor que dejes de leer.

Me gustaría pedirte algo más. No te creas ni una sola palabra de lo que vas a leer aquí. Tú ya has pasado por la etapa en que te lo creías todo. Estás lo suficientemente evolucionado como para saber la verdad. Así que por favor, te pido que no aceptes esto como verdad absoluta. Te pido que LO COMPRUEBES. Pon a prueba todos estos principios. Solo la experiencia te dará el conocimiento. Ya has pasado la etapa de leer y leer pero no aplicar nada. Estudia estos principios, ponlos en práctica y verás los resultados. No fallan jamás, pero debes comprobarlo tú mismo.

Quiero también avisarte de algo. Leerás mucho en este libro que quizás no comprendes o no quieres aceptar. Tú resuelves creer lo que te parece lógico, justo o real. Algunas cosas son tan nuevas para ti que te será difícil aceptarlas de repente. Por eso te recomiendo que lo leas con la mente limpia y amplia y que no cierres las puertas de inmediato.

Cuando una idea o pensamiento nuevo llegan a tu mente, esta jamás vuelve a su estado original. Algo ha cambiado. Pero en tu cuerpo hay millones y millones de células y estas se van despertando poco a poco. Con este libro empezarás a despertar células que permanecían dormidas y que estas nuevas ideas las activan. Cuando te acabas de despertar por la mañana, hay un rato en el que todavía no sabes muy bien lo que se te está diciendo, ¿verdad? Después de haber desayunado, de haberte duchado y de haberte activado ya puedes procesar mejor lo que se te está diciendo, ¿cierto? Lo mismo sucede con lo que vas a aprender en este libro. Dale su tiempo, reléelo, medita sobre ello. Tus células se van a ir despertando poco a poco. Empezarán a vibrar una a una. Ten paciencia.

Universalmente todos los textos y tradiciones antiguos nos dicen que **¡¡¡estamos viviendo tiempos extraordinarios en nuestra era, en nuestra tierra y en el tiempo en la historia en el que nos encontramos!!!**

En este libro tendrás referencias más que de sobra para entender que puedes ser y tener cualquier cosa. La ciencia, la espiritualidad, personajes famosos, gente de a pie, todo el mundo lo ha experimentado; solo tienes que ser consciente de ello, identificar qué quieres y no dejar que el miedo te impida tomar acción. Y de eso trata este libro, sobre tener metas, cambiar tus creencias y tomar acción para lograrlas.

**Decía Benjamin Disraeli: "Cuando necesito leer un libro, lo escribo". Y eso mismo he hecho yo, este es el libro que me hubiera gustado tener cuando nací.**

Estás a punto de abrir la caja de Pandora, la puerta a un conocimiento que permaneció oculto durante años y que ahora vas a ver explicado en un lenguaje accesible y simple para que comprendas la verdad. Jesús decía: "Conoced la verdad y ella os hará libres". Estás a punto de conocer la verdad. ¿Estás preparado?

# ¿CÓMO USAR ESTE LIBRO?

*"¿Por qué contentarnos con vivir a rastras*

*cuando sentimos el anhelo de volar?"*

**Helen Adams Keller**

Cuando comencé a escribir este libro me encontré con una brecha que, al menos a priori, parecía imposible de salvar. Una línea divisoria trazada en la arena entre dos fuerzas muy poderosas. La ciencia por un lado, la religión por otro, partidarios de unos y de otros. Poco a poco fui comprendiendo la verdad, ¡ambos dicen lo mismo! Solo que utilizan un lenguaje distinto, nada más. Uno de los objetivos de este libro ha sido borrar con mi pie esa línea sobre la arena, para que ciencia y religión puedan trabajar en una misma dirección.

Hace un tiempo tuve una experiencia con unos chamanes incas en la que se decía que, según la tradición, **el águila del norte y el cóndor del sur volverían a volar juntos** y que por fin había llegado el momento. El águila del norte, simboliza los países occidentales, simboliza la ciencia, el pragmatismo, el materialismo. El cóndor del sur simboliza los países orientales, lo espiritual, la religión, la filosofía. Por fin ha llegado el momento de unirlas.

La ciencia con sus reglas, la religión y la filosofía con las suyas, todas utilizan su método, ambos igualmente válidos y al mismo tiempo dudosos. Vale la pena que seas un poco escéptico... ¡Debemos cuestionárnoslo todo!

Durante la lectura de este libro necesito que me hagas un favor. No te lo creas, compruébalo. Todo esto funcionará para ti si, y solo si, LO APLICAS. Recuerda que lo que ves lo olvidas, lo que oyes lo recuerdas pero lo que haces entonces lo aprendes y lo sabes. Este libro ha sido proyectado no solamente para ser leído sino para ser experimentado.

Nada sucederá si te dedicas a leer como si fuera un libro más y luego lo dejas en la estantería para pasar al siguiente libro de tu lista. Eso es lo que has estado haciendo hasta ahora, eso es lo que hace la mayoría de la gente. Pero tú no eres uno más. Tú quieres ser quien has venido a ser. Has venido a brillar.

**Un solo concepto de los que leerás en este libro tiene la capacidad de cambiarte la vida para siempre; siempre y cuando pagues un precio, ¡¡¡LO APLIQUES!!!**

Para aplicarlo debes aprenderlo y se aprende mediante la experiencia. Por eso verás que durante la lectura tendrás una serie de ejercicios para hacer. Insisto en que los hagas porque conozco el enorme poder que tiene cada uno de ellos. ¿Ya lo sabes? Bien, recuerda que esas son las palabras más peligrosas. Hazlos, estúdialos, comprométete a ser tu mejor versión. Marca la diferencia en tu vida. Haz que tu vida cuente, y que, cuando todo haya pasado, mires atrás con paz... sabiendo que has hecho todo lo que podías y que no te dejaste llevar por la pereza, el miedo o las excusas.

Durante nuestros seminarios de INTENSIVO ¡VUÉLVETE IMPARABLE!, tenemos un dicho, **COMO HACES UNA COSA LO HACES TODO**. Si no estás al 100% implicado en la lectura y práctica de lo que aquí aprenderás, ¿qué te hace pensar que lo harás en el resto de tu vida? El 90% del día actuamos por automatismos, somos criaturas de hábitos. Somos animales de costumbres. COMO HACES UNA COSA LO HACES TODO.


## IMPLÍCATE

En estos seminarios, utilizo **"técnicas de aprendizaje acelerado"** que permiten avanzar más rápido y recordar más cosas de todo lo que aprendes. Con cada acto estás declarando tu intención al Universo, el cual por la ley de la atracción se encargará de cumplir tu orden. Al mismo tiempo, no solo basta con el decreto, sino que debe haber una acción. La acción es el puente entre tus pensamientos y tus resultados. O entre el mundo mental y el mundo físico.

La primera vez que oí hablar de esto pensé que era una tontería. Dije, esto no es para mí. Pero como estaba bastante mal en mi vida personal decidí arriesgarme. En menos de tres meses gané 30.000 euros.

**Pronto conocerás el poder de la palabra y del pensamiento**. Cada uno de estos capítulos que apliques es una orden que debe ser cumplida por el Universo en el que vives. Pero insisto, nada ocurrirá si no lo haces. Puede parecer una locura pero al fin y al cabo, yo no hago las normas, el Universo funciona así, y lo que has estado haciendo hasta ahora ya sabes los resultados que te ha dado. No digo que tu vida esté mal, pero estoy seguro de que quieres más, ¿cierto? Entonces, ¿qué prefieres, seguir con tu vida y parecer "normal" o que te llamen "loco" por decir y pensar cosas raras, pero vivir una vida extraordinaria?

## ¿CÓMO APROVECHAR ESTE LIBRO AL MÁXIMO?

### Ojea, echa un vistazo y lee por encima

No necesitas leerlo de principio a fin para poder sacarle provecho. Dependiendo del momento en el que te encuentres te llamarán más la atención unos conceptos u otros.

Hojea el libro y repásalo y cuando encuentres un concepto que te interese, aplícalo durante ese día para ver sus efectos. Pronto empezarás a ver diferencias importantes en tu vida con la sola aplicación de uno de estos conceptos.

### Ten una libreta y un bolígrafo a mano

Es interesante que cuando un concepto te interese lo apuntes y lo repases durante el día. Cuando lees y luego lo apuntas estás implicando tu físico, tu mente y toda tu atención va hacia ello.

Cuando después de leer un concepto lo repasas, obtienes un 80% más de retención que si tan solo te dedicas a leerlo y pasar a lo siguiente.

### Relee el libro con regularidad

**En función de tu estado emocional vas a captar unas cosas u otras y, muy a menudo, aquello que no tenía significado resulta ser una pieza clave para ti para tu evolución en estos momentos.**

A menudo en una segunda lectura captamos cosas que en la primera no habíamos podido observar y es, precisamente esa segunda o tercera lectura, la que te abre la mente hacia el nuevo conocimiento.

La repetición es la base del aprendizaje. Tus viejos patrones y condicionamientos intentarán evitar que no lo hagas justificándose de mil y una maneras. Sáltatelos. Ya sabes a dónde te llevan. **Si quieres un cambio no hagas siempre lo mismo. Relee este libro.**

## ¿VAS A JUGAR AL JUEGO DE LA VIDA PARA GANAR O PARA NO PERDER?

**La conciencia es el primer paso para la sanación.** El sufrimiento es voluntario, el dolor es obligatorio. La clave de todo esto es saber cuándo estás fingiendo. Cuándo no estás siendo honesto contigo mismo.

La vida es un juego y como en todo juego tienes sus reglas. La mayoría de las personas juegan al juego de la vida para no perder. ¡Pero eso es vivir atemorizado! No se puede salir a jugar con la actitud de no llegar el último, hay que salir a ganar.

Tenemos varias maneras de jugar:

**1. Rechazar el juego.**

**2. Fingir que estás jugando (lo peor de todo).**

**3. Jugar para no perder.**

**4. Jugar para ganar.**

Debemos concentrarnos en ganar y, si no ganamos, habremos aprendido. Pero nunca se pierde.

Ahora debes saber el "cuál", el "por qué" y el "cómo". Tienes que saber a cuál de los juegos quieres jugar, el por qué quieres jugar y el cómo vas a jugar. O lo que es lo mismo, alinear tu mente, tu corazón y tu físico en pro a un objetivo superior.

Tómate tu tiempo para reflexionar sobre cada uno de los puntos que aquí se dicen. Compáralos con tu vida actual, mira si tienen sentido para ti. Este libro está escrito para estimular tu mente, darle una dirección, y aprovechar así ese poder que la mayoría de las personas desperdician en pensamientos intermitentes y sin propósito alguno.

Una última reflexión, por favor, NO TE LO CREAS, ¡COMPRUÉBALO!

## LOS TRES PASOS PARA EL DESPERTAR DE LA CONCIENCIA

Todo ser humano pasa por tres estadios de conciencia. El primero y el más común, en el que se encuentran la mayoría, es el estadio de victimismo, te encuentras en la noche oscura del alma. Cuando evolucionas, conoces las leyes y los principios, entiendes que tú tienes el control y pasas al estadio conocido como empoderamiento, tu alma empieza a entrar en calor. Por último, te das cuenta de que no lo controlas todo. Estás supeditado a algo superior, Dios, Universo,

Divinidad o como quieras llamarlo… entonces lo reconoces y comienzas a co-crear con Él. **En este estadio te encuentras en el amanecer de tu alma**.

Durante la lectura de este libro tomarás conciencia de los tres estadios y tú decidirás en cuál te quedas. Pero sobre todo ¡¡¡vas a conocerte más a ti mismo!!!

Dijo Jesús:

«Si aquellos que os guían os dijeran: *Ved, el Reino está en el cielo,* entonces las aves del cielo os tomarán la delantera. Y si os dicen: *Está en la mar,* entonces los peces os tomarán la delantera. Mas el Reino está dentro de vosotros y fuera de vosotros. Cuando lleguéis a conoceros a vosotros mismos, entonces seréis conocidos y caeréis en la cuenta de que sois hijos del Padre Viviente. Pero si no os conocéis a vosotros mismos, estáis sumidos en la pobreza y sois la pobreza misma».

**Crea tu propio GRUPO DE ALMAS IMPARABLES para estudiar la Saga de LA VOZ DE TU ALMA.**

Jesús decía:

*"Cuando dos o más se unan en mi nombre, allí estoy yo y habrá milagros"*

Si el más grande de todos los tiempos creó su propio grupo, sus apóstoles, ¿por qué tú no?

No puedo dejar de insistirte en que lo hagas, pues las bendiciones se multiplican cuando lideras un grupo.

**SIN ENSEÑANZA NO SE AVANZA**

# SEMILLAS DE BENDICIÓN

**¡¡¡ATENCIÓN!!! NOTA IMPORTANTE:**

Durante la lectura de este libro es probable que te inspires y que tengas la necesidad de COMPARTIR con tus amigos y seres queridos en las redes sociales como FACEBOOK, TWITTER, INSTAGRAM o WHATSAPP.

¡Es genial! Porque el conocimiento es Universal. Nuestra misión es Inspirar y ayudar a las personas a mejorar la calidad de sus vidas y a dejar un Mundo Mejor porque Tú y Yo estuvimos en ÉL.

Si sientes la necesidad de compartir alguna de estas páginas, puedes **SACARLE UNA FOTO CON EL MÓVIL** y compartirla en tus redes sociales, solo te pediría POR FAVOR que lo citaras con la página web del libro. Puedes poner junto a la foto el comentario:

"Aprende más en www.lavozdetualma.com"

Te animo a que compartas alguna de las páginas que más te Inspiren y que pongas la web para que esas personas puedan llegar a ellas igual que tú y que yo.

COMPARTIR es Felicidad para Nosotros y para las personas con las que Compartimos.

GRACIAS, GRACIAS, GRACIAS de Todo Corazón.

> Nadie va a hacerlo por ti, pero si ha llegado este libro a tus manos no es ninguna casualidad. Estás preparado para subir de escalón. Estoy emocionado por acompañarte en este viaje. Gracias, gracias, gracias. ¿Me acompañas?

Esto es lo que yo llamo plantar SEMILLAS DE BENDICIÓN. Somos BENDECIDOS PARA BENDECIR, repartir inspiración es alegrar la vida a alguien.

Durante la lectura, verás que a veces haremos un alto en el camino para repartir semillas.

Haz fotos de las páginas que más tarde te gusten y envíalas a aquellas personas a las que podría dar una alegría.

GRACIAS, GRACIAS, GRACIAS.

# La Voz de tu Alma

## PRIMER PASO:
# VICTIMISMO

# DEL VICTIMISMO AL EMPODERAMIENTO

*"¿Quién eres? ¿Eres un dios?*

*No, respondió el buda.*

*¿Acaso eres un mago? Insistió de nuevo el hombre.*

*No, respondió de nuevo.*

*¿Eres un humano?*

*No, respondió nuevamente.*

*Entonces, ¿quién eres?*

*Soy un ser Despierto."*

## LA REGLA NÚMERO 1

Es imprescindible para poder cambiar tu realidad que tomes conciencia del juego en que estás metido. Todo en la vida funciona por reglas. Los deportes, la política, los matrimonios, las instituciones, la justicia, etc. La vida es un juego con sus reglas. Y como en cualquier otro juego, si conoces y dominas las reglas, tienes garantías de éxito.

No se puede mover un peón en diagonal, ¿verdad? Si lo haces perderás la partida por infringir las reglas. Si juegas como es debido es probable que ganes la partida. Debes aprender la REGLA NÚMERO 1.

Muchas personas viven a expensas de lo que la vida y las circunstancias les depara. Todo les sucede a ellos, por alguna razón, todo se tuerce. La vida es una lucha, es una pelea constante.

Las personas que continuamente están en lucha se encuentran en el primer estadio de conciencia: EL VICTIMISMO.

La REGLA NÚMERO 1 del juego es la siguiente: TÚ ERES EL RESPONSABLE DE TODO LO QUE TE SUCEDE.

Una vez asumes esto, estás alejándote del rol de víctima. A la víctima todo le sucede, y nunca es ella la responsable. Cuando sobrepasas el papel de víctima, entras en una nueva dimensión, te sientes empoderado y coges las riendas de tu vida para guiarla hacia donde tú decides.

**Reconocerás a una VÍCTIMA** porque siempre juega uno de los siguientes roles y cada uno de ellos obedece a un tipo de expresiones y de creencias:

La víctima **se JUSTIFICA**, con frases como "en realidad tampoco quería eso…", "de todas formas tampoco iba a funcionar" y, la peor de todas, "no me lo merezco", etc:

**Se MIENTE** y dice: "no sé cómo pasó", "no entiendo cómo he podido llegar a esta situación".

**CULPABILIZA** a los demás, diciendo: "la culpa es de tal persona, tal circunstancia…". O a sí mismos.

**Se QUEJA.** El que se queja y dice "estoy harto de…", es especialista en ver siempre la vertiente negativa de cada situación.

**Se RINDE**, dice: "te dije que nunca funcionaría, es demasiado complicado, me rindo…", "no puedo…", etc.

¿Conoces a alguien que actúe así? ¿Está ese alguien en tu entorno? ¿Es probablemente alguien de tu familia? La víctima es ella contra el mundo. Una batalla sin fin contra sus circunstancias. El Universo entero conspira contra ella. Todo lo malo le ocurre a ella. Juega al papel del "pobrecito de mí", le encanta sentir lástima por sí misma y restregarse por el barro de su propia porquería.

Cuando te encuentras en el estado de víctima, todo el mundo es verdugo en tu vida. La vida es como una tranquila desesperación.

En mis seminarios dibujo un árbol donde el tronco simboliza el papel de víctima y de ese tronco salen cinco ramas principales, que son la justificación, la mentira a uno mismo, la culpa, la queja y la rendición. Luego dibujo un hacha y les explico que ellos son los que sostienen ese hacha en sus manos y ellos tienen que tomar la decisión. Cuando tomas el control, coges el hacha y cortas de raíz con tu papel de víctima; entonces sientes una sensación de empoderamiento al saber que a partir de ahora, todo en tu vida depende de ti.

*"Los que se consideran a sí mismos víctimas de sus circunstancias, siempre permanecerán como tales a menos que desarrollen una mayor visión para sus vidas."*

**Stedman Graham**

Durante el estudio de esta filosofía, como en cualquier oficio que empiezas a desempeñar, es posible que cometas algunos errores. Y es fácil que después de cometer algunos errores se apodere de ti alguno de estos personajes. Pero es tu responsabilidad alejarte del papel de víctima y aprender de tus errores.

Una vez asumes la responsabilidad de lo que te ocurre y aceptas que todas las decisiones que tú tomaste te llevaron exactamente a donde estás ahora. Decisiones en cuanto a qué grupo de amigos pertenecer, qué estudiar o no, qué hablar, qué pensar, qué sentir, dónde ir. Todas esas cosas que creemos, desde nuestro rol de víctima, que nos suceden por casualidad.

Cuando asumes que tú eres el creador de tu vida, entonces te colocas en el asiento del conductor. Tú diriges. Tú mandas. Es una gran responsabilidad y a veces da miedo, pero, ¿acaso no es lo que siempre hubiésemos querido? Pues es tu derecho, desde nacimiento, independientemente de dónde hayas nacido, en qué época y en qué familia. Siempre, en todo momento, tienes la facultad de elegir.

Tu trabajo es eliminar todas las resistencias que te impiden ser y tener aquello que te pertenece por derecho. Todos los condicionamientos, creencias y convicciones, los estereotipos creados y las presuposiciones.

**Puedes tener EXCUSAS O RESULTADOS. La palabra más importante aquí es la letra O, porque es excluyente. O una cosa o la otra. O tienes excusas o tienes resultados, pero no las dos cosas. ¿Con qué te comprometes tú hoy?**

## AQUELLO EN LO QUE TE CONCENTRAS SE EXPANDE

En tu vida verás crecer aquella condición en lo exterior que antes hayas manifestado en tu interior. O lo que es lo mismo, tus pensamientos y emociones dominantes terminan manifestándose en lo exterior.

Cuando una víctima se queja, culpa, miente, se rinde o se justifica, ¿en qué se está centrando en lo bueno o en lo malo? ¿Qué condición verá expandirse en su vida?

Por lo tanto, si estás en el papel de VÍCTIMA y te quejas continuamente, culpabilizas siempre a otro de todo lo que sucede, te justificas o te mientes a ti mismo, entonces estás plantando esa negatividad en tu subconsciente y verás que en los días que se suceden y siempre ocurre algo malo y todo va de mal en peor. Tú dirás que es culpa del otro, por no aceptar que tú creaste eso, y que tu actitud define lo que atraes.

Pero si plantas en tu subconsciente pensamientos positivos, te enfocas en tus metas y siempre tratas de ver el bien en cada situación, lo que ocurrirá es que la vida te dará más motivos para sentirte bien y seguir pensando en positivo.

## AQUELLO A LO QUE TE RESISTES PERSISTE

La madre Teresa de Calcuta conocía muy bien este principio y siempre decía: "No me invitéis a *meetings* antiguerra, invitadme a *meetings* a favor de la paz". Cuando te resistes a algo le estás dando más energía a eso, y por los principios que conocerás a continuación harás que esa condición aparezca más y más en tu vida y cada vez con más fuerza.

Si te enfocas en lo que no te gusta en realidad estás atrayendo exactamente eso en tu vida. Cuando te manifiestas en contra de la guerra, le estás dando más energía a la guerra. Cuando en cambio asistes a una manifestación a favor de la paz, es exactamente donde se dirige tu enfoque. Y la energía se dirige hacia donde tienes tu enfoque.

¿En qué te concentras y a qué te resistes en tu vida actual?

*"La mejor manera de que un prisionero no escape, es asegurarse de que nunca sepa que está en prisión."*

**Dostoyevski**

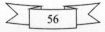

## NO SEAS UN HABLADOR, SÉ UN HACEDOR

Si quieres alejarte de estos personajes anteriormente mencionados vas a tener que aprender esta palabra de memoria: INTEGRIDAD. Significa que **si dices y decides algo, tienes que hacerlo. Pase lo que pase, hazlo**.

Si sigues haciendo lo mismo, seguirás teniendo lo mismo. Rompe tus esquemas mentales y de comportamiento. Si realmente quieres un cambio, necesitas un **COMPROMISO**. Compromiso significa dedicarse sin reservas. Las excusas, las mentiras, las justificaciones no tienen que formar parte de ti. Si no te comprometes al 100% no lograrás nada. La vida está llena de gente con buenas intenciones pero compromiso cero que no logran sino frustrarse ellos mismos y a las personas que les rodean.

Sal del papel de víctima, responsabilízate de tu vida y elige lo que quieres. Deja de ser un corcho flotando en medio del océano sin rumbo. Escápate de esa prisión que construiste a tu alrededor y te mantiene atrapado. Ahora ya sabes que tienes velas y timón para poder navegar hacia donde tú más deseas.

**Independientemente de lo que nos traiga la vida, cada uno de nosotros es responsable de la forma en que responde...**

*"El hombre no es hijo de las circunstancias. Las circunstancias son hijas del hombre."*

**Benjamin Disraeli**

Si eres lo suficientemente valiente y te empoderas para decir un ADIÓS a todo lo que no te gusta en tu vida, la vida te gratificará con un nuevo HOLA a todo aquello que siempre soñaste.

Por último, después de pasar del papel de VÍCTIMA a EMPODERARTE, deberás tomar conciencia de algo más. **Hay una fuerza superior que lo controla todo**. Algunos le llaman Dios, Universo, Divinidad, Inteligencia Infinita, Cosmos, etc. No importa. Pero para crear milagros en tu vida será con su ayuda. Toma conciencia y trabaja junto a Él. Haréis cosas increíbles.

En la Biblia se menciona, varias veces, y en el resto de las religiones y textos sagrados antiguos: "UNO CON DIOS ES MAYORÍA", lo que significa que si actuamos conscientes de esa fuerza de naturaleza superior y pedimos correctamente, tenemos todas las de ganar, puesto que somos mayoría.

## NO SEAS UN MEDIOCRE

La palabra mediocre, quiere decir "medio creer" sobre todo en uno mismo. **No creer en este poder oculto que todos tenemos es no creer en nosotros mismos**.

No creer en nosotros mismos y en ese poder es dejarse llevar por las circunstancias. Es ser un corcho en medio de la tormenta flotando de un lado a otro. Es vivir la vida de otro.

O SOMOS LAS VÍCTIMAS DE NUESTRA REALIDAD O SOMOS LOS CREADORES.

Como aprenderás en este libro, no solo como hasta ahora, en lo espiritual, sino que también el ámbito científico apoya esto, ya no tenemos excusa para no decidir. TODO LO QUE NOS SUCEDE ES GRACIAS A NOSOTROS O POR NUESTRA CULPA. SE ACABÓ BUSCAR CULPABLES EXTERNOS PARA JUSTIFICARNOS. SOMOS NOSOTROS Y NADIE MÁS QUE NOSOTROS LOS QUE CREAMOS NUESTRA REALIDAD. Si entiendes esto, para mí habrá tenido sentido este libro. Porque te habrás dado cuenta de que, para bien o para mal, tú creas tu realidad.

## YO SOY EL ÚNICO RESPONSABLE DE MI VIDA

## EJERCICIO:

Toma consciencia durante los próximos siete días de todas las veces que te quejas, te justificas, culpas a los demás de alguna situación, te mientes a ti mismo o a los demás, o te rindes ante algún desafío.

Cada vez que te sorprendas haciendo alguna de estas cosas, coge la mano, forma una pistola con tus dedos y apunta a tu cabeza. Luego dispara. Porque metafóricamente, estás matándote cada vez que actúas así. Y quizás también te estás matando realmente en términos de felicidad, prosperidad y abundancia.

# La Voz de tu Alma

## SEGUNDO PASO:
# EMPODERAMIENTO

# LOS 7 PRINCIPIOS DE LA CREACIÓN: DE LA LEY DE LA ATRACCIÓN A LA LEY DE LA MANIFESTACIÓN

*"En lo que respecta a los métodos, puede que haya un millón o más, pero de principios hay pocos. El hombre que comprende los principios acierta eligiendo sus propios métodos. El hombre que va probando métodos, ignorando los principios, tendrá problemas."*

**Ralph Waldo Emerson**

Cuando alguien empieza un oficio, un trabajo o alguna actividad, recibe antes una formación específica para poder desempeñarlo con éxito. En función del dominio de estas normas y reglas y de la habilidad de ponerlas en práctica, la persona tiene más o menos éxito en la tarea en cuestión.

**Pero hay una tarea para la cual no recibimos instrucciones, la tarea de vivir**. Empezamos este oficio que es la vida estando completamente desnudos y desamparados. Lo primero que recibimos al llegar a este mundo es un cachete en el culo de un médico que no tiene el más mínimo interés por nosotros, más que el comprobar si estamos vivos o no. Pasamos de un ambiente cálido en el cual no tenemos que hacer nada, el vientre de nuestra madre, a un ambiente frío y hostil en el que tienes que esforzarte para sobrevivir o resignarte a morir. Después de llorar un rato y de pelear contra esa nueva situación, ciego, sin entender nada, finalmente te rindes. Te duermes y **aceptas la idea de que a partir de ahora las cosas** van a ser difíciles. Y vives el resto de tu vida como si fuera una lucha. Peleando por obtener lo que quieres y rindiéndote ante la idea de que las **cosas suceden al azar y que simplemente tienes que agachar la cabeza y aceptarlo**.

Pero ha llegado el momento de conocer la verdad...

> El Universo entero está gobernado por unas leyes. Unos principios que interactúan y no descansan. Trabajan día y noche. ¿Sabes qué es un principio? Es una ley invariable que no falla jamás. Son nuestro manual de instrucciones, nuestras reglas del juego.

Todo está gobernado por unas leyes que actúan siempre y son muy precisas. Nada ocurre por casualidad. De hecho, tampoco es casualidad que estés leyendo este libro ahora. Todo lo que tenemos en nuestra vida, tanto lo bueno como lo malo, ha llegado a nuestra vida por ley, por principio, no por suerte.

Dijeron los discípulos a Jesús: "Dinos cómo va a ser nuestro fin". Respondió Jesús: "¿Es que habéis descubierto ya el principio para que preguntéis por el fin? Sabed que donde está el principio, allí estará también el fin. Dichoso aquel que se encuentra en el principio: él conocerá el fin y no gustará la muerte." Evangelio gnóstico de Santo Tomás

En realidad, todos estos principios actúan como uno solo, pero los separaremos para su mayor comprensión y para la facilidad en su estudio. Estos son:

> Mentalismo, Correspondencia, Vibración, Polaridad, Ritmo, Causa-Efecto y Generación.

Los principios de generación, polaridad y más tarde el de causa-efecto y vibración han sido reconocidos por la ciencia de la mano de los grandes personajes de la historia como Einstein, Newton, Alba Edison, Mozart, Darwin, etc., en determinados estudios como la música, la electricidad, la botánica, la biología, etc. Siempre ha habido maestros más evolucionados en la humanidad que han sabido todo lo relacionado con los principios.

Dijo Jesús:

*«Reconoce lo que tienes ante tu vista y se te manifestará lo que te está oculto, pues nada hay escondido que no llegue a ser manifiesto».*

## EL MAESTRO HERMES, ENOCH, THOT, CADMUS

Hermes Trismegisto es el nombre griego de un personaje mítico que se asoció a un sincretismo del dios egipcio Dyehuti (Thot en griego) y al dios heleno Hermes, o bien al Abraham bíblico. Hermes Trismegisto significa en griego Hermes, el tres veces grande. En Fenicia llamado Cadmus. Llamado Enoch por los judíos. En la Biblia aparece varias veces además de Abraham, como hijo de Caín, también padre de Matusalem.

Hermes Trismegisto es mencionado primordialmente en la literatura ocultista como el sabio egipcio, paralelo al dios Thot egipcio, que creó la alquimia y desarrolló un sistema de creencias metafísicas que hoy es conocida como hermética. Para algunos pensadores medievales, Hermes Trismegisto fue un profeta pagano que anunció el advenimiento del cristianismo. Se le han atribuido estudios de alquimia como la Tabla de Esmeralda —que fue traducida del latín al inglés por Isaac Newton. ¡El propio Isaac Newton involucrado en todo esto!

Cada país se lo quería apropiar porque aquel era un hombre grandioso que dejó enseñanzas para todos. Enoch era hijo de Kaín, descendiente de Adán, primer hombre en la tierra.

Después de la sexta generación de Adán, se formó la **Universidad de Heliópolis**, donde se formaron el sacerdocio egipcio y también Moisés, entre otros. Pero lo más importante de todo es que allí se transmitían las enseñanzas de Hermes.

Hermes fue el primer maestro de nuestra civilización y es muy importante reconocer el hecho de que, en una época sin medios de comunicación ni la globalización que hay ahora, HERMES pudo transmitir sus conocimientos a todas las civilizaciones del mundo antiguo, y que estas se han ido transmitiendo, de manera ocultista o simbólica, de generación en generación, hasta la actualidad.

Debido a que todos querían apropiarse de Hermes, como descendiente de su pueblo, comenzó una lucha de poder. Los nombres de Hermes, Enoch, Thot y Cadmus fueron poco a poco deteriorándose. La iglesia de ese entonces mandó quemar todos los escritos que contuvieran cualquier vestigio de Hermes, Enoch, Thot o Cadmus. Desde entonces se inició una persecución hasta que poco a poco estos nombres fueron difíciles de encontrar.

Una vez apareció una copia de *El libro de Enoch* en Etiopía y otra en

Abisinia. La copia de Abisinia fue a parar a Rusia, y la de Etiopía fue a parar a Inglaterra. Por supuesto, estos libros fueron guardados bajo llave en lugares ocultos, pues estaban prohibidos.

La copia de Rusia desapareció y jamás se ha vuelto a saber nada más de ella. Sin embargo, la copia de Inglaterra se hallaba en la abadía de Westminster y, aunque nadie podía leerla, hubo un obispo que sí la leyó y descubrió un secreto que hoy te relato en estas páginas.

**Inmediatamente se puso a traducirlo porque lo que descubrió fue el PRINCIPIO DEL MENTALISMO**. Poco después se fundó en Inglaterra el movimiento de "El nuevo pensamiento" y después en Estados Unidos, pues las copias estaban traducidas al inglés.

Todas las religiones de todo el mundo e incluso la ciencia moderna están basadas en las enseñanzas de Enoch. Escribió en aquella época más de 40 escritos sobre Cosmología, Cosmografía, Geometría (así llamaban en aquellos tiempos a las Matemáticas), Kábala y Tarot.

Los griegos decían que era Hermes, los judíos decían que era Enoch, los egipcios le llaman Thot y decían que, por supuesto, tenía sus propios orígenes en sus respectivas culturas... Todo eso formó tanta controversia que se perdió lo realmente importante: EL MENSAJE.

**Desde entonces se ha ido transmitiendo por sectas ocultistas, en un lenguaje simbólico, para que solo los más adelantados pudieran entenderlo. Aquellos que lo entendieron, dominaron el mundo. Quizás algunos de ellos te resulten familiares:**

**Shakespeare, Platón, Victor Hugo, Newton, Beethoven, Lincoln, Thomas Alba Edison, Einstein, Buda, Jesucristo, etc.**

Todos ellos dominaban la materia y sus mentes. Y los resultados son más que conocidos por todos.

Todos los textos de Enoch o Hermes fueron quemados. La iglesia mandó destruir todo y adulteró estos textos y como resultado surgió EL NUEVO TESTAMENTO, que no deja vislumbrar el fondo de la verdad.

El maestro Jesús, conocido como Jesucristo, descendiente también de Enoch, pasó varios años oculto en el monasterio esenio de Qumrán, donde fue educado en las enseñanzas de su antepasado, Enoch, Hermes, Thot, etc. Algunos de los ejemplares de los que estudió Jesús lograron ser salvados y se ocultaron en cuevas siendo conocidos como "Los manuscritos del mar Muerto".

**La ORGANIZACIÓN ROCKEFELLER** se ubicó en la región para autentificar y traducir los pergaminos encontrados así como los nuevos que van apareciendo, entre ellos, los textos de Enoch y los textos originales de la Biblia.

## LA CIUDAD PERFECTA DEL APOCALIPSIS

Hace poco leí en un libro un fascículo de la Biblia con un significado profundo. El fascículo dice así:

"Capítulo 21 del Apocalipsis: la ciudad es un cuadrado y su longitud es igual que su anchura. Midió la ciudad con la medida: dos mil doscientos veinte kilómetros. Su longitud y su altura y su anchura son iguales."

Entonces, al igual que el autor del libro, pregunté a una de mis amigas más avanzadas que cuál creía que era el significado de este escrito. Después de unos momentos, ella me contestó:

"La ciudad se presenta como un cubo perfecto, símbolos de perfección, así como un lugar santísimo, por la altura y anchura, las dimensiones de doce, indica gobierno, un lugar perfecto de alta adoración de modo espiritual. ¡¡¡Nos data perfección!!!"

**¡Sí! ¡Las leyes del Universo son perfectas y son siempre las mismas las mires por donde las mires! ¡Eso es!**

**Si vemos todas las leyes, ¡¡¡no se extinguieron!!!**

Cada día el mundo se da cuenta de que las leyes son las que suceden porque tienen que suceder. Las rige el Universo de una manera perfecta...

El creador del Universo es perfecto como es Él lo hizo Todo. Y tú estás hecho a su imagen y semejanza. Un secreto oculto durante siglos; sin embargo, hoy en día la raza humana ya está lo suficientemente evolucionada como para aprender, entender y aplicar estos principios en su totalidad. Estas leyes inmutables están al alcance de todos, y como se dice en los textos sagrados como en la Biblia: "El que tenga oídos, que oiga." Mateo 13, 1-9. O lo que es lo mismo, cuando el alumno está preparado aparece el maestro...

## Y SI ESTO EXISTE, ¿POR QUÉ NO LO SABEMOS?

**La mejor manera de esconder algo es mantenerlo a plena vista**. El secreto ha estado a nuestro alcance desde que tenemos uso de razón. La explicación de por qué no lo veías es porque no lo has estado buscando. Más adelante aprenderás el funcionamiento de tu cerebro, y de cómo un mecanismo llamado SAR es causante de que no te hayas dado cuenta, a pesar de que lo habrás visto, leído o escuchado millones de veces. Incluso LO HABRÁS EXPERIMENTADO.

En el año 2006, salió a la luz un "gran secreto" llamado la Ley de la Atracción. Pues bien, ese secreto no es tan secreto. En el libro de Cony Méndez titulado METAFÍSICA 4 EN 1, se nombra la Ley de la Atracción por lo menos unas 10 veces. En los libros de su maestro Emmet Fox, se vuelve a nombrar. Napoleon Hill, en su libro PIENSE Y HÁGASE RICO, el libro de crecimiento personal más vendido de la historia, también nombra la Ley de la Atracción varias veces. Todos ellos escritos hace más de 100 años.

Y sin embargo, a pesar de haber leído estos libros cientos de veces antes de ver el documental EL SECRETO, me sorprendió mucho la IDEA DE LA LEY DE LA ATRACCIÓN, y me pareció un "supersecreto" y un modo "muy original de explicarlo". **¡¡¡Y ya lo había leído por lo menos un centenar de veces antes, y no tenía ni idea!!!**

**La mejor manera de esconder algo es mantenerlo a plena vista**.

Estos principios no fallan jamás. El mundo se rige por siete principios. Pronto los daré a conocer en un lenguaje en el que todo el mundo pueda entenderlo. Estamos en la era de Acuario. Era en la que todo el mundo tendrá las mismas oportunidades. Todos van a conocer los principios que hicieron ganar grandes fortunas a los conocedores, los que han controlado el mundo, y los que han vivido en la opulencia en amor, salud y dinero, durante toda nuestra existencia. **¡¡¡TENEMOS QUE DARLO A CONOCER!!!** Pero no en un lenguaje simbólico como hasta ahora, en el que solamente unos cuantos podían comprenderlo, sino en un lenguaje alto y claro, para que hasta un niño de 10 años lo pueda entender.

Imagina cómo te sentirás cuando conozcas y apliques estos principios en tu vida. Vivirás tu propio cielo en la tierra. Ya no tienes por qué seguir viviendo una vida de lucha continua para alcanzar tus sueños. Ya no vas a vivir más en la incertidumbre de no saber lo que quieres. Ya no tendrás que agachar la cabeza y asentir cuando alguien te dice algo que no quieres. Porque a partir de ahora conocerás la verdad. Una vez sepas cuál es la verdad, entenderás que tienes el poder para poder cambiar tu vida y ser quien has venido a ser. Entonces dejarás de aceptar lo que no te conviene por intentar agradar a otros, porque tú vas a tener el control de tu vida y de tus emociones para lograr todo aquello que te propongas.

*"El que busca no debe dejar de buscar hasta tanto que encuentre. Y cuando encuentre se estremecerá, y tras su estremecimiento se llenará de admiración y reinará sobre el Universo."*

**Evangelio perdido de Santo Tomás**

Esto es un fragmento del evangelio gnóstico de Santo Tomás, perdido durante años y reencontrado en Egipto en el siglo XX. Justamente habla sobre el poder del pensamiento y de la emoción para crear tu vida. Una verdadera lástima que se perdiera en la revisión bíblica del siglo IV. **¡EN LA BIBLIA MODERNA NO APARECE! ¿Qué casualidad, no?**

**Voy a desafiarte a pensar diferente**, a romper tus viejos esquemas. Puesto que si quieres un cambio, o quieres atraer algo que no tienes, significa que debes cambiar tu manera de ver las cosas. Hace muchos años la tierra era plana, la tierra era el centro del Universo, el hombre no podía volar y se decía que era imposible que un barco de acero flotase en el agua. Pero fue gracias a que alguien rompió con sus esquemas mentales que hoy en día podemos beneficiarnos de innumerables avances.

Durante la lectura vas a encontrar muchas ideas. Cada una de ellas tiene la facultad de cambiarte la vida. **Si hoy cambias una idea y desvías un solo grado la trayectoria de tu vida, en un día no lo notarás. Pero cuando hayas avanzado lo suficiente, una desviación de un grado puede marcar una gran diferencia.**

Te voy a insistir mucho en lo siguiente: un sueño sin acción es solo eso, un sueño. Una idea sin acción nunca llega a su materialización.

Las personas fallan en 3 puntos a la hora de ATRAER LO QUE QUIEREN:

1. **No saben muy bien lo que quieren y por qué lo quieren.** Entonces pasan por la vida víctimas de las circunstancias. Como un corcho flotando en el mar en medio de una tormenta.

2. Aunque sepan lo que quieren, están **condicionadas negativamente.** Sus creencias les impiden avanzar, trabajan muy duro pero no avanzan.

3. Su mente les controla, **tienen miedo,** y esto les impide tomar acción. Sin acción no hay reacción, sin causa no hay efecto. La ATRACCIÓN se basa en tener METAS, unas CREENCIAS capacitadoras, y controlar el MIEDO para poder tomar acción más allá de nuestros límites.

No es lo que sabes lo que te está causando dolor, sino lo que no sabes, lo que se te escapa. No triunfa alguien que estudie una carrera, no son los conocimientos externos los que te harán ser feliz y triunfar en la vida. Son los conocimientos internos, los principios del mundo interno y no del mundo externo, los que te convertirán en la persona que será feliz y triunfará sea en el área que sea.

Piensa en ello: ¿Cuántos cientos y cientos de estudiantes se licencian en las universidades de todo el mundo? ¿Cuántos de ellos terminan viviendo muy bien de aquello que han estudiado? Debes manejar la información del mundo externo, sí, pero lo que realmente hará que destaques es lo que eres, no lo que sabes. Controlar los principios del mundo es lo que deberían enseñar en las escuelas desde que tenemos uso de razón, pero no se hace.

**Cuando surge un problema las personas buscan la solución fuera, cuando deben buscar dentro**. Si tu economía no va bien no busques en tu trabajo, inversiones o cuentas. A todo eso has llegado por el tipo de pensamientos y emociones que tuviste en tu pasado, porque eso te llevó a ciertas acciones que terminaron por traerte todas esas desgracias.

Así que debes cambiar tu manera de pensar y de sentir, debes conectar con tu parte espiritual y después dominar la teoría en el área que elijas mejorar. Pero de dentro hacia afuera y no al revés. Muchos esperan a tener algo para entonces ser algo. Cuando tenga dinero seré rico. Cuando tenga pareja entonces sentiré el amor. Cuando tenga ese coche entonces seré feliz. Cuando tenga esa casa seré feliz. Y no se dan cuenta de que **antes debes ser para después tener.**

*"La buena noticia es que cuando decidas que lo que sabes es más importante que lo que te han enseñado a creer, habrás cambiado de velocidad en búsqueda de la abundancia. El éxito viene de tu interior, no de fuera."*

**Ralph Waldo Emerson**

El Universo funciona por unas leyes que no fallan jamás. Tienes en tus manos el poder de ser lo que quieras ser. Ese es el gran poder personal que todo ser humano posee. Tienes que ir a favor de las Leyes del Universo. Si vas a favor de las Leyes, te espera la felicidad y la dicha. Si vas en contra de las Leyes, te espera el dolor y el sufrimiento.

Todo el dolor del ser humano es provocado por ir en contra de las leyes.

Vas a aprender los principios del mundo interno para moldear el mundo externo. El manual de vida del ser humano…

¿Me sigues? **Te prometo que algo va a cambiar en ti...**

# ¡SIEMBRA SEMILLAS DE BENDICIÓN!

Es hora de sembrar semillas en los corazones de la gente que te rodea. Repasa lo que has leído hasta ahora y piensa con quién podrías compartir alguna frase, texto o parte del libro.

Incluso si lo deseas, puedes hacerle una foto a alguna parte del libro y publicarla en Facebook, Twitter o Instagram para compartirlo con tus amigos.

### ¡Y ahora es tiempo de DECLARACIONES!

Ponte la mano en el corazón, y repite conmigo en voz alta y con intensidad emocional:

**YO SOY LÍDER, NO SEGUIDOR**

**ESCUCHO LA VOZ DE MI ALMA**

**POR MUCHOS NOES DE MI PASADO,
HAY UN GRAN SÍ EN MI FUTURO**

**NO VENGAS A HABLARME DE DERROTA Y DE FRACASO,
¡YO HABLO DE VICTORIA, FE Y ESPERANZA!**

**NO IMPORTA DE DÓNDE VENGO, IMPORTA A DÓNDE VOY**

**Y EN MI VIDA SE ABREN PUERTAS DE BENDICIÓN**

**PORQUE ¡YO SOY IMPARABLE!**

¡BIEN HECHO!

Sigamos…

# PRINCIPIO DEL MENTALISMO

## EL FRUTO PROHIBIDO: LA HISTORIA DE ADÁN Y EVA

*"El comportamiento biológico puede ser controlado por fuerzas invisibles, entre las que se encuentran los pensamientos."*

**Bruce H. Lipton, doctor en biología celular**

Todos conocemos la historia de Adán y Eva por ser una de las parábolas más importantes de la Biblia y es tan importante porque nos explica la verdadera naturaleza de nuestro papel en la Tierra. Nos habla de nosotros y de cómo somos los causantes de todo lo que nos acontece. Cuando entiendas esta historia comprenderás nuestra historia y entonces tendrás el control sobre todo lo que acontece aquí en este plano.

Debemos entender el lenguaje simbólico que contiene la Biblia, a menudo mal interpretado por la humanidad. No puedes dibujar los celos, la envidia, el remordimiento, el sufrimiento. Pero sí puedes dibujar un hombre en llamas y representar todo ese dolor que experimenta con todas esas emociones. El infierno es una metáfora del sufrimiento humano en todas esas emociones.

No puedes representar la justicia en un lienzo, pero sí puedes dibujar una mujer con los ojos vendados y una balanza, y entonces entiendes que simboliza la justicia. Así es como la Biblia y la mayoría de textos sagrados de todas las religiones imparten sus enseñanzas.

Adán y Eva no representan al hombre y la mujer, en cuanto a la diferenciación sexual, sino que representan una sola persona. Adán y Eva somos tú y yo. Representan al ser humano tal y como lo conocemos. Adán representa el cuerpo y Eva representa la mente y el alma. La historia de la Biblia nos explica que Eva comió de un fruto y entonces tanto ella como Adán fueron expulsados del paraíso, condenados a sufrir todos los males y dolores que sufre la raza humana.

Este hecho sentencia de un solo golpe una ley que ha permanecido oculta durante los siglos debido a una mala interpretación humana. Eva (la mente) comió del fruto prohibido y Adán (el cuerpo) fue condenado al dolor y al sufrimiento. Es un hecho que nada puede acontecer en el cuerpo físico, en la materia, que no haya antes pasado por la mente. Por eso no es casualidad que la fruta prohibida fuese comida antes por Eva que por Adán. Porque como se dice en la Biblia, no es lo que por la boca entra lo que contamina al hombre, sino lo que de la boca sale, porque lo que de la boca sale, del corazón procede. Y lo que del corazón procede, son nuestras creencias. Lo que pensamos. Pronto sabrás más de esto…

**Lo que ocurre en el cuerpo no es más que el EFECTO de una CAUSA que es la mente. El cuerpo simboliza la materia. No solo el cuerpo físico sino todo lo material.**

**La materia es una sombra de la mente. La sombra nunca puede hacerle nada al objeto del que proviene. ¡Imagínate tu propia sombra intentándote dañar!**

Así que tengamos hasta aquí en cuenta que EVA representa la MENTE y el ALMA, tanto la consciente como la inconsciente. Y que ADÁN simboliza el cuerpo, tanto el cuerpo físico como todo lo material que nos rodea. Eva come del fruto prohibido y Adán es condenado al sufrimiento. La mente piensa en negativo y el alma siente miedo, y lo material se ve afectado negativamente. ¿Empiezas a comprender?

**Vivimos en un mundo PSICOSOMÁTICO.** La etimología de estas dos palabras por separado es muy curiosa. Psico proviene del griego *psyche* y significa "alma". *Somas* en griego significa "cuerpo". El alma enferma al cuerpo. El alma afecta al cuerpo. Como se explica en la historia de Adán y Eva, nuestra realidad es psicosomática. Cuando nuestra alma siente algo, se ve manifestado en el cuerpo físico. Cuando nuestra alma siente algo, se ve manifestado en nuestro mundo material…

**EL PRINCIPIO DEL MENTALISMO**

Aprende **LA VERDAD: LO QUE TÚ PIENSAS SE MANIFIESTA**. Los pensamientos son cosas.

*"Somos lo que pensamos. Todo lo que somos surge con nuestros pensamientos. Con ellos hacemos nuestro mundo".*

**Buda**

Es tu actitud la que define todo lo que sucede. Tu manera de ver el mundo es una interpretación tuya. No solo en tu cuerpo sino también en tu mundo. También en lo material.

En la realidad no hay objetos sino conciencia. Todo está hecho de conciencia. Todo lo real se convierte en real cuando nuestra atención se dirige hacia la sensación de objeto. Es decir, nuestra realidad la formamos nosotros mediante nuestros autoconceptos y los conceptos de la mayoría. Lo que experimentamos como realidad es un sueño colectivo. La conciencia colectiva crea todo lo que vemos. Lo damos por hecho. Lo creemos así. Lo creamos así. Para que algo se manifieste en el plano físico antes debe haberse creado en el plano espiritual, intangible. Y esto ha sido tan renombrado en todos los textos sagrados de las más antiguas religiones que se nos ha pasado por alto. Nos hemos quedado con lo superfluo pero hemos apartado lo realmente importante. Somos creadores de nuestra realidad. Somos **creadores de nuestro destino**.

Aquello en lo que más pienses es lo que verás manifestado. Aquello con lo que más te identifiques es lo que experimentarás en tu vida. Aquello en lo que te concentras se expande. La realidad es lo que tú creas que es.

Del mismo modo que una gota del océano no está separada del océano, sino que forma parte de él y mantiene la misma esencia del total, nosotros somos un pedacito de Universo, formamos parte de esa sustancia universal que da vida a las cosas, de Dios si lo prefieres, y tenemos su misma esencia. De ahí que en los textos sagrados se diga una y otra vez que estamos hechos a imagen y semejanza del Creador. Como la gota de agua es al océano, nosotros somos a Dios, somos pequeños creadores que tenemos una única finalidad: crear nuestra realidad. Como lo oyes, has venido a crear, a aprender a crear, y a evolucionar.

Tal y como sugiere John Wheeler, físico de la Universidad de Princeton, allá donde dirigimos nuestra atención, allá estamos creando. Mirar y examinar el mundo crea el mundo.

El pensamiento se manifiesta. **Los pensamientos dominantes definen tu vida y tu destino.** Lo que pensaste y sentiste hace 10 años te ha llevado a la vida que tienes ahora. Recuerda que es difícil aceptar esto, pero tú ya has dejado atrás el papel de víctima y te haces responsable de tu vida. Lo que estás viendo manifestado en tu vida actual es producto de lo que proyectaste en el pasado.

**No importa si lo que piensas es bueno o malo para ti, los principios actúan y no juzgan. Las leyes del Universo no disciernen entre el bien o el mal, solo obedecen y actúan con impecable precisión.**

¿Alguna vez te ha ocurrido que pensaste: "ojalá que no pase tal cosa", y es justo lo que termina pasando?

**Tus peores temores se manifiestan.** Aquello que evitas con todas tus fuerzas también se manifiesta. No importa si tú crees que es bueno o malo para ti o para alguien más, si lo piensas, tanto para bien como para mal, lo manifiestas.

Aquí tienes varios ejemplos:

Si estás tan tranquilo en tu trabajo y de repente oyes rumores de despido, inmediatamente tienes una sensación de miedo. Un escalofrío pasa por tu cuerpo. Entonces un día ves que han echado a un compañero tuyo. Además, pones las noticias y no dejan de hablar de crisis. El miedo te invade. ¿Qué imagen mental estás proyectando? ¿Se te ha pasado por la cabeza que podrían despedirte? Además lo has sentido, has sentido el miedo. ¿Y ha ocurrido solo una vez o lo has sentido varias veces? Eres el siguiente de la lista... puedes estar seguro de ello.

Si temes que tu pareja te sea infiel, ¿adivina qué es lo que pasará? Así empieza todo:

Tienes una pareja de la cual estás muy enamorado. De repente un día tus amigos, solteros y con ganas de juerga, te invitan a celebrar una noche de fiesta. Tus amigos solteros empiezan a flirtear con todo el mundo. Algunos de ellos, con suerte, consiguen cazar a su presa. Al mismo tiempo, a ti se te acercan otras chicas, quieren bailar contigo. Accedes, tonteas, lo pasas bien. Luego te enteras de que aquella chica con la que estuviste flirteando está casada. Comienzas a pensar que la gente no es tan fiel como dice. Pero, al fin y al cabo tú también tienes pareja y estabas flirteando, ¿verdad? A la mañana siguiente llega un amigo tuyo, que se fue a un hotel con una chica la noche anterior, y te cuenta que ha descubierto que esa chica tiene pareja desde hace

5 años. Ya está... ya han plantado la semilla en tu cabeza. Ahora ya sabes que hay gente infiel por el mundo. De repente te invade la duda. Piensas, ¿y si mi pareja también me es infiel? ¿Y si aquellas veces que se va con sus amigas hace exactamente lo mismo que todas aquellas chicas que conocí la noche anterior? Empiezas a proyectar imágenes mentales de tu chica siéndote infiel. Quieres evitarlo pero no puedes dejar de pensar en eso. Te entra el miedo. Ahora estás pensando en la infidelidad de tu chica y también estás sintiendo una emoción como si lo fuera. Estás abriendo la puerta hacia la manifestación de tus peores temores.

Tanto en la primera historia como en la segunda ha ocurrido algo en común. **En las dos has estado condicionado por una fuente externa.** Eso te ha hecho pensar que esa situación se puede dar. Al pensarlo has sentido el miedo. El siguiente paso si no frenas eso es que lo verás manifestado. Por eso, nuestros peores temores se manifiestan, ahora verás por qué...

Estas dos historias son ejemplos reales que ya han ocurrido y seguirán ocurriendo en personas que se encuentran en el estado de victimismo. Pero tú ya empiezas a comprender algo: la verdad, lo que piensas se manifiesta.

## CÓMO TUS PEORES PESADILLAS Y TUS MEJORES SUEÑOS SE INICIAN POR UN PENSAMIENTO

*"La vida de un hombre es lo que de ella hacen sus pensamientos."*

**Marco Aurelio**

La fórmula mediante la cual manifestamos la realidad es la siguiente:

Los PENSAMIENTOS nos conducen a una EMOCIÓN. La emoción nos lleva a la ACCIÓN. La acción nos lleva a los RESULTADOS.

PENSAMIENTOS->EMOCIÓN->ACCIÓN->RESULTADOS

Cuando piensas que algo malo va a pasar, automáticamente tienes una sensación. Esa sensación te empuja o te paraliza. Y en función de si has sido empujado o paralizado obtienes un resultado u otro. Con lo cual el origen ha sido un pensamiento.

*"Alimentad el espíritu con grandes pensamientos. La fe en el heroísmo hace los héroes."*

**Benjamin Disraeli**

Y de ahí que Adán llamara a Eva madre, pues la mente es la creadora de todas las cosas. Y por eso se dice que Eva es una costilla de Adán, porque el cuerpo y la mente no están separados, sino que uno es un reflejo del otro. Lo que ves en el cuerpo es lo que refleja la mente.

Otro ejemplo:

Es la temporada de invierno, estás viendo tu programa favorito en televisión y de repente ponen anuncios. En uno de ellos aparece una persona con un resfriado monumental. Ves a una persona muy congestionada, tosiendo y con cara de enferma. Luego te anuncian el remedio, su medicamento. Pero tú ya te has formado un cuadro mental. Ya te has acordado de los años anteriores en que tú también estuviste resfriado. Te entra miedo solo de pensarlo. Pero lo piensas y sientes esa sensación. No tardarás demasiado en tener el mejor resfriado que el Universo te pueda regalar en ese momento.

Ahora, ¿qué determina nuestros pensamientos? ¿Por qué pienso negativo si yo me esfuerzo en pensar en positivo? ¿Por qué hay gente que todo lo ve negro y gente que todo lo ve de colores?

La respuesta a todo esto está en…

## LAS CREENCIAS: LA LLAVE MAESTRA

*"Según un hombre piensa en su corazón, así es él."*

**Proverbios, 23:7**

Son desconcertantes los numerosos casos de personas con enfermedades incurables que, de pronto, experimentan una curación espontánea.

Anthony Robbins (autor y conferencista internacional) nos cuenta en su libro que tuvo el placer de poder entrevistarse con el profesor de Yale, Bernie Siagel, el cual le compartió algunas de sus experiencias con enfermos de trastorno de personalidad múltiple. Según cuenta Siagel, cada vez que una de estas personas cambiaba de personalidad, era tal su convicción de que estaban realmente interpretando otro papel, de que realmente eran otra persona, que incluso experimentaban cambios físicos inmediatos. ¿El resultado? Sus cuerpos se transformaban literalmente delante de los ojos de los propios investigadores. En el momento del cambio de personalidad, se reportaban en esos pacientes cambios instantáneos en el color de los ojos, aparición o desaparición de cicatrices y marcas físicas, enfermedades como diabetes o hipertensión; todo ello dependiendo de la personalidad de la persona a la que estaban representando. ¡ESPECTACULAR!

> Las creencias son el puente entre tu YO actual y lo que siempre soñaste ser.

Dos personas se encuentran en un campo de concentración nazi. Una de ellas se prepara para su muerte, la otra solo piensa en lo mucho que le queda por hacer. Una sobrevive, la otra no.

Dos personas cumplen 70 años, una de ellas se prepara para su final, la otra decide aprender a nadar y comienza a realizar récords mundiales en su categoría máster.

¿Qué hay de diferente en ellas?

## ¿QUÉ ES LO QUE MARCA LA DIFERENCIA EN LA VIDA DE LAS PERSONAS?

¿Recuerdas qué tipo de conversaciones tenían tus padres respecto a los temas que más te interesan en esta vida: salud, dinero, amor, o sea lo que sea lo que te preocupe en estos momentos?

Has oído alguna vez a tu padre decir cuando le pedías dinero "¿te crees que soy Rockefeller?". ¿Alguna vez has oído decir que los ricos son malas personas porque estafan a los pobres? ¿Has oído decir alguna vez que el dinero no tiene amigos? ¿Que el dinero es causa de peleas entre familias a causa de las herencias?

¿Has visto a tu madre o a tu padre tratarse mal, ya sea verbal o físicamente? ¿Se daban muestras de cariño o eran desprecios? ¿Tus amigos han tenido suerte en el amor o han fracasado?

¿Has oído alguna vez que si pisas un charco en invierno y coges frío entonces te resfrías? ¿Has escuchado que en invierno se cogen gripes?

*"Adquirir desde jóvenes tales o cuales hábitos no tiene poca importancia: tiene una importancia absoluta."*

**Aristóteles**

Todo esto son <u>CONDICIONAMIENTOS</u>. Estamos condicionados desde nuestro nacimiento. Nacemos como TABULA RASA, sin información, y morimos infectados de creencias, juicios, condicionamientos y presuposiciones que nos limitan.

¿Por qué un niño tiene grandes sueños y luego termina siendo otra cosa?

¿Te acuerdas de los sueños que tenías cuando eras niño?

Desde que tenemos uso de razón empezamos a condicionarnos por lo que dicen y hacen nuestros padres y nuestro entorno.

**Para obtener información de la realidad utilizamos nuestros sentidos.** Así es como nos condicionamos. Por lo que dicen las personas de nuestro entorno, por lo que vemos que hacen y por las experiencias que vivimos con ellos.

Si en tu familia has vivido el amor, tus padres se trataban con muchísimo cariño y admiración, se adoraban, tenían un respeto mutuo, ¿qué crees que vas a esperar tú de la vida? Esperarás más de eso. A menos que un día tus amigos, solteros y con ganas de juerga, te convenzan de ir a una fiesta y empieces a ver infidelidades, y eso te afecte lo suficiente para que el miedo entre en tu cuerpo. ¿Me hago comprender?

*"No hay nada que esté más enteramente en nuestro poder que nuestros pensamientos."*

**René Descartes**

Si tú crees que eres saludable, pase lo que pase, serás saludable. Si has visto a tus padres saludables o si, aunque hayan tenido alguna pequeña enfermedad, no se han recreado en el papel de enfermos y han salido de ella con facilidad y sin grandes aspavientos , entonces tú serás saludable ya sea que pises un charco en pleno invierno, cojas frío con el aire acondicionado u oigas en la televisión que hay epidemia de gripe. Tú eres saludable, así lo crees y así será. De pequeño recuerdo que mi hermano y yo salíamos a la calle en invierno después de ir a la piscina con el pelo mojado. Las madres de mis amigos le decían siempre a mi madre que cómo nos dejaba ir siempre con el pelo mojado con el frío que hacía, que nos íbamos a resfriar. Ellas siempre tapaban mucho a sus niños, les ponían la bufanda hasta las cejas y curiosamente, ¿sabes qué? Mi hermano y yo nunca nos resfriábamos y los niños que siempre andaban tapados eran los primeros en caer enfermos. Porque detrás del acto de querer proteger al niño está el miedo de que caiga enfermo. Y como vas a descubrir, **el miedo y la fe son lo mismo, ambas son fuerzas creadoras**. ¿Te has dado cuenta de que aquello que temes termina ocurriendo?

Si en tu familia el dinero ha sido una fuente de problemas, si tus padres te han enseñado que el dinero es la raíz de todos los males y es mejor ser pobre porque si no tienes muchos problemas, si tus padres te han enseñado que los ricos son malas personas y tú te consideras buena persona entonces, inconscientemente, ¿crees que querrás ser rico? ¡Por supuesto que no! Tú eres buena persona, además no quieres problemas en tu vida y quieres el bien y no el mal en tu vida, ¿verdad? **Y entonces el dinero se aleja de ti siempre y no sabes por qué...**

Recuerdo claramente a un amigo hablándome de este tema, criticando a los ricos por lo que había visto en la televisión, revistas, etc., y siempre se estaba quejando por su bajo sueldo. Entonces le pregunté: ¿Cuántos ricos conoces personalmente? Su respuesta era de esperar: cero, ninguno.

> *"Ni tus peores enemigos te pueden hacer tanto daño como tus propios pensamientos." Buda*

¿Entiendes cómo funciona el juego?

Piensa también, ¿cómo te educaron en el colegio? Hasta los siete años absorbemos todo lo que vemos de nuestro entorno y no lo cuestionamos.

Cómo actuaban tus padres afectó pero, ¿y tus profesores?, ¿y tus compañeros de clase? ¿Entiendes que ellos también tenían sus propios condicionamientos y que su forma de actuar te afectó también? De ahí que los ricos sean más ricos, los pobres más pobres. Si vas a un colegio de ricos, te juntarás con niños que tienen patrones de ricos heredados de sus padres y tú por imitación los absorberás también. Lo mismo ocurre al contrario. Esta misma teoría sirve para otro tipo de conciencias como el amor y la salud. La riqueza es un estado de conciencia, la salud es un estado de conciencia, el amor es un estado de conciencia. Es tu paradigma, es en el que crees firmemente, son tu conjunto de creencias en relación a un tema.

## CUATRO VÍAS DE CONDICIONAMIENTO

Durante el proceso de aprendizaje condicionado, las conexiones neuronales entre los estímulos y las respuestas que provocan estos estímulos se unen para asegurar un patrón repetitivo que asegure el mínimo gasto energético (la naturaleza funciona por la ley del mínimo esfuerzo). Estos patrones son los llamados HÁBITOS.

Si quieres saber cómo funciona tu cerebro el 90% del día observa lo que ocurre cuando el doctor golpea tu rodilla e inmediatamente ésta produce un movimiento de la pierna. Así actúan tus pensamientos la mayor parte del día, **por un acto reflejo**. **Te pasas el día reaccionando** ante los diferentes estímulos de tu entorno, es decir, todas las cosas que suceden en tu vida.

De esta forma, cuando ocurre un hecho, automáticamente te sientes bien o mal como un acto REFLEJO. Sin pasar por tu razonamiento. **Simplemente REACCIONAS.** Ese mismo hecho, provoca en ti una serie de pensamientos reflejos, que te llevan a un estado emocional. Pero, ¿quién o qué determina esa reacción?

**El ser humano solo tiene una manera de aprender y es por imitación.** Desde que nacemos nos pasamos dos años escuchando y mirando. Luego empezamos a hablar y poco a poco vamos haciendo lo que vemos hacer. Tanto en la palabra como en los gestos y acciones. Los hábitos del padre pasan al hijo, si son buenos perfecto, si son malos…

## Nos condicionamos por 4 vías:

### -GENÉTICA:

Ivan Paulov, fisiólogo ruso, famoso por su experimento "el perro de Paulov", (aunque esta no fue su única investigación, obviamente), en otra de sus aportaciones reveló que la genética tenía una carga importante en nuestro comportamiento. Para ello, colocó dos cajas distintas con diferentes gusanos. En una de ellas, cada vez que la abría para darles de comer, proporcionaba un pinchazo a los gusanos que se encontraban en las ramas más elevadas. En la otra caja no hacía nada más que simplemente proporcionarles alimento. Al cabo de dos generaciones, los hijos de los hijos de los gusanos de la primera caja no subían a la superficie a pesar de que ya no les pinchaban. ¿Cómo podían saberlo? Llevaban una carga genética que les ayudaba en su supervivencia...

Es cierto que existe una predisposición genética, pero lamentablemente mucha gente se acoge a eso para justificar su carácter, sus acciones, incluso sus enfermedades. Un Gran Número de personas están esperando la explosión de ese cáncer que tuvieron su madre y su hermano porque la genética así lo dice. Según el Dr. Bruce H. Lipton, biólogo celular de la Universidad de Wisconsin y uno de los pioneros en los estudios de la Universidad de Stanford, autor del libro *Biología de la creencia*, nuestro potencial genético nos afecta en solo ¡¡¡UN 2%!!! El resto es causa del ambiente (factores psicológicos, espirituales y emocionales), según palabras del Dr. Lipton.

Por lo tanto, el 98% de nuestros condicionamientos vienen por las otras 3 vías, que son:

### -CONDICIONAMIENTO VISUAL:

Es todo aquello que observamos. La manera en que nuestros padres interactúan entre ellos, cómo manejan el dinero, qué manera tienen de comer, cómo se relacionan con sus amigos, etc.

### CONDICIONAMIENTO AUDITIVO:

Las palabras y expresiones que usan nuestros padres y nuestro entorno desde que nacemos condicionan la manera en cómo hablaremos y nos expresaremos nosotros. Pero también las ideas que entran en nuestra mente.

## -EXPERIENCIAS ESPECÍFICAS:

Si tienes una experiencia positiva o negativa eso deja un aprendizaje, de tal modo que más adelante cuando se repita la misma situación o una similar, actuarás de distinta forma.

Estas tres vías de condicionamiento determinan cómo piensas, cómo te sientes y cómo actúas en tu vida, pienses en ello conscientemente o no, pues la mayor parte del día funcionamos por automatismos. La información que recibimos poco a poco configura nuestro sistema de creencias.

Y todo esto ocurre desde que somos unos niños. Si el niño vive en un ambiente de crítica, aprende a condenar. Si el niño vive en un ambiente de hostilidad, aprende a pelear. Si el niño vive en un ambiente de ridiculez, aprende a ser tímido. Si el niño vive en un ambiente de tolerancia, aprende a tener paciencia. Si el niño vive en un ambiente de estímulo, aprende a tener confianza. Si el niño vive en un ambiente de amor, el amor regirá su vida y sus decisiones.

Así es, nuestro entorno nos afecta y nos define. Parafraseando a Zig Ziglar, **¡no puedes volar como un águila si estás rodeado de pavos!** Tu manera de pensar y de actuar la define en gran parte tu propio entorno. ¿Qué tipo de personas te rodean? ¿En qué ambiente vives?

Debemos tener en cuenta que es la suma de muchos factores lo que afecta a nuestras creencias pero, en última instancia, **el principal responsable eres siempre tú, tú y tú.** Imagínate que te enseño las llaves de mi coche y te digo: "estas llaves conducen mi coche". En cierto modo te digo la verdad. Pero la auténtica verdad es que yo pongo las llaves en el contacto, yo cojo el volante, yo aprieto el acelerador y yo decido dónde voy, ¿cierto o muy cierto?

En los seres vivos menos avanzados, el cerebro necesita de la experiencia para dar los aprendizajes como válidos. El problema de nuestro maravilloso cerebro es que somos capaces de autorizar informaciones externas con solo escucharlas. Las aceptamos como válidas. Pero, ¿qué ocurre si esas ideas son erradas? Una vez las ha aceptado el subconsciente, este producirá el reflejo externo sin ni siquiera razonarlo...

## ELIGE TUS FUENTES: EL CONSEJO DE SÓCRATES

En la antigua Grecia (469 – 399 a.C.), Sócrates era un maestro reconocido por su sabiduría. Un día, el gran filósofo se encontró con un conocido, que le dijo muy excitado:

- "Sócrates, ¿sabes lo que acabo de oír de uno de tus alumnos?"

- "Un momento", respondió Sócrates. "Antes de decirme nada me gustaría que pasaras una pequeña prueba. Se llama la prueba del triple filtro".

- "¿Triple filtro?"

- "Eso es", continuó Sócrates. "Antes de contarme lo que sea sobre mi alumno, es una buena idea pensarlo un poco y filtrar lo que vayas a decirme. El primer filtro es el de la Verdad. ¿Estás completamente seguro que lo que vas a decirme es cierto?"

- "No, me acabo de enterar y..."

- "Bien", dijo Sócrates. "Así que no sabes si es cierto lo que quieres contarme. Veamos el segundo filtro, que es el de la Bondad. ¿Quieres contarme algo bueno de mi alumno?"

- "No. Todo lo contrario..."

- "Con que", le interrumpió Sócrates, "quieres contarme algo malo de él, que no sabes siquiera si es cierto. Aún puedes pasar la prueba, pues queda un tercer filtro: el filtro de la Utilidad. ¿Me va a ser útil esto que me quieres contar de mi alumno?"

- "No. No mucho."

- "Por lo tanto", concluyó Sócrates, "si lo que quieres contarme puede no ser cierto, no es bueno, ni es útil, ¿para qué contarlo?"

> Filtra siempre la información que entre en tu mente, pues ya sabes que tus pensamientos se manifiestan. Los pensamientos son cosas. Elige bien las fuentes de las que bebes.

## CÓMO SE FORMA UNA CREENCIA

*"Es posible que el Universo no sea más que un holograma creado por la mente."*

**David Bohm (1917-1992), físico**

Sabemos que nos condicionamos por tres vías y que todos esos condicionamientos pasan a formar parte de tus CREENCIAS. Las creencias son ideas a las que les damos un sentimiento de certidumbre total y ni siquiera nos las cuestionamos. Estas se forman por nuestros condicionamientos o, lo que es lo mismo, por nuestras referencias. Cuantas más referencias tengamos acerca de una creencia, más fuerte y arraigada se hará esta en nuestro subconsciente.

Por ejemplo, si crees que eres guapo, porque tus padres te lo han hecho saber desde que eras pequeño. Porque cuando vas por la calle la gente se gira para mirarte. Porque siempre que te ha gustado alguien has tenido reciprocidad por su parte. Porque gracias a todo eso tú te miras al espejo y te gustas. Entonces ya tienes las suficientes referencias como para formar una creencia. Y ahí está la primera clave de cómo se forma una creencia: **LA REPETICIÓN**.

Cuando repetimos una y otra vez una idea formamos una conexión neuronal nueva que nos lleva a actuar de manera automática cada vez que sea necesario. Esto ocurre porque nuestro cuerpo y nuestra mente funcionan por la ley del mínimo esfuerzo. Al igual que en la naturaleza, que busca gastar siempre el mínimo de energía.

Te ha pasado alguna vez que te has despertado y cuando te has podido dar cuenta has llegado al trabajo y has pensado ¿cómo diablos he llegado yo hasta aquí? Es porque el 90% del día actuamos en automático, porque ya hemos formado esas conexiones neuronales que hacen que ante determinados estímulos reaccionemos de determinada manera. Por eso hay personas que siempre piensan negativo y otras que siempre piensan positivo. ¡Tiene que ver con sus creencias!

La siguiente manera de formar una creencia es por el **ALTO IMPACTO EMOCIONAL**.

¿Recuerdas dónde estabas el día 11 de septiembre del año 2001? ¿Qué estabas haciendo? Ese día hubo el atentado de las torres gemelas en Estados Unidos. Te impactó. Por eso lo recuerdas.

¿Recuerdas la primera vez que experimentaste el desamor? ¿Recuerdas cuando aprobaste el carnet de conducir? ¿Recuerdas el día en que nació tu hijo? ¿Recuerdas el día en que te graduaste? Todas esas experiencias provocaron un alto impacto emocional en ti.

**Cuando tienes un alto impacto emocional formas una conexión neuronal y si lo repites con asiduidad, esa conexión se va haciendo cada vez más fuerte. Ahora ante determinado estímulo ya no hace falta que te esfuerces. Tu cuerpo reacciona automáticamente.**

En invierno la gente se resfría. Pones la tele y te anuncian fármacos para el resfriado, y te ponen imágenes de gente resfriada. Luego ves a alguien de tu entorno resfriado. Escuchas en el telediario que hay epidemia de gripe. Todo eso te asusta, ya sabes lo que es estar resfriado y no te gusta. Tienes un alto impacto emocional. Además tienes suficientes referencias, te lo repiten hasta la saciedad (televisión, amigos resfriados, anuncios de fármacos, etc.) Ya está, ya has hecho tu petición, y el Universo te va a obsequiar con el mejor resfriado del que disponga.

Pones la televisión y ves que hablan de crisis económica. Ves que en tu trabajo han despedido a varias personas. Cuando quedas con tus amigos para tomar algo habláis de crisis. Ya has formado tu conciencia de crisis, tus creencias están listas. Pronto serás despedido, te quitarán parte del sueldo, o de alguna u otra manera vivirás la crisis.

Tienes una relación espectacular, vivís momentos mágicos. Pronto un amigo tuyo te dice que lo acaba de dejar con su pareja. Ves una película en la que los protagonistas viven un desamor. Ponen tu canción favorita en la radio y, ¿adivina de qué habla? Las mejores canciones de amor son de desamor. Así que pronto empiezas a pensar en esa posibilidad para ti. Y es cuestión de tiempo que de alguna u otra forma lo veas manifestado en tu vida.

Debemos tomar conciencia de por qué hacemos lo que hacemos. Cuando era pequeño mi madre tenía por costumbre cortar las puntas del pan para calentarlo. Entonces le pregunté por qué hacía eso y me dijo que no lo sabía, pero que la abuela también lo hacía. Entonces le pregunté a mi abuela y me dijo que mi bisabuela lo hacía. Pude ir a mi bisabuela y preguntarle y me dijo que cuando ella era joven calentaban el pan en la sartén y que tenía que cortar las puntas, ¡porque no cabían dentro!

Como ves, durante nuestro día a día hacemos muchas cosas por inercia sin preguntarnos por qué hacemos lo que hacemos.

El otro día fui de barbacoa con unos amigos y vino un hombre que era de religión musulmana. Como tenía prohibido el cerdo, tuvimos que hacer el cordero antes, y dejar el resto de carne para el final. Charlando con él me dijo que no entendía cómo podíamos comer eso, que olía muy mal. Y yo pensé, ¡con lo rico que está el jamón serrano! Pero me di cuenta de que todo es cuestión de las creencias que tenemos. Nuestras costumbres hacen que nos guste el sabor del cerdo porque lo hemos comido desde pequeños y lo hemos asociado a sensaciones positivas. Sin embargo, sus creencias hacen que vean el cerdo como algo negativo.

Cada uno de nosotros posee dos tipos de creencias. **Las creencias globales**, que tienen que ver con la cultura, y **las creencias personales,** que tienen que ver con nuestras propias experiencias de la vida. Generalmente las creencias globales suelen ser muy potentes, pues forman parte de la cultura transmitida de generación en generación.

Cuando una persona describe a los seres humanos como traidores, interesados y poco amigables, no es extraño que casi todas sus relaciones le traicionen, sean interesados y poco amigables. ¿Piensa de ese modo porque sus relaciones son así o sus relaciones son así porque piensa de ese modo? Cuando uno está acostumbrado a ver una televisión estrictamente de política de derechas o de izquierdas, es natural que creas que estas personas piensan como tú. De lo que no te das cuenta es que piensan como tú porque tú piensas como ellos, puesto que llevan años y años sugestionándote repetidas veces.

Cuando tu grupo de amistades son personas casadas, con hijos y con una vida sedentaria, no es de extrañar que tú termines viviendo lo mismo.

**Y piensas, ¡qué buena gente son mis amigos, es que piensan exactamente igual que yo!** Lo que ocurre es que siempre habláis de los mismos temas, tenéis el mismo tipo de conversaciones y tenéis el mismo cristal para ver el mundo. Por eso se dice que estadísticamente una persona gana en sueldo un 20% más o un 20% menos que la media de su grupo de amigos. Porque tus creencias respecto a la prosperidad están determinadas por tus fuentes. Y tus fuentes forman los condicionamientos de lo que escuchas, ves y haces. ¿Entiendes?…

## LAS CONVICCIONES

*"Lo que parece ser es para aquellos para quienes parece ser".*

**William Blake (1757-1827), poeta**

**Cuando una creencia se vuelve muy fuerte pasa a ser una convicción.** Entonces nada en el mundo será capaz de revocártela y serás capaz de defenderla hasta la muerte. Por eso existen los kamikazes japoneses o los suicidas musulmanes, que son capaces de asesinar por defender su religión. O por eso se hicieron las guerras santas, para defender su fe. Cuando uno tiene una convicción el estado más alto de fe. La clave se encuentra en formar convicciones que nos capaciten para lograr nuestros sueños y ponerlas al servicio de la humanidad.

**Cuando ha habido suficiente repetición y suficiente impacto emocional, las creencias pasan a ser convicciones**.

Una convicción no deja lugar a la duda, a la preocupación, etc. Una convicción es un hecho irrefutable: cuando llueve te mojas, ¡no hay más! Cuando transformas las creencias de tus sueños en convicciones, tus sueños son un hecho. Pasas del miedo a que nunca se den a la fe en que se darán.

Otro gran ejemplo de lo que es y de cómo funciona una convicción es el famoso efecto placebo. Un estudio científico de Greenberg en el año 2003 desvela que los pacientes que habían tomado "falsos fármacos" tales como pastillas de azúcar, experimentaban un grado de efectividad igual al que los que habían tomado los combinados químicos creados por los mejores ingenieros del mundo. ¿Cómo es eso posible? Tu convicción de que esa pastilla te cura es que realmente te cura, más allá de lo que contenga la pastilla. Como decía Jesús: "no es lo que entra por la boca lo que contaminó al hombre, sino lo que sale de ella..." ¡TUS CREENCIAS! Evidentemente este dato molesta mucho a la industria farmacéutica pero eso es otro libro...

El doctor Bruce Mosley, médico cirujano, experimentó este hecho con pacientes con artritis de rodilla. Los dividió en dos grupos y a ambos les practicó una operación. En el primer grupo realizó el tratamiento convencional. Al segundo grupo, sin embargo, se dedicó solo a hacerles dos incisiones en la rodilla, y luego les realizaba un postoperatorio regular, de tal modo que los pacientes creyeran que realmente habían sido operados. Cuál fue su sorpresa al comprobar que unos meses después ¡ambos grupos habían mejorado por igual! Sus creencias habían hecho el trabajo y no la operación en sí.

En otro famoso estudio realizado en 1948 llamado Framingham Heart por el National Heart Institute, se constató tal efecto de manera sorprendente. Con una muestra de 5.209 hombres y mujeres, tuvo como resultado que las personas que creían tener una tendencia a sufrir enfermedades del corazón, tenían 4 veces más posibilidades de morir por estos factores que aquellos que no tenían esas creencias.

Del mismo modo, también existe el efecto nocebo, es decir, el poder de los pensamientos negativos. En un programa de Discovery Health Chanel, se narra la historia del terapeuta de Nashville, Clifton Meador, el cual relata su experiencia con un paciente de cáncer de esófago. Al parecer, en ese momento el cáncer de esófago se consideraba letal. El paciente duró tres semanas. En la posterior autopsia, se comprobó que el paciente no había muerto de cáncer, tampoco encontraron síntomas de nada que pudiera matarlo. ¿Murió porque creía que iba a morir?

**Los pensamientos positivos y negativos tienen consecuencia en nuestra salud y en nuestra vida**. Una nueva creencia se instaura en tu subconsciente cuando ocurre alguna experiencia que nos da los suficientes motivos para adoptarla. Por ello, cuando participas de uno de nuestros seminarios o eventos, tu subconsciente recibe un alto impacto, las barreras entre lo posible y lo imposible empiezan a debilitarse. Rompes tus antiguos patrones mentales y comienzas a creer en que, quizás, **todo aquello que te estaba limitando no es más que un producto de tu mente, pero no es real**.

En general, **lo que consideramos real con respecto al mundo es más importante que lo que realmente es el mundo.** Si creemos con absoluta claridad, nuestro subconsciente lo transformará en realidad. No tienes que ver para creer, **tienes que creer para ver**.

## TU MUNDO EXTERNO ES UN RESULTADO DE TUS CREENCIAS

Recuerdo cuando fui consciente por primera vez de esto, llevaba muy poquito tiempo conduciendo. Recién aprobado el carnet de conducir, tenía que estar con cien ojos puestos en lo que estaba haciendo. Mirar por los espejos, presionar el embrague, luego el acelerador, cambiar de marcha, ¡ufff!, todo un reto. De pronto un día, sin saber cómo, me planté en mi lugar de entrenamiento y pensé: ¡wow! ¿cómo he llegado aquí? Había hecho todo el camino que normalmente hacía pero no había sido consciente. Ya había asimilado la conducción y la realicé en automático. Y así actuamos la mayor parte del tiempo, en piloto automático.

Como el 90% del día actuamos de manera inconsciente, por automatismos, para mantener la ley del mínimo esfuerzo por la cual se rige la naturaleza, nuestras creencias y convicciones determinan las acciones que emprendemos.

> Dependiendo de nuestras creencias tomaremos unas decisiones u otras y esas decisiones marcarán nuestro rumbo y nuestra vida.

*"Allí donde está tu mente, estás tú."*

**Saint Germain**

**Sólo el 10% del día somos conscientes de lo que estamos haciendo, el otro 90% es automático.** Por lo tanto, <u>nuestro subconsciente es el que determina el 90% de nuestra vida</u>. Y nuestro subconsciente está formado por nuestras creencias. Nuestras creencias están formadas por nuestros condicionamientos: lo que hemos oído, visto y nuestras propias experiencias. Ahora ya sabes que percibimos la realidad a través de un filtro que son nuestras creencias. Imagínate que llevas puestas unas gafas para poder ver el mundo. Ahora coges y te pones otras gafas de color azul y automáticamente empiezas a ver la realidad de color azul. Ahora te pones unas gafas verdes y lo ves todo verde. **Dependiendo de las gafas que te pongas así verás el mundo.** Pues bien, esas gafas son tus creencias. Tus gafas determinarán cómo percibes la realidad.

> "No vemos jamás las cosas tal cual son, las vemos tal cual somos."
>
> **Anais Nin**

Así que la clave para atraer lo que queremos en la vida está en el subconsciente. Tus gafas con las que ves el mundo son tus creencias.

Tus condicionamientos pasados. Tu idea de lo que es el mundo.

Nuestras CREENCIAS afectan directamente a nuestros RESULTADOS. Ya tenemos un ingrediente más para nuestra fórmula.

**Nuestras CREENCIAS determinan nuestros PENSAMIENTOS. Nuestros pensamientos determinan nuestras EMOCIONES. Esas emociones determinan nuestras ACCIONES. Y nuestras acciones nos llevan a los RESULTADOS.**

**Los resultados son nuestros sueños, lo que queremos, la vida que deseamos.** Si queremos dirigirnos hacia la vida de nuestros sueños entonces debemos reacondicionarnos. Debemos cambiar nuestras creencias. Vaciarnos para llenarnos de lo nuevo. **En definitiva, debemos DESAPRENDER.**

Ahora ya sabes que todo pensamiento que estimule tus emociones, se cristalizará en tu subconsciente formando un reflejo que se disparará automáticamente ante un estímulo.

Estas cristalizaciones forman tus creencias, y si estas creencias reciben suficientes referencias durante el suficiente tiempo, formarán una CONVICCIÓN. **Cuando un pensamiento se vuelve convicción ya no hay lugar para las dudas, entonces el camino es rápido y sin obstáculos**. Has obtenido claridad, estás limpio. El Universo no tiene resistencias para poder manifestar tu deseo y todo fluye. No tienes que esforzarte sino que todo ocurre con suavidad. Ni siquiera te lo esperas y te preguntas: ¿cómo ha sucedido tan fácilmente? ¿Alguna vez has tenido esta sensación? Ahora ya sabes por qué. Ahora ya conoces LA LLAVE MAESTRA: TUS CREENCIAS.

## OBSERVA SI LO QUE ESTÁS HACIENDO AHORA TE SIRVE

El principal problema de las personas es que no se paran a pensar si lo que están haciendo en estos momentos les sirve o no para llegar a donde ellos quieren.

Normalmente la vida funciona del siguiente modo:

**Tenemos una experiencia, esa experiencia se filtra a través de nuestras creencias y le ponemos una etiqueta, el lenguaje. Esas palabras que utilizas le dan un significado a esa experiencia que**

**has vivido. Ese significado determina tu comportamiento. Y tu comportamiento determina el resultado que tendrás.**

Lo malo de todo esto es que la mayoría de las veces dejamos que nuestros resultados terminen dictaminando nuestras creencias.

No nos planteamos las creencias. ¿De dónde vienen? ¿Te las ha dado Dios? ¿Son de tus padres?

**La EXPERIENCIA determina tus CREENCIAS. Esas creencias las ordenas y les pones etiquetas, LENGUAJE. El lenguaje le da un SIGNIFICADO a aquello que tú has vivido. Según el significado que le hayas dado tendrás un COMPORTAMIENTO. Ese comportamiento determinará tu RESULTADO. Y en función del resultado, habrás vivido una experiencia que formará nuevas creencias que etiquetarás con tu lenguaje, etc. ¿Entiendes?**

Si queremos cambiar el contenido, nuestra MENTE, debemos cambiar el contexto. Imagínate un vaso lleno de agua. Si queremos cambiar el contenido del vaso debemos cambiar el contexto. No vas a poner vino gran reserva en un vaso de plástico. Si quieres tener una vida extraordinaria tendrás que crear un nuevo contexto. El contenido es el vino, el contexto es el vaso. El vaso representa tus creencias, convicciones, tus valores, tu identidad, tus asunciones y tus presuposiciones.

Entender cuáles son tus creencias, de dónde vienen, si estas te capacitan o no, cuál es tu identidad, quién eres en realidad, tus valores y las cosas que das por hechas sin siquiera cuestionártelas. Todo eso es clave para entender por qué estás donde estás y qué hacer si quieres llegar más lejos.

Como ves, te estoy dando suficientes referencias para que entiendas cómo nuestra mente está condicionada y que sobre eso creamos nuestro mundo. No tienes por qué seguir viviendo en un mundo creado por otros, sino que puedes elegir qué creer y qué no, **y a partir de eso crearás tu propio mundo.**

## ¿CÓMO SE CAMBIA UNA CREENCIA?

De la misma forma que ponemos las frutas en una licuadora para poder sacar el jugo y dejar a un lado las pieles, cascaras, semillas y todo aquello denso que nos cuesta trabajo ingerir, debemos licuar nuestras creencias para sacarles el jugo y que nos ayuden a lograr nuestros objetivos.

Como ya sabes, las creencias son condicionamientos pasados formados por las tres vías que ya conoces. Se cristalizaron en tu subconsciente hasta que las diste por sentado debido a que tuvieron una alta repetición y un alto impacto emocional.

Lo primero que debemos hacer para poder cambiarlas es, primeramente, darnos cuenta de que están allí limitándonos, **reconocerlas**. Si te pregunto: ¿por qué no tienes todavía todo aquello que siempre has querido?, ¿cuál sería tu respuesta? Tu respuesta son tus creencias limitantes. No son reales, solo que tú las has dado por sentadas, sin ni siquiera cuestionártelas.

El segundo paso es **cuestionártelas.** Coger cada uno de estos impedimentos y cuestionártelo. ¿Es esto cierto?, ¿por qué pienso así?, ¿dónde está el origen de ese pensamiento?

En tercer lugar, debes **sustituirlas** por otras que te capaciten. Busca nuevas creencias que te ayuden y busca las suficientes referencias que sustenten su estructura. Por ejemplo, pregúntate: ¿Hay alguien que ya lo haya conseguido antes?, si alguien lo ha podido hacer ¿por qué no podría yo? (si tu respuesta es negativa y empiezas a decir, "yo no podría porque tal y tal...", esas son nuevas cristalizaciones negativas que van saliendo al exterior. Cuestiónatelas también).

Cuando tienes ya suficientes creencias positivas respecto al logro que quieres conseguir y les has dado suficientes referencias para que se sustenten, entonces debemos cristalizarlos en tu subconsciente. La manera es con **REPETICIÓN Y ALTO IMPACTO EMOCIONAL**. Del mismo modo en que fueron creadas tus anteriores creencias.

## EL PENSAMIENTO HABLADO: LOS DECRETOS

*"En el principio era el Verbo. ...Todo fue hecho por él (el Verbo) y sin él nada ha sido hecho de lo que es hecho. En él estaba la vida... y el verbo se hizo carne y habitó entre nosotros."*

**La Biblia**

Dame 10 minutos para poder hablar con alguien y te diré qué vida tiene actualmente y cuál será su vida en los próximos años en cuanto a salud, dinero y amor.

Cada palabra que pronuncias es un decreto que se manifiesta en lo exterior. **La palabra es el pensamiento hablado.** En la Biblia se dice **"por tus palabras serás condenado y por tus palabras serás justificado"**. No quiere decir que las personas te juzgarán por lo que dices, aunque eso también sea verdad. Lo que dices se manifiesta porque, como aprenderás más adelante por el principio de VIBRACIÓN que actúa conjuntamente con el principio del MENTALISMO, cada palabra emite una vibración que afecta a la materia atrayendo hacia ti aquello que vibra en la misma frecuencia. Puedes comprobar esa vibración si mientras hablas colocas tu mano en el pecho. Verás que está vibrando. Esa vibración sale de ti hacia fuera, pero también impregna cada una de las células de tu ser. Con lo cual no solo vibra tu palabra sino también todo tu ser.

*"Habla para que yo te conozca."*

**Socrates**

También se dice en la Biblia **"lo que de la boca sale, del corazón procede"**. Esto significa que lo que de la boca sale, del subconsciente procede. Ya sabes que actuamos por automatismos. Y el subconsciente está formado por nuestras creencias. Así que, en definitiva, lo que de la boca sale, lo que hablamos, lo que decretamos, del subconsciente procede, o sea, de nuestras creencias.

**Por eso cuando escuchas hablar a alguien sabes automáticamente lo que le depara el futuro. Sabes el tipo de conceptos arraigados que tiene en su subconsciente. Sabes qué creencias tiene cristalizadas.**

*"Ten cuidado con el poder de tus palabras. Somos los únicos conductores de nuestro destino, y lo que decimos tiene la habilidad de llevar nuestros destinos en muchas direcciones."*

**Yehuda Berg**

Ahora te pido que tomes un poquito de conciencia de lo que decretamos a lo largo del día:

"Las cosas están fatal", "la culpa es del gobierno", "la mala salud", "esto ya no es lo que era", "no dejes eso por ahí que te lo van a robar", "cada vez hay más paro", "mi dolor de cabeza", "mi dolor de espalda", "cuidado que lo vas a romper", "cuidado con la estufa que te quemas", "cuidado con el cuchillo que te cortas", "no puedo comer eso porque me sienta mal", "tengo muy mala suerte", "no puedo con mi alma", "la vida es dura", "es un desgraciado", "qué mala persona", "el trabajo está fatal", "con la que está cayendo", etc.

**No te sorprendas ni te quejes si al expresarlo ves que ocurre. Has dado una orden y debe ser cumplida**.

> Todo lo que dices lo estás decretando, y siempre lo haces en un sentido positivo o negativo. Y es la condición que verás manifestada. ¿Qué tipo de condicionamientos tienes que hacen que te expreses de determinada manera? Si es positivo se manifiesta en bien y si es negativo se manifiesta en mal.

Cuando te suceda algo desagradable no digas "¡pero si yo no estaba pensando en eso!". Atraemos mediante el subconsciente, por lo que decretamos y pensamos. **Como lo que decretamos y pensamos va acompañado de un sentimiento, este graba esos decretos y pensamientos en el subconsciente y lo verás manifestado cada vez más en tu vida.**

*"Nada revela tan fiablemente el carácter de una persona como su voz."*

**Benjamin Disraeli**

Ahora te pido que tomes conciencia de todo lo que decretas a lo largo del día. Verás entonces qué tipo de condicionamientos tienes arraigados en tu subconsciente. **Atájalo al instante. Niégalo. Y decreta la verdad**. Lo positivo, lo que tú quieres manifestar. Al poco de llevar a la práctica este hábito verás que tus expresiones cambian, que tus pensamientos y sentimientos cambian y que tus resultados empiezan a cambiar.

Ahora presta atención a todo lo que decretan las personas de tu alrededor a lo largo del día. Verás por qué te decía al principio de este capítulo que con 10 minutos hablando con alguien puedes determinar el tipo de creencias que posee. Y al determinar sus creencias determinas su futuro. No hace falta ser vidente, solo hace falta tener oídos para escuchar.

**Ahora puedes divertirte con esto. Cuando oigas a alguien hablar de desamor, de que los hombres o las mujeres son lo peor, de que la cosa está muy mal en cuanto a las parejas, dile: "tu situación sentimental está muy mal, ¿verdad?" y entonces te dirá: "¿cómo lo sabes?" Y tú te reirás hacia tus adentros.**

Fíjate en las personas que hablan de crisis, que se emocionan hablando de ella, y verás que si no están en el paro, pronto lo estarán.

Escucha a las personas que se quejan de la mala salud y observa que siempre les pasa algo. Son las primeras que pillan un catarro, las primeras que se accidentan, las primeras que sufren de algún mal físico. NO FALLA. Y otra cosa más, si quieres conocer a alguien realmente no tengas en cuenta lo que las demás personas dicen de ella, sino lo que esa persona dice de los demás. Porque lo que vea en las demás personas es algo que lleva dentro.

No eres vidente pero ahora sabes la verdad. ¿Y qué fue primero, el huevo o la gallina? ¿Se enfermaron porque hablaban de su mala salud o hablan de su mala salud porque están enfermos? Pues es un círculo vicioso en el que entras y te puedes quedar atrapado toda tu vida.

Te condicionan, lo decretas, lo piensas, lo sufres y como lo sufres lo sigues decretando y lo vuelves a sufrir una y otra vez.

## EL LOGOS CREADOR

Los mitos y las leyendas más antiguos dicen que para crear magia, una persona debe pronunciar antes "las palabras mágicas". Las palabras que activan la magia son **"YO SOY".**

Si te fijas bien, y me remonto otra vez a la Biblia, por ser el libro más leído de la humanidad. Estoy hablándole a tu cerebro en un lenguaje que entiende, porque recuerda que tu alma ya lo sabe, pero tu mente necesita la parte lógica. Bien, en toda la Biblia, desde el Génesis hasta el Apocalipsis, se nombra constantemente a Jehová. **Jehová significa en hebreo "Yo Soy".**

Este es otro descubrimiento poderoso que HERMES TRISMEGISTO encontró y que nos dejó. **El verbo YO SOY es el logos creador, es el verbo poderoso. "Yo tengo", "Yo estoy", "Yo quiero", siempre que aparezca el YO es el verbo poderoso y creador. Todo lo que tú digas "Yo quiero" se hace, COMPRUÉBALO.**

> Cuando algo no lo quieres decrétalo "YO NO QUIERO ESTO..." y a continuación decreta lo que quieres "YO QUIERO ESTO...".
>
> Has oído hablar de eso de las BENDICIONES. ¿Qué es eso? Pues bendecir significa "bien decir", es hablar en positivo, nada más.
>
> ¿Te suena también la palabra INVOCAR? Significa IN BOCA. Se pide mediante el decreto.

**Todo aquello que bendigas lo obtendrás.** La filosofía HUNA habla de eso. Bendice aquello que desees. Muchas personas ven a una persona rica y la critican. Resultado: cada vez más pobres. Lo que bendices para otro te vuelve multiplicado, es la ley del *boomerang*.

Pruébalo, planta dos semillas, bendice a una y a la otra no le pongas energía, verás cómo la bendecida crece más y más rápido y mucho más hermosa. **NO TE LO CREAS, COMPRUÉBALO**.

Durante el día de hoy toma conciencia de todo lo que decretas tú y de lo que decretan las personas de tu entorno. Verás qué clase de decretos haces y también los condicionamientos que dejas que entren en tu mente por lo que te dicen las personas de tu entorno.

Ahora ya sabes que la forma más poderosa de cambiar las cristalizaciones del subconsciente es tomando conciencia. Tus creencias antiguas las cambiarás negándolas por mentirosas y decretando inmediatamente la verdad.

> Así pues, ante cualquier situación desfavorable, decreta: "NO LO ACEPTO" y a continuación decreta: "DECRETO QUE LA VERDAD ES.... (y la situación tal cual la quieres ver manifestada)".

Poco a poco verás que tu subconsciente va debilitando las antiguas conexiones neuronales y va reforzando las nuevas, hasta que las antiguas jamás regresan, y te quedas con las nuevas.

El Universo detesta el vacío, con lo que si solo negases la condición negativa, el Universo tendería a rellenarlo con otro de igual vibración. Así que niega lo malo y decreta lo bueno. Es un trabajo diario, pero llevas mucho años con tus creencias antiguas, tendrás que dedicarle tiempo.

## PERO TE ASEGURO QUE ESTO TRANSFORMARÁ TU VIDA. COMPRUÉBALO

### CÓMO UTILIZAR TUS PALABRAS PARA SENTIR PAZ, FELICIDAD Y ALEGRÍA

Toda palabra que pronuncies trae consigo la chispa de la vida. Es un decreto que lleva consigo el germen de la creación. Debe ser atendido y debe ser manifestado. Debe ser proyectado desde dentro hacia fuera. De lo METAFÍSICO a lo FÍSICO.

La alegría, la paz o la felicidad son estados mentales que nacen en tu interior. No puedes buscarlas fuera. Parten de dentro hacia fuera.

**Si quieres experimentar cualquiera de estas sensaciones empieza a decretarlas, para ti mismo, en secreto, pero con énfasis**. Verás como la emoción va cambiando poco a poco hasta que impregne todas las células de tu ser.

**Pronto entenderás que todos estos principios no han sido creados para que encajen en una teoría, sino que la teoría ha sido constatada a partir de observar los hechos. A partir de observar la naturaleza.**

Así pues, la alegría, la paz y la felicidad son un estado de conciencia. No dependen de tus circunstancias externas, sino que tu conciencia las provoca. **NADA TIENE SIGNIFICADO EXCEPTO EL QUE TÚ LE DAS.**

Así pues, debes tomar conciencia del poder de la palabra y en ese estado empezar a decretarlo para que puedas experimentarlo.

Recuerda que la palabra es la personificación del pensamiento y el pensamiento es creador.

La fe sin palabras es una fe muerta

Haz que tus palabras sean sagradas y que la magia de tu voz sea una fantasía creada por tu alma, la cual deba ser atendida...

## SI LAS PALABRAS AFECTAN A NUESTRAS EMOCIONES... ¡¡¡ALUCINA!!!

Las palabras tienen un efecto crucial en todo lo que atraes a tu vida, principalmente porque cada palabra que pronuncias trae consigo una carga emocional. No solo afectas a la materia sino que también afectas a las demás personas. Martin Luther King hizo soñar a millones de personas cuando pronunció su discurso "I have a dream" (Tengo un sueño).

Fíjate, ¿es lo mismo decir "estoy fatigado" que decir "estoy destruido"? Tampoco es lo mismo que alguien diga de ti "no creo mucho en todo lo que dices" a que diga "eres un mentiroso".

**El cerebro humano procesa la información a través de los sentidos y luego le pone etiquetas a toda esta información.** Estas etiquetas se llaman palabras. Entonces poco a poco una determinada sensación se etiqueta como miedo, amor, fe, esperanza, etc. Tres personas pueden vivir exactamente la misma experiencia negativa y una de ellas estar "enfadada", la otra estar "furiosa" y la otra estar "cabreada". La experiencia es la misma pero las sensaciones son diferentes y cada una de estas personas traduce la emoción de una manera. Como las palabras son las etiquetas que le ponemos a las emociones, cambiar las etiquetas que utilizamos cambia también las emociones que experimentamos en nuestras experiencias. Una persona que te insulta provoca sensaciones diferentes que alguien que se dirige a ti diciéndote "mi amor", "te amo".

Durante mis años de universidad estuve conviviendo con varias personas, todas ellas de distintas partes de España. Cada uno traía expresiones propias de su comunidad. De pronto me vi utilizando expresiones propias de Zaragoza, de Sevilla, del País Vasco. Uno de mis compañeros era muy malhumorado y siempre utilizaba una expresión muy suya propia de su tierra cuando se enfadaba. Durante una discusión, me sorprendí utilizando las expresiones de mi amigo, y me di cuenta de que me llevaban a su mismo estado emocional.

**Podemos observar que cuando convivimos con personas con un vocabulario pobre o negativo, empezamos a utilizar sus mismas expresiones, su mismo volumen, su misma entonación, quizás el mismo modo de expresarlas y de ese modo hacemos nuestras sus emociones sintiendo lo mismo que sienten ellas.** Pero también eso ocurre de manera positiva si nos rodeamos de personas que utilizan expresiones y palabras positivas.

*"Los límites de mi lenguaje son los límites de mi mente."*

**Ludwig Wittgenstein**

Los estudios sobre las principales lenguas occidentales revelan datos preocupantes. La mayoría de personas utiliza un promedio de palabras muy limitado con respecto a la cantidad total de las que dispone. Por ejemplo, un español común utiliza un promedio de 1.000 palabras, de más de las 350.000 palabras que contiene el idioma español. Pero además, **el número de vocablos que expresan cosas negativas es prácticamente el doble que las que expresan cosas positivas.**

No es de extrañar que por lo general, de esas 1.000 palabras que usamos, más de 700 sean negativas. El hecho de que tengamos más palabras negativas que positivas determina que culturalmente somos más expertos en malestar que en bienestar.

Otra dato significativo, en España hay 6.132 personas que se apellidan "feliz", frente a 22.822 con el apellido "triste". ¿Dice esto algo de la cultura española?

Te propongo un reto, escribe en una hoja todas las palabras y expresiones que signifiquen o connoten "valentía".

Si lo has intentado estoy casi seguro de que no habrán sido muchas. Sin embargo ahora prueba de hacer lo mismo con todas las palabras y expresiones que connoten "miedo".

**Puedes cambiar tu emoción cambiando tu vocabulario específico y ampliándolo.**

Ahora, ¿qué términos utilizas cuando quieres expresar que algo es malo? Haz una lista...

¿Qué términos tienes para expresar que algo es bueno? Haz la lista...

Puedes hablar de tu experiencia vital como "buena" o puedes decir que es extraordinaria, magnífica, impresionante, perfecta, única, electrizante, estupenda, genial, perfecta, brillante, radiante, excitante, explosiva, galáctica, sensacional, espectacular, etc. ¿Acaso no te lleva eso a un estado de bienestar?

*"Hay en el mundo un lenguaje que todos comprenden: es el lenguaje del entusiasmo, de las cosas hechas con amor y con voluntad, en busca de aquello que se desea o en lo que se cree."*

**Paulo Coelho**

Las palabras más peligrosas y que más te van a limitar son:

"no puedo", "debería", "intentar", "y si", "necesito", "o".

Los no puedo deben sustituirse por los puedo. Los debería deben substituirse por los tengo que. El intentar no sirve, hazlo. Una cosa es jugar para ganar y otra es jugar para no perder. Juega para ganar. No intentes, hazlo. Las palabras "y si" provienen del miedo. Y si... fallo, y si... no lo logro, y si... El "necesito" substitúyelo por el "quiero". El "o" es excluyente. Determina que hay limitación. Céntrate en algo y no pares hasta conseguirlo.

El día de HOY nunca volverá. Sé una bendición. Sé un amigo. Anima a alguien. Tómate tu tiempo para ayudar. Deja que tus palabras sean SANADORAS y no hirientes.

## LA FÓRMULA DEFINITIVA

Ahora tenemos todas las piezas del rompecabezas.

Tus CREENCIAS determinan lo que piensas, tus PENSAMIENTOS. Tus pensamientos determinan tus PALABRAS, lo que dices. Tus palabras y pensamientos te llevan a un estado emocional, a tus EMOCIONES, siendo estas positivas o negativas. Tus emociones, lo que sientes, te llevan a tus ACCIONES. Y lo que hagas o no determinará tus RESULTADOS.

CREENCIAS->PENSAMIENTOS->PALABRAS->EMOCIONES->ACCIONES->RESULTADOS.

**Cambia tus creencias y cambiarás tus resultados. No te pido que lo creas, te pido que lo compruebes.**

## LOS PENSAMIENTOS POSITIVOS NO FUNCIONAN

¿Qué? Me estás tomando el pelo, ¿verdad? Ahora me dices que los pensamientos positivos no funcionan. Bueno, no exactamente... Muchas personas repiten una afirmación una y otra vez y luego ven que sus resultados son desastrosos. Como creen que ya han agotado todas las posibilidades, se deprimen y creen que ya no tienen remedio.

El punto aquí está en que debemos diferenciar entre pensamientos conscientes y pensamientos inconscientes.

Nuestro cerebro se divide en dos: CONSCIENTE Y SUBCONSCIENTE. En cuanto a la capacidad de procesamiento neuronal, la mente subconsciente es millones de veces más poderosa que la consciente.

Aquí tenemos una comparativa que aparece en el libro de John Assaraf titulado *La respuesta*, conferenciante y *coach* empresarial, especialista en neurociencia, sobre el cerebro consciente y el inconsciente.

| CEREBRO CONSCIENTE | CEREBRO INCONSCIENTE | |
|---|---|---|
| 2.000 | 400.000 MILLONES | BIT POR SEGUNDO |
| 2-4% | 96-98% | CONTROL DE PRECEPCIONES Y CONDUCTA |
| PASADO Y FUTURO | PRESENTE | TIEMPO |
| HASTA 20 SEGUNDOS | SIEMPRE | HORIZONTE DE MEMORIA |

Como ves, nuestro cerebro inconsciente procesa millones de veces más información por segundo que el consciente y es responsable del 98% de nuestras acciones. ¿INCREÍBLE, NO?

**¿Conoces la prueba muscular?** Esta prueba ayuda mucho a la hora de determinar cuáles son tus verdaderas creencias acerca de algo. Una cosa es lo que crees que crees y otra muy distinta lo que crees realmente. Durante la prueba muscular extiendes un brazo y otra persona intenta bajarlo mientras tú ofreces resistencia en sentido opuesto para intentar mantenerlo en esa posición. Lo sorprendente de todo esto es que durante la maniobra, si le das órdenes al cerebro que no concuerden con su programación subconsciente, el brazo se debilita y es fácilmente manejable. Sin embargo, cuando le das órdenes que tienen una estrecha relación con tus más profundas creencias y convicciones almacenadas en tu subconsciente, el brazo se pone duro y tenso provocando la imposibilidad de bajarlo.

> *"El mayor obstáculo para lograr lo que queremos son las programaciones del cerebro subconsciente". Bruce Lipton*

¿Quieres saber qué es lo que realmente crees? Haz la prueba muscular. No falla. Si tu subconsciente no está de acuerdo intentará saboteartе. Así que ya ves, debes colocar tu objetivo a nivel subconsciente.

**Intentar cambiar el subconsciente de manera agresiva y forzada es como darle patadas a una máquina expendedora que no ha sacado nuestro refresco. No sirve y te pone en un estado que puede provocar neurosis. ¿No sería mejor darle argumentos a la mente consciente y subconsciente para que razone y termine aceptando esas nuevas ideas como verdaderas?**

Tu mente consciente está controlada por tu hemisferio derecho y por tu hemisferio izquierdo. El hemisferio derecho es el creativo, mientras que el hemisferio izquierdo utiliza la lógica. Uno funciona por colores, música, arte. El otro funciona por números, estadísticas, letras, etc. Para lograr que lo consciente se haga inconsciente debemos lograr que ambas mentes se enfoquen en la misma dirección.

Pues ahí está la clave para atraer una vida. CAMBIA TUS CREENCIAS Y CAMBIARÁS TU VIDA.

> Debes colocar la información de tu objetivo a nivel subconsciente. ¿Cómo? Ya sabes cómo se forma una creencia. Con repetición y alto impacto emocional.

Déjame preguntarte algo y quiero que seas honesto y contestes rápido. ¿Estás listo? Ok, **dime cuál va a ser tu próximo pensamiento... ¡Te**

**pillé! No lo vas a saber porque tu próximo pensamiento no proviene del consciente sino del subconsciente. Se van sucediendo uno detrás del otro sin que tengas control porque proceden de tus creencias.**

Ahora tú me dirás: ¿depende entonces de mis creencias que yo encuentre oportunidades económicas buenas o que encuentre la relación que estoy buscando? ¿Por qué tengo amigos que todas sus relaciones son un desastre, que solo encuentran malas personas? ¿Por qué estas diferencias?

## EL GUARDIÁN A LAS PUERTAS DE TU MENTE

Vamos a hacer un ejercicio, ¿te parece? Me gustaría que mirases a tu alrededor durante 10 segundos y contaras todas las cosas que ves de color amarillo. Cuéntalas minuciosamente y memorízalas. ¿Lo tienes? Bien, ahora cierra los ojos y dime cuántas cosas había de color naranja.

¿Qué ha pasado? Que tu cerebro no ha captado esa información. El porqué es muy sencillo, no es lo que estabas buscando.

Otra prueba, lee bien este texto:

> "Cuál es una palabra de 4 letras que tiene 3 aunque se escribe con 6 mientras tiene 8, raramente consta de 9 y nunca se escribe con 5".
>
> Pista: la respuesta está implícita en el texto escrito.
>
> ¿Lo descubriste? A veces buscamos en lo exterior lo que se encuentra en nuestro interior. La respuesta es: cuál, que, aunque, mientras, raramente y nunca.

Por definición, el cerebro es el órgano responsable de controlar y coordinar la fisiología y el comportamiento de un organismo. Lo cual significa que, dependiendo de nuestros pensamientos, el organismo reaccionará de distinta forma. Activará todos los mecanismos necesarios para llevar a cabo la orden dada. ¿Te suena esto? Principio del Mentalismo.

Ahora, de toda la información que percibe, ¿cuál es aquella a la que le da importancia y cuál es aquella que desecha?

Seleccionas aquello que buscas y normalmente lo haces a nivel subconsciente. Por ello, el cerebro tiene varias maneras de seleccionar la información que percibimos.

Una de ellas es el SAR, Sistema de Activación Reticular. No ves con los ojos, ves con el cerebro y tu cerebro convierte esa información en percepción.

Nuestro cerebro se divide en dos partes, el cerebro consciente y el cerebro inconsciente. Nuestro cerebro procesa alrededor de 400 mil millones de bits de información de los cuales solo somos conscientes de 2.000 bits. Es decir, por cada bit de información del cual eres consciente hay 200 millones que tu cerebro procesa detrás de la consciencia. ¿Esto qué significa? Que solo somos conscientes de una parte muy pequeña de lo que vemos pero ¿y el resto? ¿Quién se encarga de decidir qué información es importante y cuál no de esos 400 mil millones de bits? ¿Quién va a decidir de esos 400 mil millones qué es importante y qué debemos pasar por alto? La respuesta es tu SAR.

El SAR (sistema de activación reticular) es una red de conducción nerviosa situada en la base de tu cerebro que hace de filtro de todos los mensajes sensoriales externos. Todo lo que ves, tocas, hueles y oyes atraviesa esa red y luego envía la información para que lo procese.

**Tu SAR está de guardián en las puertas de tu mente y decide qué información deja entrar en función de la que mejor se adapte a lo que ya hay dentro.**

Tu SAR presta atención a tu entorno y si percibe algo que pueda ser de tu interés entonces te avisa para que le prestes atención. Y lo hace 800 veces más rápido que a la velocidad que opera tu consciencia.

El SAR es un buscador parecido a Google. Metes la clave de búsqueda y te selecciona las mejores opciones. Si tu SAR no está bien programado, te llevará a información no válida. Es lo que el biólogo celular Bruce Lipton llamó "la membrana mágica", es decir, los mecanismos mediante los cuales tu cuerpo transforma las diferentes señales medioambientales en distintos comportamientos.

**Cuando creas una imagen CLARA de lo que quieres, esa parte de tu cerebro se activa y no para hasta encontrarla.**

Buscas en un océano de información y encuentras justamente la gota que estás buscando. Exactamente lo que necesitas.

Y bien, ¿quién dirige tu SAR? El SAR se encarga de determinar qué información es importante y cuál no, es quien determinará las oportunidades. Es lo que hace que alguien siempre vea oportunidades lucrativas y otro solo vea negocios malos. Es lo que hace que alguien siempre elija parejas que los maltratan o les son infieles y otros elijen personas increíbles. ¿Quién determina todo eso? ¿Quién es el encargado de determinar qué es lo que entrará o no en tu cerebro? ¿Quién dará la orden a tu SAR para que entre o no tu información? ¿Quién hace que solo veas "amarillo" si tú conscientemente lo que quieres es ver "azul"? ¿Quién tiene tanta responsabilidad?

La respuesta es: **TUS CREENCIAS.**

Tus creencias determinarán qué es lo que el SAR deja pasar y qué es lo que no.

Tengo un amigo a quien los negocios le van genial. Es como el rey Midas, cualquier cosa que toca la convierte en oro.

Imagínate la situación siguiente: dos personas van por la calle andando y de repente un papel doblado se cruza por delante. Una de ellas sigue hacia delante impasible. El otro sigue el papel con la mirada, lo coge y al desdoblarlo se da cuenta de que era un billete de 500 euros.

¿Qué diferencia hay entre estas dos personas? ¿Para qué están programadas sus mentes? ¿Cuáles son sus creencias? ¿Qué deja entrar su SAR?

No vemos con los ojos, vemos con el cerebro. Los ojos captan la información, el cerebro la procesa y emite un juicio. Le da un significado. El cerebro procesa en función a sus creencias, condicionamientos, presuposiciones, cultura, etc. Así que no ves el mundo tal y como es, ves el mundo tal y como eres tú.

## ¿CUÁNTO TIEMPO ME PUEDE LLEVAR CAMBIAR MIS CONEXIONES NEURONALES EN EL SAR?

Años atrás, la NASA diseñó un fascinante experimento para probar el impacto fisiológico y psicológico de la desorientación espacial que los astronautas podrían experimentar durante su estancia en un ambiente sin gravedad.

La NASA escogió a un grupo de astronautas y les colocó unas gafas convexas que giraban la imagen que veían 180 grados. ¡Sí! Veían todo exactamente al revés, patas para arriba.

Los sujetos tenían que llevar puestas las gafas especiales TODO el día. Inclusive mientras dormían, se bañaban, comían... TODO EL DIA.

Al principio los científicos observaron extremo estrés y ansiedad reflejados en la presión sanguínea de los astronautas y otros signos vitales. Sin embargo, después de unos días los astronautas pronto se adaptaron al nuevo nivel de estrés, pero aún seguían algo incómodos. Después de todo... El mundo estaba al revés.

Pero 26 días después de que el experimento comenzara, algo increíble sucedió a un astronauta: su mundo estaba normal otra vez. Las gafas no habían cambiado y aún las usaba 24 horas cada día, PERO AHORA ERA CAPAZ DE VER TODO COMO NORMAL.

En los siguientes días: TODOS LOS DEMÁS ASTRONAUTAS EXPERI-MENTARON EL MISMO FENÓMENO.

¿Qué pasó? Después de 26 a 30 días de constante nuevo estímulo, el cerebro de estos hombres creó nuevas conexiones neuronales que permitieron al cerebro adaptarse a esta nueva modalidad.

En repetidas pruebas, los investigadores descubrieron que si las gafas eran extraídas, la adaptación neuronal jamás ocurriría.

En otras palabras, la adaptación neuronal lleva entre 25 a 30 días de ininterrumpido y consistente nuevo estímulo para que la mente inconsciente produzca la adaptación a la nueva información y la tome como normal.

LA CONCLUSION: Necesitamos aproximadamente 30 días para cambiar un hábito aplicando técnicas de reacondicionamiento neuronal para que el cerebro empiece a tener hábitos de pensamiento diferentes.

## EL EFECTO PIGMALIÓN: LA PROFECÍA AUTOCUMPLIDA

**Que tú te creas capaz o no, depende solo de ti. Pero también tu entorno puede elevarte o enterrarte.**

Tu sistema de creencias, no una sino varias, determinan tu paradigma. Nada en esta vida tiene significado de por sí, sino que tú le otorgas un significado en función del paradigma en el que te estás moviendo. Este paradigma determinará tus reacciones frente a las circunstancias y también tus actitudes.

Este concepto surge en el año 1960 gracias a Robert Rosenthal, psicólogo de la Universidad de Harvard. Primero se lo conoció como el efecto Pigmalión. El estudio que realizó se llevó a cabo en un colegio. Fue ahí donde decidió que se realizara una evaluación para medir el coeficiente intelectual del alumnado, los estudiantes serían agrupados en un nivel superior, medio e inferior de acuerdo a su inteligencia.

Cuando la evaluación fue concluida, Rosenthal decidió seleccionar al azar a un 20% de los alumnos que realizaron la prueba sin tener en cuenta los resultados reales del test. Una vez que los eligió, les comentó a los profesores que ese 20% correspondía a quienes habían logrado entrar en la categoría de nivel superior y que, por lo tanto, de ellos se debía esperar un rendimiento escolar muy alto.

Al tiempo, estos alumnos mostraron mejorar su rendimiento escolar en relación al resto de los alumnos que supuestamente no pertenecían al nivel superior. Esto le indicó al psicólogo que las expectativas que los propios profesores se hicieron con respecto a sus alumnos "más capacitados" generó el interés y esfuerzo suficiente en ellos para que efectivamente sus alumnos progresaran en su rendimiento.

Así queda **comprobada la relevancia de las expectativas propias y ajenas en nuestro comportamiento.**

## EL PRINCIPIO DEL MENTALISMO Y LA CONCIENCIA GLOBAL ACTUAL

Como ya sabes, lo que pensamos se manifiesta. Actualmente, están pasando muchas desgracias naturales (terremotos, tsunamis, lluvias torrenciales, etc.) y también sociales (empresas en quiebra, bancos desapareciendo, desahucios, etc.). Todo ello debido a una conciencia global enferma.

¿Cuáles son las principales fuentes de información de las que bebe actualmente la humanidad? Puedes citar algunas: televisiones, radios, prensa escrita, foros, etc. ¿De qué hablan básicamente todas ellas? Un porcentaje muy alto de la población está pensando y decretando todo ese tipo de desgracias. Y recuerda, el Universo solo resuelve lo que hay en la mente de las personas. **Muchas personas pensando en la pobreza provocan exactamente más pobreza.**

Una conciencia social revuelta provoca una naturaleza revuelta. Estamos todos conectados entre nosotros y también con la naturaleza, con el mundo que nos rodea. No estamos separados del mundo sino que formamos parte del mundo y lo creamos nosotros.

Puede parecer que una persona no tiene un impacto importante, pero déjame decirte que una sola persona es capaz de cambiar el mundo, y ya se ha visto antes en nuestros ancestros y queda relatado en los textos antiguos. Tú eres el responsable de cambiar tu mundo. Tu mundo es tu entorno. Tus amigos, familiares y cada una de las personas con las que entras en contacto a diario.

NO LO ACEPTES. Apaga la televisión. Cada vez que alguien venga a hablarte de desgracias no lo aceptes. Detenle de inmediato y dile: a mí no, gracias. Si cada uno de nosotros es capaz de detener la ola de negatividad que está impregnando las mentes humanas, pronto la ola se cortará. No tendrá continuidad.

Jesús dijo algo respecto a esto: **"Los pobres los tendréis siempre entre vosotros"**. Lo que significa que siempre habrá personas pobres de conciencia que no entenderán el PRINCIPIO DEL MENTALISMO y no estarán dispuestos a cambiar. No importa, deben existir, los pobres estarán siempre entre nosotros, no solo pobres en dinero, sino pobres en espíritu, en conciencia.

Dijo Jesús: "No es posible que un hombre monte dos caballos y tense dos arcos; no es posible que un esclavo sirva a dos señores, sino que más bien honrará a uno y despreciará al otro. A ningún hombre le apetece —después de haber bebido vino añejo— tomar vino nuevo; no se echa vino nuevo en odres viejos, no sea que éstos se rompan, y no se echa vino añejo en odre nuevo para que este no lo eche a perder. No se pone un remiendo viejo en un vestido nuevo, pues se produciría un rasgón".

Cuando un pollito ha madurado lo suficiente, entonces debe tomar la decisión de romper el cascarón y salir a la superficie, ¡con la disposición de comerse el mundo!

Sin embargo, ¡qué calentito y a gusto se está dentro del cascarón y qué temible la idea de salir a un mundo frío, hostil y desconocido!

La humanidad se encuentra hoy en día en este estado. Ha madurado lo suficiente como para romper el cascarón, pero aún se resiste a salir de él por miedo a lo nuevo que ya ha llegado. Teme romper con viejos paradigmas y se resiste a abandonar los antiguos hábitos e ideas de un mundo que ya no existe.

Tarde o temprano tendrá que elegir. O salir del cascarón afrontando la nueva era, o quedarse dentro y morir asfixiado.

**Una vez conoces lo nuevo no vuelvas a lo viejo. Debes crecer, debes evolucionar...**

## Y SI TODO EL MUNDO APLICA ESTO, ENTONCES NO HABRÁ PARA TODOS, ¿NO?

Otra vez a las andadas con el "y si..." Los límites los pones tú mismo. Eso sería si el mundo fuera también limitado. Pero como nuestra mente es ilimitada y el Universo es mental, por ende, el Universo es también ilimitado, con lo cual **HAY PARA TODOS.** Y ese es el primer patrón que debemos romper, el de la escasez. Escasez en salud, escasez económica, escasez en amor, y en todo lo que nos preocupa.

## "ORAD SIN CESAR" SAN PABLO

*"Cualquier hombre hoy es el resultado del pensamiento de ayer."*

**Napoleon Hill**

En 1944, Planck, considerado el padre de la física cuántica, identificó una mente consciente e inteligente que forma todo lo invisible, la fuerza creadora de todo lo que vemos a nivel visible. Llamó a esa fuerza creadora LA MATRIZ. Esa mente inteligente es la matriz de la materia.

Todos los escritos antiguos nos dicen que nos comunicamos con nuestro mundo a través de los sentimientos, emociones y nuestros pensamientos. En las antiguas tradiciones cada sentimiento, pensamiento o emoción era considerado como una expresión de "oración".

Según sentimos, percibimos y nos expresamos mediante palabras... estamos orando. ¡Estamos orando constantemente!

De hecho, a eso se refería San Pablo en la Biblia, **continuamente estamos orando**. Continuamente estamos percibiendo cosas del exterior, eso nos lleva a unos pensamientos, nos hace sentir y nos hace emocionarnos.

*"Pensar es el trabajo más difícil que existe. Quizá sea esta la razón por la que haya pocas personas que lo practiquen"*

**Henry Ford**

**Tu único trabajo es mantener tus pensamientos elevados, tu consciencia elevada. Debes elevarte ante los problemas, verlos con perspectiva y tener siempre pensamientos positivos.**

Cuando cambias el modo de pensar sobre una situación, la situación en sí cambia.

De ese modo ATRAERÁS A TU VIDA TODA LA OPULENCIA EXTERIOR QUE NECESITES, PERO TODO PARTE POR CONSEGUIR PRIMERO LA OPULENCIA INTERIOR.

Fíjate que cuando tratas de solucionar un problema a alguien no te parece tan difícil, ni tampoco tan trágico como le pueda parecer a la otra persona. Eso es porque tú tienes perspectiva sobre su vida y sobre su problema. Cuando ves las cosas desde fuera parecen más fáciles, ¿me equivoco?

Pues ahí está la clave, **tienes que ver tu vida como si fuera una película de cine, pero tú no eres el protagonista, tú estás sentado en el asiento del espectador y ves ocurrir las cosas desde la distancia. Con el tiempo observarás que todo es un juego.**

Observa desde fuera todo lo que las personas decretan, todas las situaciones que te ocurren, intenta entender cómo fue que eso llegó a tu vida y siempre enfócate en la solución, no en el problema.

**Cuanto más difícil sea tu problema eso significa que más arraigado está ese concepto en tu subconsciente y más alto tendrás que elevar tu conciencia para poder solucionarlo**.

Orad sin cesar significa ser en todo momento consciente de nuestros pensamientos y emociones, porque esa es la forma de comunicación con nuestro Universo, y esa es la manera en que el Universo responde a nuestras peticiones.

Las creencias se forman por repetición del mismo modo que nuestros pensamientos se refuerzan con la repetición. Supongo que conocerás a alguien que de tanto repetir su propia mentira termina creyéndola y llega un punto que ya no recuerda que, en su día, esto que cuenta fue una mentira. Porque a base de repetirla y de crearse un escenario, ha creado las conexiones neuronales suficientes en torno a su mentira, de tal forma que su cerebro ha terminado por aceptarla como cierta, sustituyéndola por lo que pasó en realidad.

Tú tienes que hacer lo mismo, quizás al principio no lo creas, pero si quieres encontrar pareja, siéntete guapo, siéntete atractivo, dítelo a todas horas. Si quieres mejorar tu situación económica decreta que eres un imán para el dinero, a todas horas (no en voz alta o te tomarán por loco). Si quieres mejorar tu salud dite a ti mismo que eres una persona saludable. A base de repetición tu cerebro lo aceptará y enviará las órdenes necesarias para que eso se lleve a cabo en realidad. ¿No me crees? Ok, ¡compruébalo!

*"El mayor descubrimiento de mi generación es que los seres humanos pueden alterar sus vidas alterando sus actitudes mentales."*

**William James (1842 - 1910)**

**La cosa es simple, si eres capaz de controlar tu estado anímico y no caer en la negatividad, todo aquello que pidas se te dará**. Si caes en la negatividad, de alguna manera también estás pidiendo, a través de tu emoción, lo negativo, y eso es lo que obtendrás.

**El bien es la normalidad, el mal lo eliges tú. Cada vez que te encuentres en una situación negativa piensa en tus sueños y**

**pregúntate: ¿qué debería estar pensando yo para atraer esto? Esa es la manera de enfocar tu mente hacia los pensamientos correctos.**

Cuando estés hablando y pensando en la frecuencia de tus sueños, no vuelvas a nombrar lo anterior. Jamás. Olvídalo, eso ya no existe para ti. Jesús decía: "Cuando comíais lo que estaba muerto, lo hacíais revivir". **No vuelvas a comer de aquello que te hizo daño. JAMÁS, JAMÁS, JAMÁS.**

Como ya sabes, es tu propio concepto del mundo lo que te hace verlo de determinada forma. Del mismo modo que tus creencias te afectan si son negativas, tampoco te pueden afectar las positivas si no dejas que entren. **Por eso decía San Pablo "orad sin cesar", porque es mediante la oración y el pensamiento diario en el éxito, el amor y la salud, que podremos llegar a experimentarlo. Más claro, el agua.**

La enfermedad no puede tener ningún efecto sobre tu cuerpo o mente si tu creencia sobre la salud es lo suficientemente fuerte.

No podrás adelgazar, por más dietas que hagas, operaciones o lo que quieras, si no cambias tu creencia acerca de tu cuerpo. Es que mi genética es mala, es que mi metabolismo es bajo, es que... es que... son ideas inculcadas. No son tuyas. Tus padres son gorditos, tú eres gordito. Tus padres comen mal, tú comes mal. Lo vives desde pequeño. Antes de que hayas podido siquiera ser consciente y discernir, tus creencias ya estaban formadas.

Lo mismo ocurre con el dinero. O el amor. Los principios funcionan para todo.

Por eso, si queremos cambiar esos reflejos, esas sombras, esas cristalizaciones debemos "orar sin cesar". Orar significa pensar en lo bueno, centrarse en lo bueno, sentir lo que queremos ver manifestado. De manera repetida y con impacto emocional, tal y como se forma una creencia, así se cambia.

*"Somos transformados por la renovación de nuestras mentes."*

**San Pablo**

## ¿EN QUÉ TE ESTÁS CENTRANDO AHORA?

En general, lo que estás pensando y sintiendo creará un reflejo en unos tres días.

¿Estás pensando lo correcto? Si no, cambia tu enfoque (pensamientos y emoción) ahora.

Básicamente tu enfoque lo determinan las preguntas que te haces a ti mismo y el reclamo de las personas de tu alrededor. De ahí que sea importante tu diálogo interno y las personas de las que te rodeas...

## CAMBIA TUS PENSAMIENTOS, CAMBIA TU REALIDAD

Ahora ya empiezas a saber que un cambio de pensamiento cambia tu realidad automáticamente. Existen cuatro elementos para EL CAMBIO, son muy sencillos, pero debes aplicarlos. Si quieres hacer tus sueños realidad, lo primero que tienes que hacer es DESPERTAR.

El primero es la **CONCIENCIA**. Debes ser consciente de qué está ocurriendo para poder identificarlo y poder cambiarlo.

*"Ser consciente de la propia ignorancia es un gran paso hacia el saber."*

**Benjamin Disraeli**

El segundo elemento es ENTENDER. Cuando comprendes cuál es el origen de tu forma de pensar entonces te das cuenta de que esta procede de fuera, que no es tuya, sino que te han enseñado a pensar así.

El tercero es la DISOCIACIÓN. Ahora ya sabes cómo piensas y también te has dado cuenta de que esa manera de pensar no es tuya. Ahora puedes disasociarte de tu manera de pensar. Verlo desde fuera y decidir qué tipo de pensamientos quieres adquirir y cuáles van a ser las creencias que vas a necesitar para llevar el tipo de vida que tú quieres.

El cuarto elemento es el REACONDICIONAMIENTO. Con el estudio de estos principios empezarás a reacondicionar tus creencias y después de su estudio te mostraré algunas actitudes que debes tomar para hacer de tu vida una auténtica obra de arte. Si deseas profundizar más en el tema, te invito a que asistas a uno de mis seminarios de INTENSIVO ¡VUÉLVETE IMPARABLE! (www.intensivovuelveteimparable.com), donde se reacondicionará tu sistema de creencias para formar una programación mental adecuada a tus objetivos a través de poderosas técnicas vivenciales y de poderosos ejercicios que crearán nuevas conexiones neuronales que harán que tus pensamientos, palabras, emociones y acciones te conduzcan a la vida de tus sueños.

Ahora ya conoces el primer principio, el **PRINCIPIO DEL MENTALISMO.** Ya entenderás aquella frase de San Pablo que dice **"Somos transformados por la renovación de nuestras mentes"**. Porque es así. Cuando cambias tus pensamientos cambias tu realidad. Todo es energía y la energía fluye hacia aquello a lo que le prestas más atención. Esto es "muy" sabido pero muy poco aplicado. ¿Cuántos de nosotros conocen, aplican y tienen interiorizado esto? ¿Cuándo fue la última vez que enfermaste? ¿Cómo está tu cuenta corriente? ¿Qué tal tus relaciones amorosas? ¿Y las personales? ¿Trabajo? POR SUS FRUTOS LOS CONOCERÉIS. Una cosa es oír o ver algo y otra cosa es saberlo. Se sabe mediante la aplicación del conocimiento, y si queremos saber si lo sabemos o no en realidad, debemos ver nuestros resultados.

## ¿CÓMO EMPEZAR CON ESTE PRINCIPIO?

*"Quien sea conocedor de todo, pero falle en (lo tocante a) sí mismo, falla en todo."*

**Evangelio perdido de Santo Tomás**

Como te digo, no me creas, ¡compruébalo!

Empieza por cosas pequeñas. La razón por la que siempre digo esto es porque si empiezas con algo grande y tu fe no está todavía fuerte, al no verlo aparecer, dejarás de intentarlo. Pero si empiezas por lo pequeño, lo verás aparecer en tu vida, y poco a poco irás convenciendo a tu mente de que esto es real. Recuerda que tu mente utiliza la lógica. Si no es lógico no lo creerá. Acabamos de darle una buena sacudida con este primer principio. Quizás durante su lectura tu mente te ha intentado convencer de que esto no es así, o de cualquier otra excusa para ella seguir cómoda dentro de su zona conocida. Pero tu zona conocida ya sabemos lo que te da. Es el momento de dar el salto.

## BUSCAR APARCAMIENTO:

Tú ya sabes que tienes que salir por la mañana a hacer algún recado y antes de coger el coche ya estás pensando en la cola que habrá, lo difícil que es aparcar en esa zona, etc. Y todo esto es negativo y es exactamente lo que ves acontecer en cuanto llegas a tu destino.

¿Cómo se cambia? Pues empieza a coger el hábito y cada vez que cojas el coche pensar: "yo quiero un sitio frente a tal lugar, en armonía con todo el Universo" y luego da las gracias, por adelantado.

Lo que va a pasar es lo siguiente: cuando dices "en armonía con el Universo", alguien que estaba aparcado en frente de donde tú vas, de repente se dará cuenta de que tiene que ir a hacer algo, y todo coincidirá para que justo en el momento que tú llegues, ese coche se marche, o encuentres ya el hueco para poder estacionar. Y será algo que esa persona tenía que hacer, así que estará en armonía con ella también.

¡¡¡NO ME CREAS, COMPRUÉBALO!!!

Pide así: YO QUIERO..., EN ARMONÍA CON EL Universo, GRACIAS.

Seguramente ya tenemos a tu mente otra vez en acción... Esto no funciona. ¿Qué me está contando este hombre? Esto es una tontería, etc. Pero tu mente ya sabes dónde te ha llevado. COMPRUÉBALO.

Otro punto importante a tener en cuenta es...

## CLARIDAD DE INTENCIÓN

*"Cuando un hombre con un claro objetivo principal se abre paso ante la multitud, todo el mundo se hace a un lado y lo deja pasar.*

*Pero si un hombre vacila y muestra con sus actos que no está seguro de qué camino desea seguir, la multitud le pisará los pies y se negará a moverse ni un centímetro."*

**Napoleon Hill**

## EL PUZZLE

Imagina que te pongo 10.000 piezas de un puzzle encima de la mesa y te digo que empieces a configurarlo. Pero no te digo qué imagen representa. Es decir, tienes el puzzle desparramado y tienes que montarlo pero no tienes al lado la caja con la foto que forman esas 10.000 piezas.

Si no sabes la imagen que tienes que montar, ¿serás capaz de saber siquiera por dónde empezar? ¿Cómo sabes qué pieza colocar? ¿Cómo sabrás si lo estás haciendo bien si no tienes ninguna referencia? ¿Cómo sabrás si estás tomando las decisiones correctas? Lo mismo ocurre con tu vida. La mayoría de las personas no saben hacia dónde se dirigen. No tienen metas u objetivos definidos. Entonces se encuentran **como el corcho flotando en medio de la corriente, perdidos en la tormenta y sin saber hacia dónde ir.**

<u>**Graba esto en tu corazón: si no sabes qué quieres para tu vida entonces terminarás viviendo la vida de otro**</u>. Siempre vendrá alguien con las ideas más claras, con más energía, con más motivación que te arrastrará hacia donde él quiera.

## UN RESTAURANTE DE BUFFET LIBRE

Vivimos en un Universo de infinitas posibilidades. Todo lo que tu mente sea capaz de concebir se puede lograr. Esa es la paradoja de la vida. Tenemos tanto de todo que cuesta decidir qué es lo que queremos y por no decidirnos, finalmente nos quedamos sin nada.

El Universo es como un restaurante de buffet libre donde puedes comer todo lo que quieras tantas veces como quieras. La primera vez que fui a un restaurante de este tipo no me lo podía creer. Había cantidades ingentes de comida a cual más apetecible. El problema fue que ante tal avalancha de comida ¡no sabía qué elegir! Me apetecía todo. Todo me gustaba. Me pasé un rato pensando. Iba de un lado al otro mirando, intentando saber qué era lo que más me apetecía. Finalmente decidí coger unos macarrones con salsa boloñesa. Cuando empecé a comerlos, me acordé de que también estaban en salsa carbonara. Dejé el plato a medias y fui a buscar macarrones con carbonara. El camarero me retiró el plato anterior, cosa que agradecí porque así disponía de más espacio. A mitad del plato, recordé que había visto una paella que tenía muy buena pinta. Me levanté a buscarla. El camarero hizo su función retirando mi plato de nuevo. Así transcurrió toda la comida, yendo de un plato a otro sin terminar de degustar del todo ninguno porque cuando empezaba con uno, me acordaba de los otros, y nunca me senté tranquilamente a disfrutar de lo que tenía delante.

La vida funciona un poco así. **Elegimos una cosa, pero entonces a medio camino entramos en rutina y decidimos cambiarla. Pasando de una experiencia a otra sin terminar de aprender de cada una de ellas. Dejando siempre las cosas a medias.**

**Sin unas metas claras y definidas, nuestra vida será como ir conduciendo por una carretera con niebla y poca luz. Nunca estaremos seguros del todo y tendremos que avanzar mucho más lentos.** No importa el tipo de coche que llevemos si no sabemos hacia dónde vamos. Definir tus objetivos claramente hace que la niebla se disipe y podamos apretar el acelerador en dirección hacia nuestros sueños.

## SIN GUÍA

¿Te imaginas cómo sería ir a algún lugar que no conoces sin la ayuda de un mapa, carteles, indicaciones, etc.?

Una amiga mía me contó que una vez viajó a Japón y se encontró con un problema. Desde España había definido muy bien todos los lugares que quería visitar pero al llegar allá se dio cuenta de que todos los carteles estaban en japonés. ¡No entendía nada!

**No saber hacia dónde quieres ir es un problema, pero no tener un camino trazado y entender las indicaciones puede ser terrible. ¿Te imaginas todo el tiempo y esfuerzo que tendrías que invertir para llegar a un sitio, de no ser por las indicaciones externas?**

La gran mayoría de personas pasan sus vidas sin un mapa de carreteras limitándose a resolver los problemas a medida que suceden. Lo que sí hacen es volver a casa y poner la televisión esperando que la cosa mejore. La realidad es que cada vez son más viejos, están más arruinados, su salud cada día es más frágil y su matrimonio se tambalea. Y todo por no saber lo que quieren y a dónde se dirigen.

**Pero si defines tus objetivos y obtienes claridad, saldrás de la carretera lenta por la que andabas circulando y entrarás por el carril de aceleración, a la autopista de vía rápida hacia donde tú quieras llegar.**

## EL PILOTO AUTOMÁTICO

Los barcos grandes generalmente tienen un piloto automático de tal forma que, vayan donde vayan y se dirijan hacia donde se dirijan, siempre volverán al punto de partida. Imagínate navegar en medio del océano, cuando la costa ya hace horas que se ha perdido de vista, y entonces decides volver. ¿Cómo lo haces? Estos pilotos automáticos fijan unas coordenadas donde se encuentra su destino de tal forma que no importa si tú sabes o no cómo llegar o si te desvías mucho o poco de ese destino. Automáticamente el barco siempre regresará al mismo punto.

Como sabes, nosotros también funcionamos en piloto automático. Lo que determina hacia dónde vamos son nuestras creencias filtradas a través del mecanismo que tú ya conoces llamado SAR, sistema de activación reticular.

Fijar unas metas permite a nuestro SAR filtrar aquello que nos interesa para llegar a ellas. Cuanta más claridad tengas respecto a dónde te diriges, más pronto y fácil lo conseguirás.

## EL 3%

Durante un estudio realizado en la Universidad de Harvard en 1979, se constató un hecho sorprendente. Solo el 3% de los alumnos tenían sus metas definidas y por escrito. Un 13% tenía metas pero no estaban puestas por escrito. Un grandioso 84% no tenían ninguna meta específica más que saber dónde iban a irse de vacaciones ese verano.

Diez años después se volvió a entrevistar a los candidatos y se dieron cuenta de que el 13% de los alumnos que tenían las metas definidas pero no por escrito ganaban el doble que el 84% que no tenían objetivos. Lo más sorprendente fue que el 3% que sí tenía metas definidas y por escrito, ¡ganaba diez veces más que el otro 97%!

Hay otro famoso estudio realizado en la Universidad de Stanford en los años veinte. Se hizo un seguimiento de 1.500 niños superdotados para investigar la relación entre la inteligencia y los posteriores logros en la vida. **El estudio reveló que junto con la perseverancia y la confianza en uno mismo, uno de los rasgos más importantes para tener éxito era la tendencia a fijarse metas.**

## LOS OBSTÁCULOS

*"Los grandes espíritus siempre han encontrado una violenta oposición por parte de las mentes mediocres."*

**Albert Einstein**

Mantener los ojos en el objetivo es quizás una de las cualidades más importantes que puedes poseer. **Los obstáculos son aquello que vemos cuando desviamos los ojos de nuestras metas.**

**Cuanto más grande sea tu objetivo más oposición verás por parte de familiares, amigos, la sociedad, los pesimistas, etc.** El miedo y la culpa también entrarán en acción. Sin embargo, tú debes ser más grande que tus miedos. Debes estar por encima de la crítica. Debes elevarte por encima de tus problemas. Pues cuando tienes una meta definida, todo eso pasa a ser secundario. Aquellos que critican no hacen esto, están pendientes de aquello que critican, y no de sus propias vidas. Con lo que, además de no tener objetivos propios, verán aparecer en su vida todo aquello que critican, pues aquello en lo que uno se concentra se expande.

**El miedo, como sabes, aparece por la ignorancia. Cuando desconoces hacia dónde te diriges aparece la incertidumbre y con ella el temor a lo desconocido.** Sin embargo, cuando sabes lo que quieres y tienes claridad, ves tu camino iluminado. Ya no tienes temor. **Sustituyes esa sensación por la confianza de la FE.**

## TU VISIÓN

Supongo que ya te habrás convencido de la importancia de establecer metas por escrito, pero nada sucederá si no te pones en marcha de inmediato.

## LAS METAS

*"Si no sabes cuál es tu camino, la próxima misión de tu vida será descubrirlo."*

**Albert Liebermann**

Puedes tirar un dardo y darle a la diana, si sabes dónde está la diana y si ves el centro. Si no conoces esto es como disparar una bala sin pólvora.

Para poder tomar una correcta decisión acerca de nuestros objetivos y metas para esta vida y, así, poder determinar el estilo de vida que queremos para nosotros y los nuestros, debemos entender cuáles son nuestras necesidades.

## LA IMPORTANCIA DE UNAS METAS DEFINIDAS Y PUESTAS POR ESCRITO

Ponerse metas por escrito con un plan definido para alcanzarlas es la cosa más importante que una persona pueda hacer en su vida por varios motivos:

1. Ordenas el caos de tu mente en ideas claras y precisas. Das claridad al Universo para que pueda reestructurarse y darte aquello que precisas.

2. Engañas a tu cerebro. Planificas a tu SAR para buscar oportunidades. El cerebro tiene tres características: sigue indicaciones, forma significados en función de sus creencias, y no distingue entre fantasía o realidad. Con lo cual al tener metas, tu cerebro hará lo posible para seguir esas indicaciones, interpretándolas como posibles y tomándolas como reales.

3. Tomas mejores decisiones. Cuando tienes la meta apuntada, ante cualquier duda, sabrás exactamente qué hacer, porque sabes hacia dónde te diriges y podrás discernir entre una buena o una mala decisión.

4. Reduces la preocupación. Muchas veces la incertidumbre hace que nos entre el pánico. Cuando sabes lo que quieres, solo tienes que pensar en ello y tomar acción para conseguirlo. Dejas de ser un corcho flotando en la tormenta a merced de las circunstancias. Aprietas el interruptor y le das luz a tu vida.

5. La gente sigue y respeta a las personas que saben a dónde van. Te volverás más influyente.

6. Acortas el tiempo en el que las verás cumplidas.

7. Expandes tu potencial limitado. Es la causa número uno de no conseguir lo que uno quiere y vivir a medias, el no saber lo que uno quiere.

*"Si no plantamos conscientemente las semillas que deseamos en los jardines de nuestras mentes, terminaremos rodeados de malas hierbas."*

**Tony Robbins**

## TRES REQUISITOS PARA LOGRAR UNA META

Debe haber tres ingredientes:

1. **COMPROMISO**. Debes comprometerte de corazón, contigo mismo y con tus seres queridos de que no vas a parar hasta lograrlo.

2. **MÁXIMO RENDIMIENTO**. Es muy común ver a las personas trabajando al 90 o 95% de sus posibilidades, haciendo las cosas a medias creyendo que de igual modo llegarán a su destino. Pero ese 10% de margen es lo que marca la diferencia. Ese 10% es lo que el 90% no hace y que te dará las mayores satisfacciones. La diferencia entre hacerlo al 90% y al 100% es del 100%.

3. **TERMINAR**. Termina lo que empezaste. Mucha gente se cansa a la menor dificultad y abandona. Recuerda que todo se está gestando, le estás poniendo energía. Deja de hacer lo que has hecho hasta ahora y termina lo que empezaste. Estás a un metro del oro, continúa. No completar lo que se ha empezado es una fuente enorme de estrés y ansiedad. Algo dentro de nosotros nos hace sentir mal, en el fondo de nuestra alma, lo sabemos. No lo demores más, también eso te generará estrés. Supongo que habrás tenido alguna vez la sensación de que tenías que hacer un encargo y lo has ido posponiendo, dejándote muchas noches intranquilo sin poder dormir, hasta que finalmente lo has hecho y has tenido una sensación de alivio muy grande. Entonces ya sabes de lo que hablo.


## EL FILTRO PARA SABER SI ES UNA META REAL O NO LO ES

Para poder considerar una meta como algo real debe ser:

1. MEDIBLE 2. ALCANZABLE

3. ESPECÍFICA

4. ASUSTARTE

Cuando tengas tu meta por escrito deberá ser medible, en el sentido que puedas cuantificar cuándo has logrado tu objetivo. Por ejemplo, si tu meta es ser feliz, ¿cómo sabrás cuándo eres feliz? Necesitas ponerlo de manera que puedas medirlo. Pues seré feliz cuando tenga tal casa, mi relación de pareja sea armoniosa, etc. Hechos que puedas constatar.

Debe ser alcanzable. No importa cómo lo vas a lograr, lo importante es que sea algo plausible. Por ejemplo, la paz mundial quizás es algo muy grande para una sola persona y una sola generación, pero puede ser crear una asociación a favor de la paz que genere "x" recursos al año, etc.

También deberá ser específica, cuanto más mejor. Recuerda que el Universo necesita claridad y que la claridad es poder. Si dices "quiero un porche amarillo", quizás te encuentres con un porche amarillo en el patio de tu casa donde podrás sentarte en un banco y contemplar el amanecer, pero no el coche que tú decías.

Y por último tiene que asustarte un poco. Debe ser algo que provoque en ti un poco de miedo, porque sea un reto. Algo que estimule tu alma. Algo por lo que seas capaz de hacer cosas que normalmente no haces. Aquello que marcará una diferencia. Si no te estimula lo suficiente no harás nada.

## TÁCTICAS, ESTRATEGIAS, PLANES

**A yardas es difícil, pero centímetro a centímetro es muy fácil**.

¿Cómo te comes un elefante de 500 kilos? Bocado a bocado. Cuando te des cuenta ya no habrá elefante.

Entre las tácticas, estrategias y planes que te propongo figuran las siguientes:

ELEGIR UN MENTOR/ APRENDIZAJE DIARIO/TIEMPO PARA PENSAR/ RODEARTE DE ÁGUILAS (las personas adecuadas)/MEJORA CONSTANTE

## MENTOR/MODELAJE

**Si hay alguien que lo ha logrado tú también puedes**. Hacer las cosas bien te ahorra tiempo. Cuenta una pequeña historia que estaban dos leñadores que tenían que cortar cierta cantidad de árboles para ser contratados. La prueba consistía en que tenían un día entero para cortar la mayor cantidad de árboles posibles. Uno de ellos cogió el hacha y se puso a cortar troncos de inmediato. El otro, sin embargo, se sentó relajadamente y empezó a afilar su hacha. Pasó tres cuartas partes del día preparando su hacha para que estuviera a punto. Cuando por fin empezó, en menos de dos horas alcanzó el número de troncos que había cortado su compañero y, en la hora siguiente, duplicó los resultados del otro leñador.

En conclusión, **si tomas tiempo para definir tus metas y crear unos planes y tácticas específicos, ahorrarás tiempo, energía y dinero probablemente.**

Si todavía no estás convencido, existe un chiste que cuenta que dos hombres estaban en el bosque tomando un pícnic. Estaban muy relajados, riendo, cantando, contando anécdotas. Se descalzaron, se estiraron en el suelo... De pronto escucharon un ruido. Un enorme oso se acercaba hacia ellos. El primero salió corriendo de inmediato, descalzo, desplazándose con dificultad. El otro se sentó, se colocó las zapatillas mientras el otro le gritaba: "¡corre, desgraciado!". Su compañero le miró y le contestó: "no necesito correr más rápido que el oso, tan solo necesito correr más rápido que tú".

Si tienes claridad de objetivo, te ahorrará mucho tiempo encontrar a alguien que ya haya recorrido el camino y te ayude a evitar errores y a dirigirte hacia el punto en el que lo logres. ¿Por qué alguien que ya esté donde tú quieres estar? Muy sencillo... porque él ya lo logró, ya cometió los errores y ya conoce el camino.

**Te recomiendo lo siguiente:**

-LEE un mínimo de 30 minutos diarios sobre el tema que sea tu objetivo y del mentor que hayas elegido.

-Escucha audios sobre el tema elegido cuando vayas en el coche, en el autobús o andando.

-Participa en todos los seminarios vivenciales que puedas y aprende con los cinco sentidos. Relaciónate con personas con esos mismos pensamientos durante esos seminarios. Ven al INTENSIVO ¡VUÉLVETE IMPARABLE! y reacondiciónate para atraer Milagros.

-PRACTICA todo lo que aprendas a la mínima oportunidad que tengas.

## EL EFECTO BOLA DE NIEVE

El 80% de la energía la necesitarás para reordenar tus ideas, conceptos y tus planes y estrategias. Luego crearás lo que se llama el efecto bola de nieve. Este consiste en ir acumulando nieve hasta crear una bola lo suficientemente grande. Esto te lleva bastante tiempo. Sin embargo, luego coges esa bola y la lanzas ladera abajo rodando, verás que la bola va creciendo cada vez más y va cogiendo más velocidad.

Lo que más cuesta es arrancar, pero una vez lo hayas logrado, la inercia te llevará rápido hacia tu objetivo.

## TIEMPO PARA PENSAR

¡¡¿HASTA CUÁNDO VAS A TOLERAR ESTO?!!!

La mayoría de las personas están más pendientes de aprender aquello que creen que necesitan para tener éxito. Pero dejan de lado aquello que dan por hecho, las presuposiciones.

LO QUE COMPLICA NUESTRA VIDA ES LO QUE DAMOS POR SENTADO

En un MUNDO CAMBIANTE, dar las cosas por sentadas y por sabidas es el mayor error que uno puede cometer.

Las herramientas que servían en los siglos anteriores ya no sirven para este siglo.

Es precisamente aquello que no haces lo que hará que des el salto de calidad en tu vida. Lo que siempre postergas porque no consideras importante. Lo que nunca encuentras el momento adecuado para llevar a cabo. Aquello que ni te cuestionas porque siempre ha sido así. TODO ESTO ES LO QUE CAMBIARÁ TU VIDA.

**ES VITAL PARA TU CAMBIO Y TU EVOLUCIÓN QUE COLOQUES SIGNOS DE INTERROGACIÓN A TODAS AQUELLAS COSAS QUE ANTES DABAS POR SENTADAS.**

Así que si quieres un cambio REAL en tu vida, pregúntate lo siguiente:

¿QUÉ ES LO QUE NO VEO?

¿QUÉ ES LO QUE SE ME ESCAPA?

El 80% de la población trabaja para el 20%. El 20% de la población gestiona el 80% de la riqueza.

¿QUIERES FORMAR PARTE DEL 20%?

Pregúntate:

¿QUÉ HACE Y QUÉ PIENSA ESE 20% QUE YO NO ESTOY VIENDO?

*"Deja de pensar en clave de limitaciones y empieza a pensar en clave de posibilidades."* Terry Josephson

Pero es muy difícil ver lo que das por sentado. Y la razón es porque lo das por sentado.

¿CUÁLES SON LAS PERSONAS QUE TE AYUDARÁN A ALCANZARLO?

*"Somos lo que hacemos repetidamente, por eso el mérito no está en la acción sino en el hábito."*

**Aristóteles**

**Perfeccionamiento constante, lee, aprende, estudia sobre el área referente a tus objetivos y hazte una rutina.**

## UNA HISTORIA DE LOBOS

Una mañana un viejo Cherokee le contó a su nieto acerca de una batalla que ocurre en el interior de las personas y le dijo:

"Hijo mío, la batalla es entre dos lobos dentro de todos nosotros.

Uno es Malvado. Es ira, envidia, celos, tristeza, pesar, avaricia, arrogancia, autocompasión, culpa, resentimiento, inferioridad, mentiras, falso orgullo, superioridad y ego.

El otro es Bueno. Es alegría, paz, amor, esperanza, serenidad, humildad, bondad, benevolencia, empatía, generosidad, verdad, compasión y fe."

El nieto lo meditó por un minuto y luego preguntó a su abuelo:

"¿Qué lobo gana?"

El viejo Cherokee respondió:

**"Aquel al que tú alimentes"**

## LA BELLOTA Y EL MONJE

*"Las diminutas cadenas de los hábitos son generalmente demasiado pequeñas para sentirlas, hasta que llegan a ser demasiado fuertes para romperlas."*

**Ben Jonson**

Paseaban el maestro y el aprendiz por el bosque y de pronto el maestro le dijo al alumno: "¿Ves esa bellota? Cógela". El alumno la cogió, y ambos siguieron andando. De pronto se encontraron con un arbolito pequeñito y el maestro le dijo al alumno: "¿ves ese arbolito? Trata de arrancarlo". El alumno tras mucho esfuerzo al fin lo logró. Siguieron andando y se toparon de frente con un inmenso roble grande y frondoso, con tronco grueso y raíces profundas. El maestro le dijo al alumno: "¿Ves ese roble? Arráncalo". El alumno miró al maestro extrañado y le dijo: "Maestro, si con el arbolito casi no pude, ¿cómo voy a poder arrancar este roble?". El maestro contestó: "Tus hábitos son como este roble, cuando están muy profundamente arraigados es prácticamente imposible cambiarlos. Todo empieza como esa diminuta bellota que llevas en las manos. Si identificas qué es negativo al principio es fácilmente remplazable. Si lo dejas por mucho tiempo, te pasará como con el arbolito, costará pero con esfuerzo lo lograrás. Si dejas que tus hábitos negativos se instalen en tu vida demasiado tiempo, se convertirán en un enrome roble imposible de arrancar."

Tus hábitos son la suma de esas pequeñas cosas que marcan la diferencia. No esperes a mañana para cambiarlos si estos no te llevan a donde están tus sueños. O será demasiado tarde.

## LOS OBSTÁCULOS

Tus creencias determinarán si lo crees o no posible. ¿Qué es lo que me frena? ¿Por qué no tengo todavía esto que quiero? El 80% de nuestros obstáculos para lograr nuestros sueños están dentro de nosotros mismos, solo un 20% están en el exterior. Por lo tanto, el principal obstáculo eres tú mismo. Tus creencias, presuposiciones, condicionamientos, determinan los muros que has creado a tu alrededor. Los principales obstáculos que encontrarás son de carácter psicológico y emocional.

Si piensas que estás vencido, ya lo estás,

si piensas que no te atreves, no lo harás,

si piensas que te gustaría ganar, pero no puedes,

es casi seguro que no lo lograrás.

Porque en el mundo encontrarás que el éxito

empieza con la voluntad del hombre.

Todo se halla en el estado mental.

Porque muchas carreras se han perdido

antes de haberse corrido,

y muchos cobardes han fracasado

antes de haber iniciado su trabajo.

Piensa en grande y tus hechos crecerán,

piensa en pequeño y quedarás atrás,

piensa que puedes y podrás;

todo está en el estado mental.

Si piensas que tienes ventaja, ya la tienes;

tienes que pensar bien para elevarte,

tienes que estar seguro de ti mismo,

antes de intentar ganar un premio.

La batalla de la vida no siempre la gana

la persona más fuerte o ligera,

porque tarde o temprano, la persona que gana,

es aquella que cree que puede hacerlo.

**Debes aprender y ser muy bueno resolviendo problemas**. Si eres una persona de nivel 5 un problema de nivel 6 será un gran desafío y puede hacerte abandonar. Sin embargo, si eres una persona de nivel 7, ese mismo problema de nivel 6 no será más que un simple contratiempo. Y la manera de subir de nivel es enfrentando los problemas. Muchas personas se quedan en niveles inferiores porque cuando surge algún contratiempo abandonan y cambian el rumbo. La vida les traerá una y otra vez el mismo problema hasta que no lo enfrenten y lo superen. El único problema es que te puedes estar toda una vida huyendo de un problema menor siendo una persona menor, y cuando por fin te decides a enfrentarlo tu vida se ha terminado, no has evolucionado.

> Cada gran meta viene acompañada al menos de un gran problema. Tu habilidad para identificarlo y resolverlo cuanto antes determinará tu rapidez en la consecución de tus objetivos.

Define el problema y cuestiónalo desde varios puntos de vista. ¿Y qué otra cosa podría ser el problema? ¿Y qué otra cosa podría ser el problema? ¿Y qué otra cosa podría ser el problema? Una vez hayas descubierto el auténtico problema lo REDEFINES como una meta positiva.

**Desaprende a tener miedo y aprende a tener fe.** ¿Alguna vez has visto un bebé negativo? La negatividad es algo aprendido. La manera de encontrar fe es a través del conocimiento.

Aléjate del papel de víctima. El no puedo es también algo aprendido.

**¡¡¡El muro infranqueable de la zona cómoda!!!**

**TU GRAN MOTIVO**

*"Aquel que tiene un porqué para vivir se puede enfrentar a todos los cómos."*

**Friedrich Nietzsche**

Durante mis seminarios de INTENSIVO ¡VUÉLVETE IMPARABLE!, les pongo un ejemplo a todos los asistentes para explicar el poder de un porqué.

Imagínate que pongo una biga de acero en el suelo de tu habitación ahora. La biga mide unos 10 metros de largo y unos 25 centímetros de altura. ¿Podrías ponerte encima y poder caminar por encima de ella por sus 10 metros de largo manteniendo el equilibrio?

Ahora te pongo esa biga encima de dos edificios de 30 metros de altura. Un extremo de la viga se apoya en un edificio y el otro extremo de la biga se apoya en el otro edificio. Si te dijera que cruzaras de un lado a otro del edificio por encima de la viga, ¿lo harías?

Y si te diera 50 euros, ¿pasarías de un lado a otro, a pesar de que esté a más de 30 metros de altura?

Ahora imagínate que tú estás en un extremo y en el otro edificio están tu familia, tus hijos, tus padres, el amor de tu vida, tus amigos, alguien muy especial para ti. El edificio está en llamas y solo puedes salvarlos si cruzas de un edificio a otro por encima de la biga a más de 30 metros de altura. ¿Lo harías para salvar a tus seres queridos?

> CUANTO MÁS GRANDE ES EL PORQUÉ MÁS FÁCIL ES EL CÓMO.

Necesitas tener las suficientes razones para querer lograr tus objetivos. Cuantas más razones tengas para cumplir tus sueños, más perseverancia y determinación tendrás para lograrlos.

## LA IMPORTANCIA DE MEDIR LAS METAS

Cada vez que logramos alcanzar un objetivo nuestro cerebro libera una pequeña cantidad de endorfinas, la hormona de la felicidad. Cuanto más grande el objetivo mayor la cantidad de endorfinas que segregamos y más felices nos encontramos.

## OBTÉN CLARIDAD SOBRE TU VISIÓN

**Cuando tienes una visión clara empiezan a ocurrir cosas magníficas en tu vida. Las sincronicidades**. Son personas, cosas, eventos, libros, ideas, etc. Cosas que ayudarán a sincronizar tu vida para que obtengas lo que quieres.

> Las leyes del Universo nos dicen que si lo pensamos, sentimos, decimos y luego hacemos algo en esa dirección, atraeremos todo aquello que queremos.

El pensamiento positivo te ayuda a sentirte mejor pero eso no atrae nada a tu vida. Lo que lo atrae son las emociones que transformarán en sentimiento tus pensamientos. Visualizar con emoción es alinearte con tu objetivo. Es alinearte con el Universo.

Sabemos que el pensamiento emite una señal débil, es el corazón lo que emite la señal más potente, así que debemos centrarnos en el corazón. Que tus visualizaciones sean de corazón. Nota esa energía subiendo desde tu interior.

El principal problema es la intención, empiezas a sentirla como una obligación y no sabes muy bien cómo se siente uno teniendo eso porque nunca lo has tenido antes.

Pregúntate, ¿qué quiero de verdad?, ¿cómo me siento?, ¿dónde tengo que ir?

El 99% es intención y el 1% es técnica. El "cómo" aparecerá... ¿Qué necesitas en tu vida? ¿Por qué lo quieres? Cuanto más poderoso sea tu porqué más fácilmente lo lograrás.

Quizás al principio no sea tan fácil como pensabas, pero tu intención debe ser que lo vas a lograr, no importa cómo.

Tómate tu tiempo para saber realmente qué quieres.

¿Crees que lo vas a lograr? Entonces es tuyo.

Sin tu visión no tienes nada. No sabes desde dónde empezar, no sabes hacia dónde ir. Nada.

¿Qué es lo que estás buscando? Esa es tu visión. Tu vitalidad en la vida es directamente proporcional a la claridad de tu visión. Un objetivo grande que te motive lo suficiente, te dará la energía necesaria para lograrlo.

**Tu visión es la posibilidad de cumplir tus sueños. Tu misión es el camino a seguir para lograr cumplir esos sueños.**

**Hay tanto por descubrir... Te invito a conocer el siguiente princpio...**

# ¡SIEMBRA SEMILLAS DE BENDICIÓN!

Es hora de sembrar semillas en los corazones de la gente que te rodea. Repasa lo que has leído hasta ahora y piensa con quién podrías compartir alguna frase, texto o parte del libro.

Incluso si lo deseas, puedes hacerle una foto a alguna parte del libro y publicarla en Facebook, Twitter o Instagram para compartirlo con tus amigos.

**¡Y ahora es tiempo de DECLARACIONES!**

Ponte la mano en el corazón y repite conmigo en voz alta y con intensidad emocional:

**YO SOY LÍDER, NO SEGUIDOR**

**ESCUCHO LA VOZ DE MI ALMA**

**POR MUCHOS NOES DE MI PASADO,
HAY UN GRAN SÍ EN MI FUTURO**

**NO VENGAS A HABLARME DE DERROTA Y DE FRACASO,
¡YO HABLO DE VICTORIA, FE Y ESPERANZA!**

**NO IMPORTA DE DÓNDE VENGO, IMPORTA A DÓNDE VOY**

**Y EN MI VIDA SE ABREN PUERTAS DE BENDICIÓN**

**PORQUE ¡YO SOY IMPARABLE!**

¡BIEN HECHO!

Sigamos...

# PRINCIPIO DE CORRESPONDENCIA

*"Igual que abajo, así también arriba; y como arriba, así también abajo. Solo con este conocimiento puedes hacer milagros."*

**La Tabla de Esmeralda (*circa* 5.000-3.000 a.C.)**

**Como es arriba es abajo. Como es dentro es fuera. Tu mundo interior crea tu mundo exterior. Como es en tu mente es en lo físico. Como es en lo espiritual es en lo material.**

## EL ESPEJO

Hace tiempo, en un lejano pueblo, había una casa abandonada.

Cierto día, un cachorro, buscando refugio del sol, logró meterse por un agujero en el portón de la residencia.

Subió lentamente las viejas escaleras de madera hasta que se topó con una puerta entreabierta y se adentró en el cuarto, cautelosamente.

Con gran sorpresa, se dio cuenta de que dentro de esa habitación había 1.000 perritos más observándolo tan fijamente como él a ellos, y vio asombrado que los 1.000 cachorros comenzaron a mover la cola exactamente en el momento en que él manifestó alegría.

Luego ladró festivamente a uno de ellos y el conjunto de mil perritos le respondió de manera orquestada, idéntica. Todos sonreían y latían como él.

Cuando se retiró del cuarto se quedó pensando en lo agradable que le había resultado conocer el lugar y se dijo: "Volveré más seguido a esta casa".

Pasado un tiempo, otro perro callejero ingresó al mismo ambiente. A diferencia del primer visitante, al ver a los 1.000 congéneres del cuarto se sintió amenazado, ya que lo miraban de manera agresiva, con desconfianza.

Empezó a gruñir y vio, maravillado, cómo los otros mil perritos hacían lo mismo con él.

Comenzó a ladrarles y los otros también hicieron lo mismo ruidosamente. Cuando salió del cuarto pensó: "Qué lugar tan horrible es este. Nunca regresaré".

Ninguno de los perros exploradores alcanzaron a reparar en el letrero instalado en frente de la misteriosa mansión: "La casa de los mil espejos".

> La vida es un espejo que refleja lo que das y lo que tienes. Como es arriba es abajo significa que como es en tu mente es en lo material. Ahora ya sabes, por el principio del MENTALISMO, que lo que piensas se manifiesta en lo exterior.

## TU MUNDO INTERIOR CREA TU MUNDO EXTERIOR

Vivimos en un mundo de dualidades. Arriba-abajo, frío-calor, mental-físico, salud-enfermedad, aprobar-suspender, ganar-perder, reír-llorar, izquierda-derecha, etc. Y por supuesto nosotros, los seres humanos, también nos movemos en una dualidad, dos mundos. El mundo FÍSICO y el mundo METAFÍSICO. El mundo exterior y el mundo interior.

Muchas personas viven sus vidas como "dormidas" basándose simplemente en lo que ven a un nivel muy, muy superficial. Viven estrictamente en el mundo FÍSICO.

Lo que vemos y percibimos tiene que ver con nuestro mundo exterior, lo que no vemos, lo intangible, tiene que ver con nuestro mundo interior. En este sentido podrías hablar de la realidad como un espejo dual de doble cara. **Lo que ocurre en una cara se refleja en la otra**.

Si observamos la naturaleza nos daremos cuenta de que también funciona así. Imagínate un árbol. Lo que captan tus sentidos (los frutos, las hojas, las ramas, el tronco, etc.), es lo visible. Su mundo externo. Pero hay algo que no ves del árbol, sus raíces. Las raíces del árbol tienen que ver con su mundo interno.

Si te fijas en el árbol, **todo lo visible se crea en lo invisible**. Los frutos, las hojas, las ramas y el tronco se crean en las raíces. Las raíces son las responsables de que el árbol esté saludable, dé buenos frutos, tenga unas hojas bonitas y su tronco sea fuerte para poder sostener todo eso.

Cuando las hojas, los frutos y las ramas o el tronco no están saludables es porque ha habido un problema en las raíces. Si los frutos salen mal, no vas a abonar los frutos, ¿verdad?, abonarás las raíces. Los frutos, las hojas, las ramas y el tronco son un síntoma de lo que está ocurriendo a nivel interno en las raíces. Lo exterior es el resultado de lo interior.

Como nosotros formamos parte de la naturaleza, tiene sentido que para nosotros también funcione este principio, ¿verdad? Entonces si en tu vida, en lo visible, algo no funciona bien, la respuesta estará en lo invisible. Es así, ¿cierto?

Si tu economía, tus relaciones, tu salud, tu trabajo, tu tiempo, tu familia, tu matrimonio, etc., no están funcionando bien, la respuesta está en lo que está ocurriendo a nivel interno. En tus pensamientos, emociones y sentimientos. Eso es lo que está creando todo eso que ves.

O lo que es lo mismo, si en tu mundo externo algo no está bien, la respuesta está en tu mundo interno. Tu mundo interno crea tu mundo externo. Tu mala salud, tu falta de amor o tu pobreza NO SON NINGÚN PROBLEMA. **Todo eso solo es un SÍNTOMA de lo que está ocurriendo en tus raíces, en tu mundo interior.**

Cuando estás enfermo, sientes dolor. Pero el dolor no es la enfermedad. El dolor es el síntoma que da la enfermedad. El dolor te avisa de que hay algo que no está bien y te lo localiza en una zona en concreto. Por ejemplo, si tienes dolor de garganta eso puede indicarte que tienes las anginas inflamadas, es posible que estés en un proceso vírico o alguna bacteria te haya afectado.

Cuando tienes problemas económicos no es un problema. Es un SÍNTOMA de que tus pensamientos, emociones y sentimientos respecto al dinero no son los adecuados. Lo mismo ocurre con tu salud o con tus relaciones.

**Fuera es un espejo de dentro. Un exterior desordenado suele indicar un interior desordenado**.

Tu mundo interior se compone de tres partes: tu mentalidad, tus emociones y tu espíritu. Tu mundo exterior es todo lo que percibes a través de los sentidos: tu economía, tus relaciones, tu salud, etc. Lo que ocurre en tu mundo interior tiene su correspondencia en tu mundo exterior. De ahí la importancia de cambiar nuestras creencias, pues éstas tienen su correspondencia en lo exterior.

## COMO ES ARRIBA ES ABAJO

La mayoría de las personas viven a merced de las circunstancias y no son capaces de manera consciente de influir en el transcurso de los acontecimientos de su vida. La vida es algo "que nos pasa" del mismo modo que pasan las cosas en un sueño inconsciente. Los acontecimientos siguen su curso independientemente de lo que tú quieras o no quieras. Parece algo irremediablemente fatídico a lo que el ser humano está condenado de por vida. La vida es así y no se puede cambiar.

> Pero lo que no percibimos es que estamos atrapados por el engaño del reflejo del espejo. Lo que en el espejo se refleja sólo es una ilusión creada por uno mismo.

En un lado del espejo, está ocurriendo todo al mismo tiempo. Es lo que los científicos llaman el espacio de las variantes o los metafísicos llaman el mundo espiritual. Allí ya están aconteciendo todos los escenarios posibles. Existe un "yo rico", "un yo pobre", "un yo saludable", "un yo enfermo", "un yo feliz", un "yo triste", etc. Todas las posibilidades ya existen en ese lado del espejo. Es el lado del espejo del mundo METAFÍSICO. El número de posibilidades es infinito. Todo está escrito allí. Todo lo que ha sido, es y será. **Es el punto desde donde algunas personas pueden tener sueños, premoniciones, conocimiento intuitivo o iluminación**.

> Cautivados por el espejo, las personas asumen que lo que éste refleja es la realidad. Esto crea la ilusión de que lo que ocurre en este lado del espejo es la realidad y que está fuera de nuestro control. Entonces empiezas a jugar en un juego donde no pones tú las reglas y todo ocurre alrededor tuyo independientemente de ti. Y todo porque nadie te ha explicado cómo controlar tu realidad.

**Pero tú ya estás empezando a despertar de la ilusión del espejo. Ya conoces el primer principio, MENTALISMO, y ahora conoces el principio de correspondencia.**

Hemos dicho que en el mundo de las variantes o el mundo espiritual existen ya todas las posibilidades. Pero, ¿por qué entonces tengo la vida que tengo? ¿Si yo no quiero esto, por qué obtengo siempre lo que no quiero? ¿Cuál es la causa de que en mi vida solo se manifieste lo que menos deseo? Y la respuesta es **EL Universo ES MENTAL, LO QUE TÚ PIENSAS SE MANIFIESTA. COMO ES ARRIBA ES ABAJO**.

Tus pensamientos, la imagen mental que tú mantienes la mayor parte del día en tu cabeza es la encargada de "iluminar" aquella posibilidad o variantes del mundo METAFÍSICO que verás reflejadas en el mundo FÍSICO. Eliges mediante tus pensamientos. Y jamás falla, sea lo que sea que pienses, seas consciente de ello o no, es lo que verás manifestado. Como ya sabes, tus pensamientos dependen en un 90% de tus creencias y convicciones fruto de los condicionamientos. **Así que lo que refleja el espejo son tus creencias.**

**Como el mundo físico es más denso, la sensación de ver la materialización una vez has cambiado tus pensamientos y seleccionado otra variante, es más lenta, casi imperceptible para nuestros sentidos.** Es por ello que muchas personas abandonan en el camino, porque se fían de lo que "ven". Pero recuerda, la **ENERGÍA SE DIRIGE HACIA AQUELLO QUE LE PRESTAS ATENCIÓN**. Si lo piensas consistentemente se está gestando…

El principio de correspondencia nos dice que como es arriba es abajo. Arriba, en el mundo METAFÍSICO existen todas las posibilidades. El espejo reflejará abajo, en el mundo FÍSICO, aquella posibilidad que seleccionamos con el pensamiento.

Platón también hablaba de ello. Él consideró que la realidad se divide en dos grandes géneros: el Mundo Sensible (también emplea con frecuencia la expresión "mundo visible") y el Mundo Inteligible o Mundo de las Ideas. Para Platón, en el mundo de las ideas estaban las esencias de las cosas, y en el mundo visible se representaban las imitaciones de estas ideas. O lo que es lo mismo como es arriba es abajo. Tus ideas se representan en el mundo sensible, ofreciendo una imitación, tal como es arriba es abajo. Tal como son tus ideas, es tu mundo visible o sensible.

En física cuántica se dice que el Universo lo componen dos tipos de fuerzas, las visibles y las invisibles. Según la física cuántica, las fuerzas **invisibles son las responsables de las fuerzas visibles.**

**En los pergaminos encontrados en el mar Muerto**, uno de los fragmentos conocido como "La canción del sacrificio del Sabbath", se traduce como **"lo que ocurre en la tierra no es sino un pálido reflejo de esa gran realidad mayor".**

Es decir, **nosotros creamos en un mundo invisible el molde de lo que luego serán nuestras relaciones, nuestro nivel de vida, nuestra salud y todos los resultados que vemos a nivel físico. La sustancia universal rellena ese molde y le da vida, proyectándolo al otro lado del espejo**.

Por lo tanto, debes convertirte antes en la persona que obtendrá aquello que tú quieres en el mundo físico. Debes pensar y sentir como si ya lo tuvieras. Debes crear una imagen mental clara de aquello que deseas obtener, participando de ella y dándole todo lujo de detalles. Pronto lo verás proyectado detrás del espejo, en tu realidad.

## CONCÉNTRATE EN EL RESULTADO FINAL

Un error muy común es enfocarte en el camino hacia la consecución del objetivo. Eso es lo que hace todo el mundo. Debes enfocarte en el molde, en el resultado final. Y a partir de ahí no pensar en el futuro logro sino recordar el logro. En tu molde ya lo tienes, ya lo obtuviste, ahora tienes que "actuar como si".

Esta es una parte vital de tus visualizaciones del molde de tu objetivo. Debes tener la conciencia de que ello ya forma parte de tu vida. No visualizarlo como si lo fueras a alcanzar o visualizarte alcanzándolo, sino visualizarte disfrutando de ello con total normalidad.

> Ya es tuyo, ya lo lograste y lo estás disfrutando del mismo modo que disfrutas de todo lo que ahora ya tienes. Esa sensación de que ya es un hecho es lo que tienes que buscar.

Y recuerda, la realidad cambia a partir de nuestro enfoque y cuanto más te enfoca más cambia. Fabrícate una imagen mental de aquello que quieres conseguir, más allá de tu cuadro físico actual, no importa, piensa en lo que quieres, a todas horas, intégralo en tu conciencia hasta que ya no distingas si es real o no. Es entonces cuando lo verás en tu vida como por arte de magia. Pero no es magia, son leyes y son exactas.

**Debes pensar y actuar como si eso ya se hubiera manifestado. Entonces estás creando las condiciones para que el Universo se amolde a tu nueva situación y puedas permitir la manifestación**.

## LA SERPIENTE QUE INCITÓ A EVA

Y una vez más, si nos fijamos en la historia de Adán y Eva que comieron del fruto prohibido del árbol de la ciencia del bien y del mal, ¿quién incitó a Eva (la mente y el alma) a comer del fruto prohibido? La respuesta es una serpiente. Una serpiente repta por el suelo. Simboliza lo físico. Como es arriba es abajo, como es en el cielo es en la tierra, como es en tu mente es en lo terrestre, lo material.

La serpiente nos indica que **no debemos caer en la tentación** de pensar lo contrario: **que lo material puede influir en lo espiritual.** Que lo que hay abajo influye en lo que hay arriba. Porque si creemos eso, comeremos del fruto prohibido y se nos expulsará del paraíso.

Nada que puedas ver, nada de lo que te esté ocurriendo, puede afectar a tu mente y a tu alma. No debe ser así. Lo importante es lo que piensas. Si tu situación actual es mala, y dejas que lo que "ves" te afecte, comerás del fruto prohibido y obtendrás más de ello. Pensarás otra vez en negativo y como es arriba es abajo. Volverás a tener más y más y más.

En definitiva, **no te dejes afectar por tus circunstancias actuales.** Eso solo marca lo que pensaste en el pasado. Si dejas que la "serpiente" del pasado te haga comer del "fruto" prohibido de los resultados que has obtenido, no podrás vivir en el "paraíso" jamás.

Cuando Adán y Eva comieron del fruto prohibido, se sintieron desnudos. **Eso simboliza que cuando comes del mal, sientes miedo y te sientes desprotegido.** Antes de comer del fruto, no eran conscientes de estar desnudos o desprotegidos.

Entonces Dios le dijo a Adán: "Ganarás el pan con el sudor de tu frente". Lo que quiere decir que desde el momento en que tus pensamientos son negativos, todo a tu alrededor se vuelve complicado, teniendo que luchar por tu lugar bajo el sol, porque empiezas a vivir en un mundo de limitaciones en lugar de en un mundo de abundancias. Y Adán le echó la culpa a Eva (mente) de todos sus problemas. Pues el inicio es el pensamiento negativo.

Y Dios le dijo a Eva: "Multiplicaré en gran manera tus penas y concepción y parirás tus hijos con dolor, y tu deseo será él de tu marido, y él mandará sobre ti". Recordemos que Adán significa el cuerpo físico, pero también todo lo material. Lo que quiere decir es que tu marido, Adán, el cuerpo, y todo lo material, mandará sobre ti. Es decir, **cuando**

**comes del mal, lo material primará sobre ti**. Y al comer del fruto prohibido, cada vez obtendrás más y más pensamientos negativos porque tu situación empeorará. Y todo lo que concibas (recuerda que lo que ves en lo material ha sido concebido por el pensamiento, por el plano espiritual), **"y todo lo que concibas será con dolor". Y será muy costoso concebir ideas nuevas que te saquen de ese círculo vicioso de negatividad**. ¿Te resulta familiar?

También dijo que: "expulsó al hombre del Paraíso… y puso querubines y una espada de fuego para que el hombre no pudiese acercarse al árbol de la vida". Esto significa que mientras sigas manteniendo falsas creencias, jamás podrás acercarte a la verdad, al Paraíso, a tu felicidad. Por ejemplo, una falsa creencia en la enfermedad, en la pobreza, en la crisis o en lo que sea que te esté limitando en estos momentos.

> Todo lo que experimentas es lo que realmente crees, eres quien crees ser. TODO AQUELLO QUE PENSEMOS DÁNDOLE UNA EMOCIÓN ES UNA CREACIÓN QUE DEBE SER MANIFESTADA.

¿Me estoy explicando bien hasta aquí?

## LOS CUATRO JINETES DEL APOCALIPSIS

Estos cuatro jinetes son nombrados en la Biblia porque nos proporcionan las claves para entender la naturaleza del hombre.

Como te comentaba, nuestra naturaleza se divide en dos. Lo visible y lo invisible. Lo Físico y lo Metafísico. Lo no visible crea lo visible.

Nuestro mundo invisible está representado por la mente, las emociones y el espíritu. La parte visible está representada por lo físico. Lo físico no solo se refiere a nuestro cuerpo sino a toda la materia. El dinero, el trabajo, las relaciones, el coche, la casa, etc., forman parte del mundo físico, de lo que vemos. Y son un resultado del mundo metafísico. Es un reflejo, una sombra de lo no visible. Las raíces crean los frutos.

**Estos cuatro jinetes representan estos cuatro aspectos: físico, mental, emocional y espiritual.**

El primer caballo que aparece es el **CABALLO PÁLIDO, siendo la palidez el color del miedo. Y como se dice en la Biblia, "la muerte lo montaba y el infierno le seguía". Este caballo es símbolo de lo**

**FÍSICO.** Todas las personas que viven para el físico, para comer, para los placeres sexuales. También simboliza el dinero, el poder, la fama, etc.

Todas las personas que monten en este caballo conocerán "la muerte" y el "infierno" en vida. Entendemos la muerte no como algo literal sino como un símbolo de que el amor, que es vida, se acaba, y comienza el miedo. Y el infierno lo entendemos como un símbolo de dolor y sufrimiento.

Las personas que persiguen el dinero terminan por no tenerlo. Su vida es un infierno, nunca logran sus objetivos. Las personas que viven para comer, terminan viendo su deterioro físico y la enfermedad. Las personas que viven para el sexo, terminan viviendo en soledad, sin encontrar el amor, víctimas de las pasiones bajas y los instintos más primitivos y animales.

Las personas que viven para comer no pueden regenerarse bien, su cuerpo entra en decrepitud y cada vez se envejecen más.

Las personas que viven para el dinero, si es que lo consiguen, suelen encontrarse vacías. Cuantos millonarios existen infelices, después de poder comprarlo todo y darse cuenta de que, aun así, sienten un vacío en su corazón. Muchos famosos, estrellas del espectáculo y la televisión terminan muy mal o suicidándose.

Otras personas lo que persiguen es la fama o ser importantes. Terminan haciendo cualquier cosa por conseguirlo, venden su alma, y el infierno les encuentra.

Por eso se dice que al caballo pálido lo monta la muerte (miedo) y le sigue de cerca el infierno (dolor y sufrimiento).

El segundo caballo al que hace referencia es el **CABALLO ROJO que simboliza las EMOCIONES.** Este jinete sujetaba una gran espada. Las emociones mal llevadas pueden ser letales. Si no puedes controlar tu emoción, esta te controlará a ti y terminará arruinando tu vida. Un hombre sin control emocional es como un niño pequeño.

**El estado emocional es el causante de tu vibración. Es el que manifiesta tu realidad junto con tus pensamientos. Recuerda que los pensamientos llevan a las emociones, las emociones a las acciones y las acciones a los resultados.**

La emoción no es mala, de hecho es lo que hará que tus sueños se cumplan. **Lo que es malo es la emoción descontrolada. Igualmente, las personas con poca emoción nunca llegan muy lejos**. Pasan por la vida sin aspavientos. Sin que nadie sepa que están allí. Son arrastradas por los demás y nunca viven la vida en sus términos.

Una emoción fuerte y controlada es como un coche de mucha potencia, te llevará adonde quieres incluso si el camino es difícil. Si no lo controlas, y pisas el acelerador a todo gas, es probable que te estampes contra un muro y te mates. Por eso, este jinete lleva una espada de doble filo: puede salvarte o puede darte muerte.

¿Estás montado en un caballo rojo? Puedes saberlo fácilmente. Si te irritas con facilidad, todo te molesta, si ves una injusticia y te remueves por dentro, si intentas controlar la vida de otros, etc.

En tercer lugar tenemos al **CABALLO NEGRO, que simboliza lo MENTAL.** Este jinete llevaba una balanza. Lo que simboliza que debes mantener un equilibrio mental (de esto serás más consciente cuando hablemos del principio del RITMO y de los péndulos). También la balanza significa que si tienes mucho de una cosa tienes escasez de otra.

**Las personas que se montan en este caballo, dejan que su alma muera de hambre**. Todo para ellos debe ser lógico. Debe tener una explicación racional. Todo está medido.

También son personas que creen en la escasez. No hay suficiente para todos y hay que empezar a racionar. Compiten por un lugar en el mundo.

Este caballo es importantísimo, pues ya sabes que el Universo es mental y que todo empieza en la mente. Pero una mente sin emoción no es capaz de crear.

> Las personas demasiado mentales dejan de lado los sentimientos y sus emociones, y lo que es más grave, no son conscientes de su naturaleza espiritual.

Las personas que montan este caballo tienen hambre, en todos los sentidos, porque son víctimas de sus creencias adquiridas. Ya sabes cómo se forma una creencia y que esto determina cómo piensas a nivel consciente y subconsciente.

El instrumento de la mente es la razón. Debemos usarla para elegir alguna de las variables y con la emoción le insuflamos vida a esa variable.

Generalmente el mundo occidental monta el caballo negro y el mundo oriental monta el caballo rojo. Pero como en todo, la clave está en el equilibrio. Aquí somos muy materialistas pero muy poco espirituales, allá son demasiado espirituales y no le dan importancia a la materia. Ni una cosa, ni la otra.

Y por último tenemos al **CABALLO BLANCO**. Y **este es la SOLUCIÓN A TODOS NUESTROS PROBLEMAS**. El caballo blanco simboliza **lo ESPIRITUAL.** Lo espiritual es la verdad, es el bien, es todo armonía y paz. Es el mundo de las variables, es lo que tú seleccionas con tu mente y el permiso de tu alma. Es lo que tus pensamientos eligen y tu emoción acepta. Es lo que ves manifestado.

**Es el bien. La naturaleza es el bien. La normalidad es el bien. El mal lo eliges tú. Cuando no eliges el mal, lo normal es el bien.**

Y aquí está la clave. **La espiritualidad es unir la mente y el alma para poder manifestar lo que queremos en el plano físico. Para ello debemos reconocer la verdad y la verdad es el bien**. El mal es algo creado, la verdad es la esencia natural de las cosas. El mal lo elegimos con nuestra mente. Es comer del fruto prohibido. Entonces nuestras emociones se ven afectadas y atraemos todo lo negativo. Entonces nos expulsan del paraíso condenados al sufrimiento y al dolor físico, mental y emocional. ¿Me hago entender?

**Este jinete lleva una corona en la cabeza. La corona es símbolo de éxito, de triunfo. Quien monta el caballo blanco obtiene el triunfo. También lleva un arco y una flecha. El arco y la flecha son símbolos de PALABRA HABLADA.** La palabra hablada es la creación, son los decretos. Quien monta el caballo blanco es el creador de su vida, mediante el decreto, sus pensamientos y sus emociones. Cuando hablas disparas una flecha que va a parar hacia donde tus pensamientos y emociones indiquen. Y obtienes tu caza. Lo que das, recibes.

El que monta el caballo blanco "ora sin cesar". Sabe lo que quiere y lo pide. Controla sus pensamientos y sus emociones.

El caballo blanco, espiritual; el caballo negro, mental; el caballo rojo, emocional y el caballo pálido, físico.

Si estás montado en el caballo pálido, rojo o negro obtienes dolor, sufrimiento y muerte en tu vida. Si montas el caballo blanco, obtienes lo que deseas.

...rda que con la mente seleccionas la variable en el mundo ...ual, la emoción le insufla vida y se refleja en el mundo físico.

**Cualquier imagen mental que te hagas está afectando a la MENTE UNIVERSAL que traerá su correspondiente físico.**

**El error más común, y lee atentamente, es dejar que los resultados actuales influyan en nuestra manera de pensar y de sentir. Es de vital importancia alejarte del cuadro material actual y centrarte en el cuadro espiritual de lo que deseas manifestar.**

Tus resultados actuales son el resultado de tus pensamientos y emociones pasadas. La mayoría se enfoca en lo que tiene en lugar de en lo que quiere. Aléjate de la mayoría.

**POR ESO, INSISTO. SI NO SABES LO QUE QUIERES, NO ESTÁS SELECCIONANDO. ATRAERÁS ALEATORIAMENTE LAS COSAS A TU VIDA EN FUNCIÓN DE TUS CONDICIONAMIENTOS PASADOS.**

**SELECCIONA LO QUE QUIERES, CAMBIA TUS CREENCIAS, EMPRENDE ACCIÓN MASIVA.**

**RÍNDETE AHORA.**

La vida no es una lucha. Obtendrás tu libertad cuando te rindas.

El mundo es un espejo que refleja aquello que tú le das. Si crees que el mundo es una lucha constante el mundo luchará contra ti. Si estás descontento con el mundo, este te vuelve la espalda. Y todo lo determina tu actitud.

Desde pequeñito te enseñaron a luchar por lo que quieres. Entraste en la BATALLA DEL LOGRO. Lo que no te enseñaron es que si luchas es porque temes perder. Y es exactamente lo que ocurre.

La vida es un banquete. Es como ir a un restaurante de buffet libre. Simplemente eliges y no te preocupa porque sabes que hay de todo y para todos. Entonces tu principal problema ante tanta abundancia de alimento es que no sabes lo que te apetece. Como en la vida...

El banquete está servido. Simplemente elige qué te apetece y dirígete hacia ello. ¿Te preocupa? ¿Tienes miedo? Pues así debes ir hacia tus sueños, con la misma actitud.

Obtén claridad. Tu trabajo es eliminar todas las resistencias que te has creado. Los muros que has construido a tu alrededor. Debes limpiar tus emociones. Entonces no tendrás que ir hacia tu sueño, sino que tu sueño vendrá hacia ti.

Y encontrarás a muchos *medio-cres*, que medio creen e intentarán decirte que no puedes y también intentarán llevarte a su terreno, pero tú debes confiar en ti porque nunca habrá nadie mejor que tú y solo tú conoces tu camino, porque tu camino es tuyo y solo tuyo.

## LA VISUALIZACIÓN: COMUNICACIÓN DIRECTA CON DIOS

La visualización es la herramienta más potente que posee el ser humano.

Los grandes maestros del pasado como Jesucristo, Buda, Krishna, Mahoma, y muchísimos más, nos han dejado las claves para entender este lenguaje del Universo. Lejos de intentar ocultarnos el secreto, nos enseñaron cómo hacerlo igual que ellos.

**Así, Buda se pasó su vida enseñando a sus alumnos cómo cambiar el mundo cambiándose a sí mismos. Jesús dijo que debemos convertirnos en aquello que queremos experimentar en el mundo.**

Todos ellos aconsejaban que nos alejáramos de lo que estuviéramos viendo en ese momento y de los sentimientos que nos provocaba como ira, frustración, miedo; y que empezáramos a centrarnos en los sentimientos que experimentaríamos cuando viéramos nuestro deseo realizado, pero ahora, en este momento actual. Es decir, como si ya lo hubiéramos visto realizado. De ahí que Jesús diera las gracias por adelantado antes de cada milagro.

Para poder cambiar nuestras creencias, los grandes maestros del pasado realizaron una serie de milagros delante de sus discípulos, indicándoles que ellos podían hacer lo mismo.

**Todos coinciden en que debemos sentirlo como ya realizado.** Debemos pensarlo y luego sentirlo. Debe ser un hecho para nosotros. Y a ese acto de pensar y sentir como si ya lo tuviéramos le llamaron fe.

Eran tan conscientes del poder del pensamiento y de la palabra, que crearon **un lenguaje específico para llevarnos a un estado emocional, se llaman oraciones**.

## A MANERA CORRECTA DE ORAR

*"Un solo pensamiento de gratitud hacia el cielo es la oración más perfecta."*

**Gotthold E. Lessing**

**"Y Dios dijo 'hágase la luz' y la luz se hizo..." En todas las religiones o textos espirituales se habla de la importancia de la palabra. Dios dijo: ¿Qué deseas? Preguntó el Genio, etc. Las palabras son instrucciones, son direcciones, son guías que indican al Universo hacia dónde te diriges.**

Si examinamos las oraciones de todas las culturas, todas siguen el mismo patrón: llamada a la Fuente, pedir y sentir como ya realizado, agradecimiento. El Padrenuestro es un gran ejemplo de ello.

Ahora piensa en lo que deseas y voy a enseñarte la manera correcta de pedir para que el Universo te escuche.

---

**CONSTRUYE TU PROPIA ORACIÓN, ¡DIOS TE VA A ESCUCHAR!**

1.YO SOY/YO QUIERO... (Acabas de activar la llamada)

2. ... (tu decreto sintiéndolo)

3. GRACIAS, Universo (O DIOS), QUE YA ME HAS OÍDO Y ME LO HAS CONCEDIDO. GRACIAS, GRACIAS, GRACIAS.

---

Es tan sencillo como eso. Por ejemplo: YO SOY Laín y YO QUIERO ..., gracias, Universo, que ya me has oído y me lo has dado. Gracias, gracias, gracias.

Como ya aprendiste en el capítulo del mentalismo, la palabra es el pensamiento hablado. **Las palabras "yo soy" o "yo quiero" parecen ser el lenguaje que activa la escucha de Dios, el Universo o la Sustancia**. El agradecimiento indica un punto altísimo de FE. Recuerda que la fe es la convicción de lo que no se ve. Das gracias por adelantado.

Debemos tener cuidado con lo que decimos. Una cosa es lo que creemos que estamos diciendo y otra cosa la intención que conlleva esa expresión. Por ejemplo, si decimos: "quiero adelgazar" eso implica antes estar gordo. Si decimos: "no quiero ser más pobre", eso implica que ahora, hoy estás siendo pobre y es la señal que envías. Si decimos: "quiero encontrar trabajo", encontrarás miles de anuncios de trabajo, lo cual no quiere decir que ese trabajo vaya a ser tuyo, el Universo ha cumplido contigo, querías encontrar trabajo, y lo has encontrado, aunque no te pertenece...

**Por eso debemos ser muy cuidadosos con nuestros decretos y construirlos adecuadamente para que no existan las dobles intenciones ni malas interpretaciones.**

Cuando pides mediante el DECRETO tú pones la intención y el deseo. Sin embargo, la VOLUNTAD es cosa de Dios o del Universo. Se hace SU voluntad, pero su voluntad es tu deseo y tú pides mediante el decreto. No necesitas fuerza, los tratamientos espirituales no requieren de fuerza, tan solo pide y deja que Dios o el Universo se encargue. Cuando llegue la inspiración actúa, eso es todo...

*"No creáis nada simplemente por haberlo oído. No creáis nada simplemente porque ha sido dicho y repetido por muchos, o basándoos simplemente en la autoridad de los maestros y ancianos. Más bien, después de observar y analizar, cuando descubráis que algo es acorde con la razón, aceptadlo y ponerlo en práctica."*

**Buda**

Meditar es hacer que tus emociones y tu mente guarden silencio para que puedas escuchar la voz de tu alma, de ese ser maravilloso y divino que eres en verdad...

Todo el mundo puede hacerlo pero necesitamos dos cosas: claridad (saber cómo se hace exactamente) y constancia (estar el tiempo suficiente haciéndolo). **Estas dos cosas juntas garantizan el éxito en las visualizaciones pero también en todo lo que hagamos.**

Visualizar también nos ayuda a ordenar las ideas. Cuando visualizamos lo que queremos ordenamos nuestra mente. Esto nos da paz, porque no hay nada más estresante que una mente caótica.

**Las prisas provienen del miedo. Cuando uno tiene fe, no tiene prisa, sabe que se dará**. A ese estado se llega mediante la visualización de tu objetivo hasta llegar al acuerdo alma-mente.

En otras palabras, cuando visualizas las suficientes veces, durante el suficiente tiempo, tu cerebro y tu corazón se alinean, emitiendo una vibración que atraerá hacia ti, por la Ley de la Atracción, su correspondiente material.

Todo el mundo visualiza, tanto si se es consciente como si no, y de hecho, visualizar es el gran secreto del éxito.

El inventor del avión no inventó nada. Solo aprendió a aplicar los siete principios y las leyes naturales de manera ordenada y así consiguió los resultados deseados.

> Al visualizar y proyectarte en tu sueño u objetivo, no estás intentando cambiar las leyes, sino que estás ACTUANDO SEGÚN LAS LEYES.

Cuando visualizas estás creando un molde y, después, la sustancia universal penetrará en ese molde para que tú puedas verlo en el plano en el que te encuentras.

**La sustancia universal solo está esperando el lugar apropiado en el que depositarse.**

Wayne Dyer dice: lo verás cuando lo creas. Napoleon Hill decía: "lo que la mente del hombre pueda concebir y creer, también lo puede lograr". Albert Einstein decía: "la imaginación es más importante que los hechos". Napoleón Bonaparte decía: "la imaginación rige el mundo". Y así un largo etcétera de cientos y miles de personas punteras en sus campos y en su época que conocían este secreto.

> ¡¡¡LA VISUALIZACIÓN ES LA CLAVE DE LA RIQUEZA EN LA SALUD, EL DINERO Y EL AMOR!!!

Visualizar con la fe necesaria, es decir, eliminando los pensamientos negativos y contradictorios, en pleno conocimiento de que estás creando, es la única manera de que el Universo pueda plasmar su sustancia en su molde.

**En otras palabras, para que el espejo refleje lo que hay arriba a lo**

**que hay abajo, debes tomar consciencia del proceso y no dudar. Tu tranquilidad es la base de tu éxito.**

Nada puede impedir que tu imagen mental se manifieste excepto el mismo poder que le dio la vida, es decir, tú mismo. Tú eres el único que puedes impedir que tus deseos se cumplan. ¿Cómo? Con tus dudas, tus preocupaciones, tus prisas y tu falta de fe. Con tus decretos negativos, tus pensamientos negativos, tus críticas y tu poca constancia.

**Cuantas más veces visualices y más tiempo mantengas tu imagen mental en tu cabeza, cuanta más claridad y nitidez obtengas de tu imagen y cuanta más intensidad emocional seas capaz de proporcionarle, antes verás su manifestación. Y recuerda que la paciencia es esencial, espera...**

Déjame contarte algo, el Universo, Dios, quien te creó, busca diferenciarse a través de ti. Eres único. Algunas personas espirituales quieren hacer creer a la gente que lo material no es cosa del espíritu. ¡MENTIRA! Los grandes maestros espirituales dominaban la materia. Porque es precisamente por la materia, que se expresa su individualidad. No te creas eso o te estarás saboteando a ti mismo. Porque tú eres espiritual, ¿verdad? Y como ser espiritual, si te dicen que lo material es malo para el espíritu, no vas a querer lo material, ¿cierto? Vas a ser pobre como una rata, pero eso sí, muy espiritual. ¡MENUDO ENGAÑO! Por sus frutos los conoceréis. No hace falta vestir túnicas, dejarse barbas largas y coletas hasta el suelo para ser un gran maestro, y de hecho, eso ya no corresponde a esta nueva era. ¡NO TE DEJES ENGAÑAR!

> TÚ HAS NACIDO PARA TENER Y SER LO QUE SE TE ANTOJE Y QUE NADIE SE ATREVA A RESTRINGIRTE ABOGANDO UNA ESPIRITUALIDAD QUE NO TIENEN. LO MATERIAL SE CREA EN LO ESPIRITUAL.

El que te ha tratado de materialista no tiene ni un euro y se justifica abogando su espiritualidad. Vamos a ver, si tú crees en Dios, y si no, el Universo me da igual, ¿cómo va a ser que algo que nos ha creado nos quiera maltratar y hacer vivir en la pobreza? Si eres padre o madre lo sabrás, ¿querrías eso para tu hijo? POR SUPUESTO QUE NO. No es Dios, eres tú, tú te creas tus circunstancias. El Universo, como buen padre, deja a su hijo al libre albedrío para que pueda crecer. Los golpes que te des son tu responsabilidad. Y lo que tú te quieras creer también.

Los que dicen que el amor no es importante es porque no lo tienen y tienen su justificación perfectamente planeada. Si realmente no quieres tener amor en tu vida es genial, es tu decisión, pero si lo quieres en el fondo de tu alma y no lo tienes y te justificas para sentirte bien, entonces no estás en el camino.

Sobre la salud estaremos todos de acuerdo que es lo más importante. Aun así, muchos se destrozan el cuerpo tomando sustancias tóxicas y otros actos en contra de su cuerpo que no son propios de una persona con un poco de autoestima.

**El mismo maestro Jesús dijo que lo material es una extensión de lo espiritual, en una frecuencia vibratoria más densa; quien respeta y honra su espíritu, lo hará también con la materia y viceversa. Porque quien rechaza o desprecia la materia, rechaza y desprecia su cuerpo, por ende, a sí mismo...**

Y este es el GRAN ENGAÑO DE LA ESPIRITUALIDAD, ser espiritual no significa renunciar a lo material, sino más bien al contrario, debe existir un equilibrio.

EJERCICIO:

Dedica 15 minutos dos veces al día a practicar el pensamiento positivo. Recuerda que igual que el físico se entrena, la mente también.

Dedica 5 minutos al día a la búsqueda mental de fuentes de bienestar y abundancia.

Espero y deseo de todo corazón haberte ayudado y que por fin tus sueños se hagan realidad. Soy un convencido de que las personas son buenas, en esencia, y también de que todos nosotros hemos venido aquí por una razón: para brillar.

Quizás ahora no lo sientas así, pero es lo más importante que hay en el mundo. El Universo entero conspira a tu favor, si le indicas lo que quieres y te pones manos a la obra.

Así que lo primero de todo es tener CLARIDAD en cuanto a lo que quieres: METAS Y OBJETIVOS. Nuestro principal desafío en la vida es encontrar nuestro lugar en el mundo, aquello que hemos venido a hacer. Encontrar cuáles son nuestros dones únicos y ponerlos al servicio de la humanidad. Cuando llegas a ese punto obtienes la AUTORREALIZACIÓN. Te sientes como flotando, con mucha energía, en euforia. Sientes al mismo tiempo paz y tranquilidad, sosiego… Porque por primera vez en tu vida, sientes que encajas.

Solo hay una manera de AUTORREALIZARTE: debes escuchar **LA VOZ DE TU ALMA**. Ella sabe todo, solo que tu mente es tan ruidosa y el susurro de tu alma tan sutil que muchas veces cuesta encontrarlo. Pronto aprenderás más acerca de esto en los siguientes capítulos. Una vez has atendido a la voz de tu alma, entonces obtienes CLARIDAD DE INTENCIÓN y después emprendes una **ACCIÓN MASIVA INTUITIVA.** Nada puede fallar. **Vivirás una vida plena, sin ningún tipo de escasez y sentirás la AUTORREALIZACIÓN de tu mente, de tu alma y de tu espíritu. Incluso tu cuerpo se sentirá muy, muy bien.**.

Si deseas más información sobre TU PROPÓSITO DE VIDA, LA VOZ DE TU ALMA o simplemente deseas conocerme más, puedes visitar mi página web: www.laingarciacalvo.com o encontrarme en YouTube, Facebook o Twitter como "laingarciacalvo" .

Si eres capaz de controlar tus estados de ánimo, empezarás a vibrar en la frecuencia de tus sueños. No dejes que tu situación actual te impida soñar. No te define tu pasado sino lo que TÚ HOY DECIDAS.

Viniste aquí siendo único, ese es tu papel, tu autenticidad es la clave de tu éxito. Ámate y apréciate por lo que eres. Nunca ha habido y nunca habrá nadie como tú. Esa es la verdad.

Trátate con cariño y atención. Así tu alma entrará en calor y desplegará sus alitas. Ella te llevará todo lo lejos que tú quieras.

Mi último deseo para ti:

**TE PIDO QUE LO HAGAS Y ESTOY TAN CONVENCIDO DE QUE LO LOGRARÁS, PORQUE PUEDO VER EN TI ALGO QUE NI TÚ MISMO PUEDES VER.**

**TE QUIERO.**

Si crees que alguien se puede beneficiar de estas herramientas, por favor, comparte estos conocimientos con las personas que lo necesiten. ☺

Ahora ya sabes que todo lo que pienses se manifestará de un modo u otro, ¿pero cómo controlar lo que es negativo y positivo en nuestras vidas? Solo queremos ver manifestado lo que creemos es bueno para nosotros y ahora vas a entender por qué...

# Los SECRETOS de la VISUALIZACIÓN

**La visualización es la herramienta más poderosa de creación de la realidad.** Practicada correctamente, te permite conectar con el mundo cuántico y alterar la realidad manifestando en el plano material las cosas que deseas.

Sin embargo, aunque es algo crucial, no te lo enseñaron ni en el colegio ni en la universidad. Debido a esto, te pierdes grandes bendiciones, porque una vez la domines, verás aparecer milagros en tu vida como nunca antes los habías visto.

Quiero ampliar esta información en el libro **LOS SECRETOS DE LA VISUALIZACIÓN**, donde aprenderás:

- Las **9 CAUSAS** de por qué la **LEY DE LA ATRACCIÓN** no funciona para ti.

- Los **8 ERRORES** que cometemos todos al **VISUALIZAR**.

- **7 GRANDES TRUCOS** que marcarán la diferencia.

Si te interesa aprender más, puedes hacerlo en la web:

www.secretosdevisualizacion.com

Es totalmente GRATUITO y te ayudará a tener más claridad sobre este tema y a entender por qué no siempre funcionó para ti.

¡Disfrútalo!

# PRINCIPIO DE POLARIDAD

## HAY UNA VERDAD QUE DEBES APRENDER

*"Nada es tan bueno ni tan malo; es el pensamiento lo que lo hace tal."*

**William Shakespeare**

**La vida es simple, eres feliz, obtendrás más felicidad. Eres infeliz, entonces obtendrás más infelicidad.**

Te voy a presentar a una persona muy especial para mí. Él se llama Jerry. La primera vez que escuché su historia me impactó y me enseñó nuestro más grande poder. Te la voy a poner tal cual yo la leí:

*Jerry era el tipo de persona que te encantaría odiar. Siempre estaba de buen humor y siempre tenía algo positivo que decir. Cuando alguien le preguntaba cómo le iba, él respondía: "Si pudiera estar mejor, tendría un gemelo". Él era un gerente único porque tenía varias meseras que lo habían seguido de restaurante en restaurante. La razón por la que las meseras seguían a Jerry era por su actitud. Él era un motivador natural: Si un empleado tenía un mal día, Jerry estaba ahí para decirle al empleado cómo ver el lado positivo de la situación. Ver este estilo realmente me causó curiosidad, así que un día fui a buscar a Jerry y le pregunté: "No lo entiendo... no es posible ser una persona positiva todo el tiempo... cómo lo haces..." Jerry respondía: Cada mañana me despierto y me digo a mí mismo, Jerry, tienes dos opciones hoy: puedes escoger estar de buen humor o puedes escoger estar de mal humor. Escojo estar de buen humor. Cada vez que sucede algo malo, puedo escoger entre ser una víctima o aprender de ello. Escojo aprender de ello. Cada vez que alguien viene a mí para quejarse, puedo aceptar su queja o puedo señalarle el lado positivo de la vida. Escojo el lado positivo de la vida". "Sí... claro... pero no es tan fácil" (protesté). "Sí lo es", dijo Jerry. "Todo en la vida es acerca de elecciones. Cuando quitas todo lo demás, cada situación es una elección. Tú eliges cómo reaccionas a cada situación. Tú eliges cómo la gente afectará a tu estado de ánimo. Tú eliges estar de buen humor o mal humor. En resumen: "TÚ ELIGES COMO VIVIR LA VIDA". Reflexioné sobre lo que Jerry me dijo. Poco tiempo después, dejé la industria restaurantera para iniciar mi propio negocio. Perdimos contacto, pero con frecuencia pensaba en Jerry cuando tenía que hacer una elección en la vida en vez de reaccionar a ella. Varios años más tarde, me enteré de que Jerry hizo algo que nunca debe hacerse en un negocio de restaurante. Dejó la puerta de atrás abierta una mañana y fue asaltado por tres ladrones armados. Mientras trataba de abrir la caja fuerte, su mano, temblando por el nerviosismo, resbaló de la combinación. Los asaltantes sintieron pánico y le dispararon. Con mucha suerte, Jerry fue encontrado relativamente pronto y llevado de emergencia a una clínica. Después de dieciocho horas de cirugía y semanas de terapia intensiva, Jerry fue dado de alta aun con fragmentos de bala en su cuerpo. Me encontré con Jerry seis meses después del accidente y cuando le pregunté cómo estaba, me respondió: "Si pudiera estar mejor, tendría un gemelo". Le pregunté qué pasó por su mente en el momento del asalto. Contestó: "Lo primero que vino a mi mente fue que debía haber cerrado con llave la puerta de atrás. Cuando estaba tirado en el suelo recordé que tenía dos opciones: podía elegir vivir o podía elegir morir. Elegí vivir". "¿No sentiste miedo?", le pregunté. Jerry continuó: "Los médicos fueron geniales. No dejaban de decirme que iba a estar bien. Pero cuando me llevaron al quirófano y vi las expresiones en las caras de médicos y enfermeras, realmente me asusté... podía leer en sus ojos: es hombre muerto. Supe entonces que debía tomar acción..." "¿Qué hiciste?" pregunté. "Bueno... uno de los médicos me preguntó si era alérgico a algo y respirando profundo grite SÍ, a las balas... Mientras reían les dije: Estoy escogiendo vivir... opérenme como si estuviera vivo, no muerto". Jerry vivió por la maestría de los médicos pero sobre todo por su asombrosa actitud. Aprendí que cada día tenemos la elección de vivir plenamente. La actitud, al final, lo es todo.*

Este es nuestro más grande poder: la elección. SIEMPRE PODEMOS ELEGIR.

## LOS OPUESTOS

*"El mal está solo en tu mente y no en lo externo. La mente pura siempre ve solamente lo bueno en cada cosa, pero la mala se encarga de inventar el mal."*

**Johann Wolfgang Goethe**

Como Jerry, siempre tienes la opción de elegir. **TODO ES DUAL, TODO TIENE DOS POLOS. TODO TIENE SU PAR DE OPUESTOS, LO SEMEJANTE Y ANTAGÓNICO SON LO MISMO.** Los polos existen en todo. Toda la creación está dividida. ¿Recuerdas lo que hablábamos anteriormente del mundo dual? Los polos vibran en la misma frecuencia, lo único que cambia es el grado de vibración. La vibración positiva vibra más alta, la negativa vibra más baja.

**El bien es la normalidad, el mal lo eliges tú. Cuando no eliges el mal, la normalidad es el bien.**

Voy a contarte una historia:

Estaban unos niños tomando clase de física en el colegio cuando el profesor comenzó a decir: "¿No es Dios el creador de todo lo que existe?, pues si Dios es el creador de todo, entonces Dios también ha creado el mal y, por lo tanto, Dios es malvado".

De pronto uno de los alumnos se levantó diciendo: "Disculpe, profesor", ¿existe el frío?". "¿Qué clase de pregunta es esa? ¡Claro que existe! ¿Acaso no has sentido nunca frío?", dijo el profesor. "De hecho, el frío no existe", dijo el niño. "De acuerdo con las leyes de la física, lo que consideramos frío es, realmente, la ausencia de calor", dijo. "Profesor, ¿existe la oscuridad?". "Claro que existe", contestó. "Se equivoca", dijo el alumno. "La oscuridad tampoco existe, la oscuridad es realmente ausencia de luz" "Podemos estudiar la luz, pero la oscuridad no. La maldad no existe, es como la oscuridad o el frío. Dios no creó la maldad, la maldad es el resultado de lo que pasa cuando hay ausencia del bien", dijo el niño.

**El bien es la normalidad, el mal lo eliges tú. Cuando no eliges el mal, la normalidad es el bien.**

Durante tu proceso hacia la consecución de tus objetivos, metas y sueños tendrás cientos de motivos para estar enfadado, triste, deprimido, distraído o cualquier cosa negativa que pase por tu mente. Es de vital importancia que te mantengas alegre, contento, feliz, durante el proceso.

> Los opuestos son iguales en naturaleza pero diferentes en grado. Los polos son diferentes en grado, pero no en esencia. La esencia es la misma. Por ejemplo, el frío y el calor son polos extremos de una misma cosa. El amor y el odio son polos extremos de una misma cosa. El este y el oeste son extremos de una misma cosa.

**Nada es irreconciliable en esta vida y se puede pasar de un extremo al otro si se trata de la misma esencia o naturaleza**. Por ejemplo, no puedes pasar del amor al oeste, pero sí del amor al odio. Habrás oído alguna vez la frase "del amor al odio hay solo un paso", ¿verdad? Y, "los polos opuestos se atraen". El agua también puede ser vapor o hielo, en función del grado de vibración o de calor o frío, ¿me explico? La naturaleza es la misma, pero varía el grado.

Ahora vamos a hacer una reflexión. Estoy seguro de que en tu vida habrás experimentado diferentes grados de una misma esencia. Y por si no te has dado cuenta, la mayoría de las veces te has posicionado en los extremos. Cuando has pasado alguna mala época en tu vida de repente te ha venido una muy buena época, ¿verdad? Al mismo tiempo, cuando todo parecía ir fenomenal, de repente ha pasado una desgracia, ¿cierto?

**Cuando sobrepasas el extremo del polo inmediatamente apareces en el extremo opuesto. Todo es una cuestión de vibración. Por eso COMO ES ARRIBA ES ABAJO son dos extremos de una misma esencia.**

Si te diriges hacia el oeste en algún punto llegarás al este. Cuando amas demasiado a una persona y sobrepasas el límite inmediatamente te colocas en el otro extremo, en el odio. Por este motivo se dice que los extremos son malos.

**La mente y la materia son grados de vibración de una misma cosa.**

Por eso somos capaces de transmutar los estados mentales y físicos, porque no se trata de cambiar su esencia sino de deslizar su grado hacia el otro extremo. ¿Me estoy haciendo entender? Como es arriba es abajo, el espíritu y la materia son lo mismo. Tu mundo interior crea tu mundo exterior.

## CIENCIA Y ESPIRITUALIDAD

La espiritualidad y la ciencia son dos opuestos con misma naturaleza pero en diferente grado. Todos tratan de explicar el origen de las cosas y cómo funciona nuestro mundo. Unos usan el método científico, otros usan el método espiritual pero, curiosamente ambos están llegando a la misma conclusión. Más adelante te hablaré de qué opina la ciencia de todos estos principios y de cómo ya se están dando cuenta de algo que algunas personas avanzadas ya conocían.

Lee atentamente las siguientes afirmaciones:

"El azar no existe, Dios no juega a los dados." "Yo quiero conocer los pensamientos de Dios, el resto son detalles." "La única cosa realmente valiosa es la intuición.", "Hay dos formas de ver la vida: una es creer que no existen milagros, la otra es creer que todo es un milagro."

¿De quién crees que son más propias, de un científico o de un religioso?

Estas frases pertenecen a uno de los científicos más brillantes de la historia, Albert Einstein. Einstein empezó su carrera como físico y terminó como metafísico. Si estudias su vida te darás cuenta por sus escritos de que en sus últimos años hablaba de Dios, de la magia, de la incertidumbre. Había pasado de un extremo al otro.

> No es extraño ver a personas que se entusiasman muchísimo por algo, le ponen su alma, sus energías y todas sus ganas y finalmente con el tiempo les ves haciendo todo lo contrario, ¿verdad?

## ¿DE QUÉ DEPENDE NUESTRA POLARIDAD RESPECTO A LOS ACONTECIMIENTOS DIARIOS?

Ante cada situación que vivimos adquirimos información a través de nuestros sentidos. Luego nuestro cerebro lo procesa, lo piensa y lo etiqueta mediante el lenguaje. Ese mensaje nos provoca una emoción, bien de miedo o bien de amor. Miedo también significa temor, preocupación, duda, irritabilidad, ira, rabia, dolor, etc. Todas estas emociones están engendradas por el miedo. Amor es armonía, felicidad, pasión, alegría, paz, tranquilidad, sosiego, etc.

Ahora bien, entonces, ¿por qué ante una situación aparece una emoción u otra? ¿Por qué no puedo controlarla?

Los procesos mentales y emocionales ocurren muy rápido, en cuestión de pocos segundos ya tienes una respuesta circulando por tu sistema nervioso, enviada por tu cerebro, el cual recibió una señal del corazón, que indicó si nos acercamos (amor) o nos alejamos (miedo). Es decir, el sistema nervioso activa el estado de supervivencia inducido por el miedo o el estado de crecimiento inducido por el amor.

Voy a ponerte un ejemplo. Se acerca una persona a hablarte de un nuevo negocio. Empezáis a hablar y tu cerebro escucha, procesa la información e inmediatamente aparece una emoción. Si lo que te está diciendo te gusta, sientes bienestar. Si no te gusta, sientes miedo, sientes que te están invadiendo. Quieres huir.

Otro ejemplo. Ahí va andando esa persona que te gusta. Llevas días pensando en ella. De pronto se acerca y viene a hablarte. No sabes por qué pero en lugar de sentirte bien, te asustas, no puedes articular palabra y con brusquedad te despides y te vas.

¿Por qué has reaccionado así ante estas dos situaciones? Lo que ha ocurrido es que has polarizado en negativo. ¿Y por qué? La respuesta está en tus CREENCIAS. **Tus creencias son las que le dan un significado a todo aquello que percibes a través de los sentidos.** Toda la información del exterior no tiene ningún sentido excepto cuando nosotros le otorgamos un significado.

Como ya sabes, tus creencias son tus condicionamientos, es decir, que no actúas como actúas porque tú crees que debes actuar así conscientemente, sino porque inconscientemente estás condicionado para actuar así sin ni siquiera planteártelo. Tu respuesta ha sido un reflejo. No la has procesado conscientemente, sino que literalmente se ha disparado.

**La cuestión en todo esto es que el amor te lleva a la acción y al crecimiento mientras que el miedo te lleva al pánico y a la paralización.**

Una vez más el cristal con que ves el mundo, tus creencias, va a determinar el significado que le das a tus experiencias.

## CREA UN NUEVO SIGNIFICADO MÁS CAPACITADOR

Según el Dr. Lipton, son los propios autoconceptos los que controlan nuestra biología. Nuestros condicionamientos pasados reflejan una conducta y un tipo de pensamiento de manera automática. Estos auto-conceptos pueden ser ciertos o falsos. Tus propias creencias están controlando tu biología. Tus creencias controlan tus pensamientos.

**Cualquier acontecimiento que ocurra en tu vida no tiene ningún significado por sí mismo**. Son nuestros pensamientos, nuestra subjetividad, lo que determina si aquello que ha ocurrido ha sido bueno o malo para nosotros. Nuestras creencias "etiquetan" la realidad otorgándole un significado concreto.

Como decía Albert Einstein, puedes vivir de dos maneras: como si todo fuera un milagro o como si nada fuera un milagro. Para algunas personas la lluvia es vida, porque llevan días sin beber debido a la sequía. Para otras personas la lluvia es un infierno porque les impide irse de vacaciones al lugar planeado. Pero la lluvia es siempre lo mismo. Es lluvia y nada más. Nosotros le damos un significado específico dependiendo de la situación.

Así pues, si la lluvia puede ser una bendición o un infierno, también ocurre lo mismo con el resto de las situaciones de nuestras vidas. **Podemos elegir el significado que nos ayude a ser más felices, o puedes elegir ser una VÍCTIMA y darle el significado que te haga sentir muy mal.**

> El agua también tiene esos dos polos. Por un lado, pudre todo aquello con lo que entra en contacto demasiado tiempo. Pero al mismo tiempo es responsable de la vida. El sol también tiene estas dos vertientes, es vida, pero también produce sequía y fuegos.

Una de las claves en esta vida es aprender a darle un significado **POTENCIADOR** a las circunstancias que vemos suceder en nuestras vidas.

Piensa que es tu propio concepto del mundo lo que te hace sentir de determinada forma. Por mucho que vayas a África y te juntes con gente de sus tribus, a ti no te afectarán para nada las creencias locales, aunque a los representantes de la tribu puedan hacerles palidecer de miedo.

## EL ÁRBOL DE LA CIENCIA DEL BIEN Y DEL MAL

*"Mas no comeréis del fruto del árbol de la Ciencia del Bien y del Mal: porque seguro si comieres, de él morirás."*

**Génesis 2**

En el Génesis te explican la historia de Adán y Eva que ya comentamos anteriormente y de cómo Eva (pensamiento) come del fruto prohibido, y ambos, Adán y Eva, son expulsados del paraíso condenados al dolor y al sufrimiento.

En la Biblia, comer es símbolo de pensar. El fruto del pensamiento es la manifestación exterior.

El árbol no existe de manera física en ningún sitio. Nosotros somos el árbol del conocimiento que produce los frutos. Cuando Moisés dijo: "No comáis del fruto del árbol", significa que no comamos de nuestro propio fruto. Es decir, no juzgues por lo que ves en el plano físico. Porque todos los frutos son el resultado de algo que hemos producido con nuestro conocimiento en forma de pensamientos y creencias, ya sean en Bien o en Mal, y el fruto dependerá de ello.

Jesús dijo: "Ancha es la puerta y espacioso el camino que lleva a la perdición y muchos son los que entran por ella"; se refería al polo negativo.

Pero también dijo: "Porque la puerta es angosta y estrecho el camino que lleva a la vida y son pocos los que la hallan"; refiriéndose al polo positivo.

En el Génesis se dice: "Por sus frutos los conoceréis". Por lo que tengas en lo material sabrás qué tipo de pensamientos y creencias tienes. No solo en los objetos que poseas, sino también en el tipo de relaciones, tus negocios y todo lo demás.

## TARDE O TEMPRANO VAS A TENER QUE ELEGIR

**Cualquier cosa a la que le pongas emoción la verás manifestada. Los pensamientos fijan una de las variables en el mundo METAFÍSICO**

**o el campo de las variables infinitas. Ahora la emoción es la encargada de darle vida a esa variable.**

Existen dos emociones básicas, **el AMOR y el MIEDO.** Cada uno de tus pensamientos viene acompañado de una de estas dos emociones. Cualquier cosa que hagas tiene un punto de partida, el amor o el miedo. **Pregúntate en todo momento si tus acciones son originadas por el miedo o por el amor.**

Cuando temes perder tu trabajo lo pierdes, cuando temes perder a la persona que amas la pierdes, cuando temes cualquier cosa haces que suceda.

Cuando amas algo, no desde la posesión, porque eso proviene del miedo a perderlo, sino desde el amor incondicional, entonces lo obtienes.

Si vas a buscar el trabajo de tus sueños, te pones extremadamente nervioso, titubeas mucho en la entrevista y cuando sales dudas de si lo has hecho bien o mal, entonces jamás lo conseguirás. Todo eso parte del miedo a no obtenerlo y, por consiguiente, es lo que obtienes.

Sin embargo, cuando actúas desde el amor, desde la FE en que vas a lograrlo porque te lo mereces, porque te crees digno y porque sabes que ha llegado tu momento, entonces solo tienes que ir y conseguirlo.

Por lo tanto solo hay dos caminos, tu vida se bifurca y lo que elijas hoy marcará tu destino mañana. Si eliges transitar el camino del MIEDO y del TEMOR, tu vida se complicará más y más hasta que no puedas aguantar más, y verás manifestado todo aquello que te causa terror. Si eliges transitar el sendero del AMOR y de la FE, tu vida será fácil y verás tus sueños manifestarse suavemente.

Elige siempre el POLO POSITIVO, fija tus pensamientos en aquello que quieres obtener en tu vida. Ahora ya sabes que TU MENTE fija la variable que quieres ver representada en tu vida y el espejo refleja, en el mundo exterior aquello que previamente ha ocurrido en el mundo interior. Esa variable la fijas en uno de los dos polos y eso es lo que verás manifestado…

Por ahora tenemos que el Universo es MENTAL que lo que piensas se manifiesta. Que vivimos en dos mundos, el físico y el metafísico y que uno es un reflejo del otro. Lo que vemos es un reflejo de lo que no vemos. El mundo metafísico, el que no vemos, contiene todas las variables y estas son infinitas. **Nuestros pensamientos fijan una de esas variables y nuestras emociones le insuflan vida a esa variable que previa-MENTE** hemos seleccionado. Las emociones del AMOR y el MIEDO activan esa variable para que pueda manifestarse en nuestra vida.

Ya sabes que cualquier acontecimiento en tu vida tiene dos polos. Si lo sitúas en el polo positivo, verás manifestado el bien. Si lo sitúas en el negativo, lo verás manifestado en mal.

**No hay ningún deseo que tú tengas y que no se pueda realizar. Precisamente aquello que más crees que es imposible para ti es lo que más deseas. Lo único que te lo va a impedir es el MIEDO. Y lo único que tienes que hacer es cambiarlo de polo, pasar del miedo a la FE. De lo negativo a lo positivo.**

**PIDE Y SE TE DARÁ.** Y luego espéralo, reclámalo, no con brusquedad ni fuerza física, pues los tratamientos espirituales no requieren de eso, sino de la fuerza de la fe. Lo tendrás cuando lo creas de corazón. Es tuyo, te pertenece, solo reclámalo. Nos sucede cuando eliminamos las resistencias. La mayor resistencia es el miedo. El miedo se puede traducir en culpa, ira, negatividad, tiene muchas caras. Detrás de todas esas conductas solo hay una cosa, falta de amor. Es decir, miedo. Elimina el miedo y deja que todo fluya. Si eliminas los conflictos y los muros creados, toda la abundancia fluye hacia ti en todas sus formas.

¿Recuerdas los cuatro jinetes? Si todas tus acciones parten del miedo estás cabalgando el caballo pálido, al que monta la muerte y le sigue el infierno. Te recomiendo que te bajes inmediatamente de él y que montes el caballo blanco, con tu corona y tus flechas certeras, seguido del caballo rojo y del caballo negro, y conocerás el cielo en la Tierra.

## POLARIZA TUS EMOCIONES NEGATIVAS

*"Piensa en lo peor que te podría suceder y después da gracias a Dios por lo bien que estás."*

**Dale Carnegie**

En cuanto a las emociones negativas, son los extremos opuestos a las emociones positivas. Si las sobrepasas obtienes lo opuesto. Puedes pasar del llanto a la alegría en un instante. Es el principio de POLARIDAD. Los polos opuestos se atraen. No trates de luchar contra las emociones negativas, sino que permítete inundarte en ellas hasta que no puedas más. Si lo sobrepasas aparecerás al otro lado.

Puedes utilizar una técnica que te permitirá cambiar tu vibración y reducir el grado de importancia para no alterar la ley del equilibrio.

Se trata de alterar el significado, ante una situación difícil utiliza el humor.

Por ejemplo:

He tenido un fracaso muy alegre.

Esa chica no me quiere, que bien miente la tía.

Me han echado del trabajo, qué suerte que tengo.

**Además de romper el patrón es probable que te entre la risa. El espejo actuará de inmediato. La vida te devolverá lo que das.**

## ESCRIBE TUS EMOCIONES NEGATIVAS

Al escribir tus emociones negativas y permitirte sentirlas eliminas toda resistencia y vuelves a tu estado natural, que es el bienestar. La naturaleza se mueve por el mínimo gasto energético. Si permites que estas emociones entren en ti sin ofrecer resistencia, literalmente las verás desaparecer para reestablecer el equilibrio natural. Cualquier emoción negativa es fruto de la preocupación o de la incertidumbre o, peor aún, del miedo. Todo ello creado por la mente, que busca la manifestación lógica de los acontecimientos. Cuando algo se escapa de su control aparece la preocupación y si excedemos el grado de importancia, entonces aparece el miedo. El cerebro no distingue entre fantasía o realidad, por lo que escribiendo cómo te sientes, bastará para alimentar a tu mente y que deje de molestar.

Las emociones negativas hay que reexpresarlas. **Si las evitas estás creando una resistencia que generará más de aquello de lo que huyes.**

Escribe en una hoja lo que sientes, las cosas que te disgustan. Reléelo varias veces. Verás que va perdiendo intensidad. Y al final, entenderás que no era tan importante y que todo tiene solución cuando eres capaz de disasociarte de la situación.

**Toma perspectiva respecto a tus problemas. Obsérvalos desde la distancia. Deja por un lado de ser el protagonista de la película y colócate en los asientos de espectador.** Verás que cuando dejas de implicarte y de preocuparte todo se soluciona y encuentras el camino.

## CÓMO POLARIZAR EN POSITIVO

*"Puedes crear una vida bella, creando condiciones fértiles."*

**Jesucristo**

Para poder pasar el mayor tiempo posible, o todo el tiempo, en el polo positivo debemos otra vez trabajar con los cuatro aspectos del cambio.

El primero de todos ellos es la CONCIENCIA. Ya sabrás que todo es creado por tus pensamientos, por lo que dependiendo de tus pensamientos, vibrarás en un polo o en otro. Así que, primer punto, tomar conciencia de dónde vives, cómo es este Universo en el que participas. ¿Cuáles son sus atributos? ¿Cuál es su naturaleza? Entiéndase Universo, también llamado Dios, Cosmos, Divinidad, Inteligencia Infinita, etc., como algo superior a nosotros que nos influye y nos responde.

Para entenderlo debemos darnos cuenta de que estamos hablando de algo superior. Imagínate que quieres ver el Empire State de un solo golpe mirándolo desde el suelo. Es imposible. Tendrás que observarlo desde varios ángulos para verlo en su totalidad. Lo mismo ocurre con el Universo, tenemos que mirarlo desde varios ángulos, desde varias perspectivas.

**Nuestro Universo tiene 7 atributos, que son: VIDA, VERDAD, AMOR, INTELIGENCIA, ALMA, ESPÍRITU y PRINCIPIO.**

El segundo aspecto para el cambio es la COMPRENSIÓN. Ahora debes comprender qué significan estos siete atributos y por qué es imposible polarizar en negativo si uno no quiere. Entender por qué el bien es la normalidad y el mal es una elección.

Para ello pasaremos a comentarlos uno a uno.

## PRIMER ASPECTO: VIDA

El Universo es vida, es creación y tiene los aspectos de salud, alegría, entusiasmo, energía, vitalidad y dicha, que se igualan en FELICIDAD.

La vida es movimiento, todo crece, todo evoluciona, eso es vida. Si no evolucionas, entonces no es vida, es muerte.

**Así que ya sabes que, cada vez que pienses en Dios, el Universo, o como sea que quieras llamarle, debes saber que es salud, energía, entusiasmo... esa es la verdad.** Ese es el bien. La muerte, la enfermedad, la pobreza, la eliges tú. Cuesta de creer, pero tú ya no eres una víctima. COMPRUÉBALO.

Planta dos plantas y a una le haces un tratamiento. La bendices, le das amor y le mandas buena energía. Verás cómo crece mucho más y mejor que la otra a la que solo te has dedicado a regarla. No te lo creas. Prueba...

## SEGUNDO ASPECTO: VERDAD

El Universo es la VERDAD en su valor más absoluto. La verdad puede tener distintas interpretaciones dependiendo de las circunstancias y del momento, pero esta verdad a la que nos referimos es inmutable, siempre es la misma, la verdad es una. Jesús dijo: "Conoced la verdad y ella os hará libres".

**Cuando estés en alguna situación en la que sientas que alguien te engaña, si estás en juicios, si tienes que firmar algún documento importante pero no te fías, si tienes que llevar a cabo alguna transacción comercial; en cualquiera de estas circunstancias piensa en este aspecto: la VERDAD. Verás cómo se aclara todo, te llega la información y se disipa la duda por medio de alguna señal.**

Cuando tengas algún objeto perdido también piensa en la verdad y se te desvelarán las claves para encontrarlo. O algo ocurrirá que te compense.

Si alguien no intenta engañarte pero no dice toda la verdad, piensa en este aspecto y verás como la verdad sale a la superficie. También si estás investigando sobre algún tema, estás creando tu negocio, piensa en la verdad y pronto hallarás el documento, libro o lo que sea que te vaya a dar esa información que necesitas para que todo sea un éxito.

Al mismo tiempo, si alguien te acusa de algo y es cierta la acusación aplícate este principio. Si niegas algo que has hecho verás que todo el mundo empieza a acusarte y la montaña se hace más y más grande. Sin embargo, si lo aceptas y dices: sí, es cierto, lo hice, entonces todas esas acusaciones se disipan rápidamente, ¡y no vuelven jamás!

## TERCER ASPECTO: AMOR

Existen dos fuerzas creadoras: el AMOR Y EL TEMOR. O estás en una o en la otra. La normalidad es el amor, el temor es tu elección. Si sientes amor, todo aquello a lo que temes no podrá ni rozarte. La enfermedad, la pobreza, la soledad, la tristeza..., todo eso es síntoma de desamor, es decir, de miedo.

Aunque quizás lo más importante de este aspecto es darse cuenta de que parte de adentro hacia afuera. Si buscas el amor en alguien o algo externo, entonces encontrarás el temor. Cuando el amor sale de dentro, entonces eres capaz de dar amor y recibes amor por la ley de causa y efecto.

**Por este mismo aspecto, debes alejarte de los chismes, de las críticas o de los juicios. No condenas a las personas, condenas su actitud.**

Tampoco debes permitir que nadie esté por encima de ti, o te haga sentir mal, pues eso sería aceptar su parte negativa, y trabajar contra ti mismo.

Una vieja historia cuenta cómo un forastero llegó a un pueblo y preguntó a uno de sus habitantes: "¿qué tipo de personas hay en este pueblo?" El habitante del pueblo contestó con otra pregunta: "¿qué tipo de personas hay en el pueblo de donde vienes?" A lo que este contestó: "en mi pueblo hay mala gente". El habitante del pueblo contestó: "pues me temo que en este pueblo también te vas a encontrar a esa mala gente".

Un tercero, escuchando la conversación, se agregó y añadió: "yo también vengo de tu mismo pueblo y me sorprende que digas que allí hay malas personas, yo solo he encontrado buenas personas", y le preguntó al habitante de este pueblo qué tipo de personas iba a encontrar aquí. El habitante del pueblo contestó: "me temo entonces que aquí también encontrarás esas mismas buenas personas".

Esta historia nos explica que no vemos el mundo como es, sino como nosotros somos. Nuestro propio concepto es lo que vemos.

Cuando pides se te da, sin excepción, siempre y cuando cumplas con la ley, con los principios. Una de las causas principales puede ser la falta de amor a otros, eso te hace vibrar negativamente y quebranta tus peticiones.

Así que ante cualquier conflicto o problema, piensa en el AMOR. Eso es orar sin cesar, pensar en el amor en cada situación, aunque esta sea aparentemente mala. Verás cómo tus oraciones se cumplen.

En cada situación distingue entre el bien y el mal e, inmediatamente, decreta el bien. **Di: decreto que la verdad sobre esta situación es... (y lo dices tal y como debe ser, en amor, vida y verdad) en armonía con todo el mundo. Gracias, universo, que me has oído y me lo has concedido.**

**Luego de decirlo, créelo y no se lo digas a nadie. Debes tener la convicción como que 2 más 2 son 4, o que la Torre Eiffel está en París, o que cuando llueve te mojas. No hay duda, es un hecho, se te va a conceder.**

## CUARTO ASPECTO: INTELIGENCIA

El Universo es INTELIGENCIA. Todo lo es, incluso los objetos inanimados. Todos responden a tus pensamientos. A la hora de pedir, debemos darnos cuenta de que hablamos con algo inteligente y que responde. Ten un dialogo con Él. Ante cualquier situación negativa, háblale a la situación y recuérdale los otros seis aspectos. Declárale la armonía.

Cada célula piensa, cada átomo piensa. Bendice cada situación. Ya sabes, BIEN-DICE, decreta cómo debe ser en realidad. Y háblale como si fuera un ser, como a algo inteligente. Personifica la situación. Verás el milagro ocurrir.

Cuando te des cuenta de que este es un mundo inteligente, marcarás la diferencia en tu vida y en la de los que te rodean.

Si el Universo es inteligente, significa que nada ocurre por casualidad. Todo está respondiendo. ¿A qué? A tus órdenes. A tus pensamientos. A tus decretos. A tus acciones.

Si estamos en un Universo Inteligente significa que él te ha puesto aquí por alguna razón. No hay desperdicio. Has sido creado por alguna razón. Encuéntrala. Piensa en el aspecto de VERDAD, se manifestará tu verdad.

## QUINTO ASPECTO: ALMA/UNIDAD

Este aspecto significa que el Universo puede individualizarse. La palabra individuo significa IN-DIVIDUO, o sea, indivisible. Significa que no puedes separarte del Universo. Tú formas parte de él y eres parte de él. De ahí la expresión "uno con Dios, son mayoría". Si somos conscientes de esa unión, seremos conscientes de nuestro enorme poder creador. Jesús lo dijo: "sois dioses".

Imagínate un desierto enorme y, de pronto, una ráfaga de viento separa algunos granos de arena del suelo y los mantiene en el aire. Digamos que eso somos nosotros en este plano. Viviendo una experiencia individual en un plano separado pero permaneciendo unidos a la fuente creadora.

> Supongamos el Universo como un océano y tú eres una gotita dentro de ese océano inmenso. Tienes libre albedrío de ir y hacer lo que quieras pero formas parte de un todo. Todas las gotitas forman el océano. Eso somos nosotros y el Universo. Dioses pequeñitos pero con sus mismos poderes. Somos creadores y tenemos que actuar en armonía con el todo.

**Somos individualizaciones de Dios.**

## SEXTO ASPECTO: ESPÍRITU

Es como es arriba. Y recuerda, como es arriba es abajo. El Universo es espíritu. Espíritu es lo que no se ve. Es decir, el mundo de las variantes. O el mundo espiritual. Lo que selecciona nuestra mente y que posteriormente se materializa en lo físico. El mundo metafísico. Pero como sabemos que el Universo también es amor, vida, inteligencia, verdad y unidad, no cabe el mal allá arriba. La vibración es demasiado elevada. El mal vibra bajo. **Por eso nada puede afectar allá arriba. Por eso como el Universo también es Verdad, el bien es la Verdad, es lo que está arriba y como es arriba es abajo. ¿Me explico bien?**

Conociendo los siete aspectos y que todos actúan como una unidad; sabiendo que el Universo es espíritu y que el espíritu es lo que no se ve; sabiendo también que creamos de lo invisible a lo visible y no al revés y que el Universo es mental, entonces podemos entender por qué decimos que en cada situación hay que declarar la verdad. La verdad es el bien.

## SÉPTIMO ASPECTO: PRINCIPIO

Un principio es una ley que no falla jamás. Y el Universo es principio. ¿Qué significa esto? Que no falla jamás. Sus siete aspectos son y serán siempre.

Existen muchos ejemplos de principios, por ejemplo: el principio de los vasos comunicantes, el principio que dice que los ángulos de un triángulo siempre suman 180°, el principio que dice que el calor expande los objetos.

**El Universo es el PRINCIPIO DE ARMONÍA PERFECTA. Al igual que los anteriores principios mencionados, este tampoco cambiará y ha sido siempre.**

Este aspecto nos ayuda a comprender, en momentos en que estamos desanimados, que las leyes no fallan jamás. Y que si aplicas los siete principios, obtendrás lo que deseas, porque es una ley que no falla jamás.

En la Biblia se dice: **"tus pensamientos no son mis pensamientos... mis pensamientos son de bien y no de mal".** Es decir, el Universo o Dios, no es mal, el mal es tuyo, pero la normalidad es el bien. También se dice algo muy mal entendido, "temer a Jehová". Esto no significa temer al creador, al Universo, a Dios, esto significa apartarse del mal. Jehová significa en hebreo YO SOY, el logos creador, debes temer el mal, porque esas palabras son creadoras, y si hablas y piensas en mal, eso crearás. También se dice en la Biblia: "Mi voluntad es buena, agradable y perfecta, y como todo padre terrenal siempre quiere lo mejor para sus hijos...". Más claro no se puede expresar.

**Darse cuenta de que el Universo es un entramado de ideas en forma de red y de que todo está conectado, es quizás lo más importante que puedas hacer. No puedes dañar a otro sin dañarte a ti. Todo lo hemos creado nosotros. Todo es un efecto de una causa: nosotros. No como algo egocéntrico, sino como algo unido a la fuerza creadora y perteneciente a ella.**

El Universo es principio. Este aspecto del Universo se divide en otros siete aspectos para su mayor comprensión. Los tres primeros ya los has estudiado. Son Mentalismo, Correspondencia y POLARIDAD.

Ahora vayamos a por el tercer elemento del cambio, que es la DISOCIACIÓN. En todo momento deberás ser consciente de qué estás pensando, de cómo te está afectando lo que ocurre. En ese momento, si la situación no es la deseable, deberás recordar los siete aspectos del Universo en el que vives y recordar la verdad. En cada situación difícil niégala por mentirosa y decreta automáticamente la verdad. Sé consciente de que esos pensamientos no son tuyos, son adquiridos, y que el bien es la normalidad. Decrétalo y espéralo. Verás aparecer los milagros en tus propias narices.

El cuarto elemento del cambio es el REACONDICIONAMIENTO. Para que haya un reacondicionamiento y que las situaciones negativas cada vez se den menos a tu alrededor, debes repetir la operación cada día a cada hora. Es decir, orar sin cesar.

¿Cómo saber si estás en el camino? La respuesta está en tus emociones. Cada vez que te sientas cansado, triste, preocupado, desolado, irritado, enfadado, envidioso, resentido, con miedo… significa que te has alejado de la propia naturaleza del Universo, TUS PEORES TEMORES SE MANIFESTARÁN. Cuando sientas felicidad, tranquilidad, paz, ilusión, energía y amor, ¡estás en el camino! Y TUS DESEOS LLEGARÁN A TI.

## DESLIZA EL BOTÓN HACIA EL POLO CONTRARIO

Como ya sabes, todo es cuestión de grados. El bien y el mal es la misma cosa, solo que en distinto grado, la felicidad y la tristeza es lo mismo solo que en distinto grado.

Ok, aquí va un ejercicio para pasar de un extremo al otro. Debes imaginarte una cabina de DJ, o un control de volumen de los equipos de música antiguos, en los que el volumen se deslizaba arriba y abajo a través de un botón, ¿recuerdas? Si no lo recuerdas o eres más joven, imagínate una tabla de mezclas de un DJ, donde controla el volumen de la música, los efectos, etc.

Ahora imagínate que ese botón está abajo del todo, estás polarizando en negativo. Céntrate en aquello que te incomoda. Por ejemplo, si estás triste, tu botón de la felicidad está abajo. Si estás negativo, tu botón de la positividad está abajo. Bien, ahora imagina que tocas ese botón con tu dedo índice y poco a poco lo vas deslizando hacia arriba. Mientras lo haces, nota cómo cada vez te vas sintiendo mejor, mejor y mejor conforme vas llegando arriba. Una vez estás arriba, bloquéalo allí para que no vuelva a bajar.

Este simple gesto de imaginar cómo deslizas tu polaridad va a provocar resultados sorprendentes. Lo que te digo siempre: no lo creas, compruébalo.

Y una cosa más, cada vez que te sientas con pensamientos negativos o tristes, pregúntate:

> ¿EN QUÉ DEBERÍA ESTAR YO PENSANDO AHORA PARA SER FELIZ?

## ESPIRAL DE PENSAMIENTOS ASCENDENTE

Supongo que te habrás dado cuenta de que un pensamiento sigue al otro. Y que si el pensamiento original es negativo, el que le sigue es negativo. A eso se le llama entrar en una espiral ascendente de negatividad. Cada vez estás negativo, tus emociones caen en picado. Si lo mantienes mucho tiempo entras en un estado emocional muy pobre en el que no eres capaz de utilizar tus recursos, te crees menos de lo que eres y no dejas de machacarte y fustigarte a ti mismo. **¡¡¡Te castigas a ti mismo y te culpas por todo!!!**

Del mismo modo, cuando entras en una espiral ascendente de pensamientos positivos, tu estado emocional se eleva y cada vez te sientes más y más capaz. Empiezas a reconocerte los méritos, te tratas con cariño y atención y sientes esa conexión con el Todo.

Pero el caso es ¿cómo pasar de una a otra? Nuestra mente siempre está condicionada como ya habrás visto en capítulos anteriores; sin embargo, nos vemos afectados por pensamientos centrados o bien en nuestro pasado, tales como ¿por qué me ocurrió eso a mí?, ¿cómo puedo pasar eso?, ¿por qué lo hice tan mal?, si pudiera volver atrás...; o bien en nuestro futuro y con frases que empiezan por el "y si...". ¿Y si no lo consigo? ¿Y si me dejan? ¿Y si me echan del trabajo? ¿Y si este libro realmente no me funciona? Todo centrado en cosas que no han ocurrido.

Ahora, si me dejas, quiero sugerirte algo. Del mismo modo que te planteas los "y si" de manera negativa, ¿por qué no planteártelos de manera positiva?

¿Y si resulta que consigues todo el dinero que quieres e incluso mucho más? ¿Y si resulta que encuentras el amor de tu vida a la vuelta de la esquina, mañana mismo, cuando salgas a la calle? ¿Y si resulta que te ascienden? ¿Qué ocurre si este libro es el mejor libro que has leído en tu vida y aquel que va a transformar tu vida por completo? ¿Qué ocurre si este libro te ofrece la información que llevas toda la vida esperando y por fin lo tienes en tus manos? ¿Y si los milagros están a punto de ocurrir en tu vida muy, muy pronto?

Te sugiero que a partir de ahora pienses en los "y si" en positivo... Verás los milagros aparecer. Pregunta qué podría ir mejor, qué podría ser maravilloso, qué podría ser un milagro, y espéralo, espéralo con todo tu corazón y con fe...

Si crees que todo tiempo pasado fue mejor, significa que lo que estás viviendo ahora y tanto te preocupa, en algún momento de tu futuro será mejor. ¿Por qué no hacerlo mejor ahora? Sabes que eso es por tu bien y sabes que guarda una enseñanza que te hará más feliz. ¿Por qué no aceptarlo y ser feliz ahora?

## OTORGA UN NUEVO SIGNIFICADO A TUS CREENCIAS

Algunos bulos que corren por ahí, y que son MENTIRA, y por lo tanto, debemos negarlos por mentirosos y proclamar la verdad:

### 1. Cualquier tiempo pasado fue mejor.

MENTIRA, MENTIRA, MENTIRA. Cualquier tiempo pasado no fue mejor, y no es así por la sencilla razón de que tú no eres el mismo, eres superior. Has pasado por experiencias que te han ayudado a crecer. Eres mucho mejor que ayer. Más sabio, más inteligente, más preparado, más maduro, tienes más claridad.

Nuevo significado: **LO MEJOR ESTÁ POR VENIR.**

Con tu conocimiento y experiencia no volverás a caer en los mismos errores. Ahora estás más preparado para poder acoger todo lo bueno.

Si además has pasado por una mala etapa, ¡ENHORABl
el Universo todo busca el equilibrio, así que ahora tiene u
contigo acumulada de gran abundancia y cosas positivas
esperando para ser recibidas por ti. Solo tienes que per......... y
creerte digno.

## 2. No hay para todos.

MENTIRA, MENTIRA, MENTIRA. Vivimos en un Universo infinito en el
que hay para todos. El Universo tiene de todo en exceso para todo el
mundo, solo necesitas creerte merecedor. Muchas personas no se creen
merecedoras y entonces están bloqueando toda esa abundancia. Pero
el Universo detesta el vacío, si algo no está preparado para recibirlo,
buscará alrededor para poder descargar todo aquello que tiene para
entregar.

Nuevo significado: **EL Universo ES ABUNDANTE, HAY PARA TODOS,
Y MUCHO MÁS DE LO QUE SOMOS CAPACES DE SOSTENER**.

Decreta abiertamente: Universo, si tienes algo bueno para entregar y la
persona en cuestión no es buena receptora, envíamelo todo a mí, que
yo sí estoy preparado y te lo agradezco enormemente. GRACIAS.

## 3. La vida es algo que nos sucede, independientemente de lo que nosotros queramos.

MENTIRA, MENTIRA, MENTIRA. Tú ya sabes que los pensamientos
son cosas y que todo lo que has creado ha sido fruto de tus creencias,
condicionamientos y convicciones. Nada sucede al azar y todo
es un efecto de una causa generada por nuestros pensamientos y
emociones.

Nuevo significado: **YO SOY EL CREADOR DE MI VIDA. TENGO EL
PODER DE SER Y TENER TODO LO QUE SE ME ANTOJE. COMO
DIJO JESÚS: SOMOS DIOSES. CREADORES.**

No somos corchos flotando en medio del océano a la deriva. Tenemos la
facultad de elegir. Tenemos libre albedrío. El Universo recibe órdenes.
Está esperando nuestras indicaciones. Solo tengo que PEDIR Y SE ME
DARÁ. El Universo continuamente me está respondiendo.

## . Mi pasado determina mi futuro.

MENTIRA, MENTIRA, MENTIRA. No te define tu pasado, eso marca dónde te encuentras tú hoy. Las decisiones que tomaste te han llevado a tu presente. Las decisiones que tomes hoy marcarán tu presente y tu futuro.

Nuevo significado: **NO IMPORTA QUIÉN HE SIDO, LO QUE IMPORTA ES QUIÉN DECIDO SER.**

No importa quién has sido, qué has hecho, dónde has nacido y qué condiciones tienes hoy en tu vida. Lo que importa es qué decides ser hoy y qué acciones vas a emprender hoy. Eso determinará dónde estarás en el futuro. Independientemente de todo tu pasado, puedes cambiar todo. Estás a tiempo. El momento es ahora. El día adecuado nunca va a llegar, siempre tendrás algo que hacer, alguna excusa, alguna falsa creencia que te impida tomar acción. No postergues más lo que llevas semanas, meses o años postergando. Eso te estresa, tu alma se queja, sufres... Hazlo ya. Hoy puedes cambiar tu vida.

## 5. Soy demasiado viejo para empezar de nuevo.

MENTIRA, MENTIRA, MENTIRA. La edad es un número. Lo único que te va a limitar son tus creencias y el miedo. Si tienes claro lo que quieres, ¡¡adelante!! No te dejes influenciar por la sociedad. Por tu familia. Por tus amigos. Por tu jefe. Nada de eso importa. Tienes el catálogo del Universo en frente de ti, listo para que selecciones lo que quieras.

Nuevo significado: **LA EXPERIENCIA ES LA MADRE DE LA CIENCIA. LA EXPERIENCIA ES UN GRADO. GRACIAS A MI EXPERIENCIA, PUEDO HACER LO QUE QUIERA, MUCHÍSIMO MEJOR, CON MÁS GARANTÍAS.**

No tienes nada que perder. Piénsalo. ¿Qué es la vida más que un aprendizaje continuo? ¿Si no haces nada sabes qué sucederá? NADA. No sucederá nada. ¿Cuantos años de vida estimas que te quedan? ¿Cómo vas a aprovecharlos? Todavía estás a tiempo de volver a empezar. Decide vivir cada día como si fuera el último. ¿Cómo dedicarías el último día de tu vida? ¿Cómo pensarías? ¿Qué cosas harías?

Estás en el mejor momento de tu vida para volver a empezar. Si no es ahora, ¿entonces cuándo?

## 6. El fracaso es negativo. Las situaciones de crisis son negativas.

MENTIRA, MENTIRA, MENTIRA. Cada fracaso trae consigo un aprendizaje necesario para poder evolucionar. Cada fracaso es una bendición. Cada crisis personal es una manera de crecer. Con el tiempo, te das cuenta de que cada fracaso y cada situación negativa ha sido por tu bien. Lo recuerdas hasta con nostalgia porque, aunque fue duro, te ayudó a ser mejor.

Nuevo significado: **NO HAY FRACASO, SOLO DEMORA EN LOS RESULTADOS. CADA FRACASO TRAE CONSIGO LA SEMILLA DE UN ÉXITO EQUIVALENTE O SUPERIOR. LAS CRISIS SON MEDIDAS QUE TIENE EL Universo PARA HACERNOS EVOLUCIONAR. SON BENDICIONES DISFRAZADAS.**

Ahora, por tu nivel evolutivo, ya sabes que lo negativo trae consigo un aprendizaje. Que vas subiendo escalones. Que todo sucede por una razón y que siempre es para tu bien. Da las gracias por el aprendizaje y sigue adelante con más fuerza, pues acabas de adquirir lo que te faltaba para completar tus habilidades para poder obtener aquello que quieres. Cada fracaso te acerca más a tu éxito. ¡ENHORABUENA, ESTÁS MUY CERCA!

## 7. Pasada cierta edad, ya no te puedes enamorar.

MENTIRA, MENTIRA, MENTIRA. Corre el bulo extendido en ciertas esferas de nuestra sociedad que el amor tiene edad, que pasada la adolescencia o la juventud es muy difícil, que te puedes encariñar pero ya no volverte a enamorar. ES TOTALMENTE FALSO. Tú creas esas barreras, tú te limitas, tú crees esas mentiras y haces que sean una realidad. Las repites como un loro. NO ES CIERTO.

Nuevo significado: **EL AMOR NO TIENE EDAD. ESTÁ ESPERANDO POR TI EN ALGÚN LUGAR.**

No existe edad para el amor. Tu alma gemela espera por ti en algún lugar. Los milagros son solo la consecuencia de atrevernos a creer. No seas tan estúpido de cerrarte en banda, pues pasará por tu lado y no la reconocerás. Ábrete al amor. Y cuando llegue, por favor, trátalo con cariño, trátalo como se merece. Ha estado esperando por ti todo este tiempo, pasando auténticas penurias hasta encontrarte. Se merece todo lo mejor de ti. No dejes que tu pasado afecte a tu relación presente.

Y si ya tienes el amor, CUÍDALO, ÁMALO, RESPÉTALO. Riégalo todos los días. Es lo más importante que tendrás en tu vida.

## EL GRAN ORDENADOR DEL Universo

En 1949 Konrad Zuse, el hombre al que se le atribuye la creación de los primeros ordenadores, planteó la siguiente pregunta: "¿Es posible que la totalidad del Universo opere como un gran ordenador, con un código que posibilita lo que es posible?"

Según explica Gregg Branden, estamos viviendo en una realidad digital, en la que todo está hecho de información, más que de cosas.

¿Recuerdas los primeros ordenadores? Aparatos enormes que ocupaban toda una habitación y no tenían ni la mitad de la mitad de las capacidades que tienen ahora los ordenadores como el que tú utilizas cada día en tu casa. En esa época estaban reservados para los centros más exclusivos y los que se lo podían costear. Hoy en día prácticamente todo el mundo puede acceder a un ordenador…

Tal y como explica Seth Lloyd, el diseñador del primer ordenador cuántico, "el Universo es un ordenador cuántico, a medida que avanza la informática se despliega la realidad".

Y esta afirmación tendría todo el sentido del mundo para entender cómo es posible que, de vivir en cuevas y dedicarnos a la caza, hayamos pasado gradualmente, escalón a escalón, a poder pilotar aviones, enviar naves al espacio y poder comunicarnos de un lado a otro del planeta a través de internet. **A MEDIDA QUE AVANZA NUESTRA CONCIENCIA EL Universo VA DESPLEGANDO SU REALIDAD. ¡Y LO QUE NOS QUEDA POR DESCUBRIR!**

Si el Universo es un gran ordenador, conocer los códigos de su programa sería conocer las reglas de la realidad en las que vivimos, ¿cierto? Pues eso es exactamente lo que estás haciendo. Conocer los 7 PRINCIPIOS, las reglas del Universo, tu manual de instrucciones.

## EL SISTEMA BINARIO ES EL LENGUAJE UNIVERSAL

El ordenador que usas normalmente funciona con una combinación numérica binaria llamada bits. Esto significa que todas las combinaciones están basadas en ceros y unos, o conectado o desconectado. Esto representa las polaridades que hacen del Universo lo que es.

Así funcionan las cosas: o son o no son. Los átomos de la materia o bien existen o bien no existen. O están conectados o están desconectados.

John Wheeler, físico estadounidense, pensó de manera muy similar en la década de los ochenta. El autor que definió el Universo como un "Universo participativo" al cual influimos mediante nuestras emociones y pensamientos, afirmaba que todas las "cosas" de las que se compone la realidad son energía de información que colisionan unas con otras y computan. A medida que van computando entre ellas se va formando la realidad.

¿Te suena esto? Cuando tus pensamientos colisionan con su correspondiente material se crea tu nueva realidad.

Según Wheeler, toda la realidad surge de plantear preguntas "sí/no". Al igual que los bits, o existen o no existen, o están conectados o desconectados. Según Wheeler, todas las cosas del Universo son información polarizada.

Esto me lleva a recordarte lo que llevo diciéndote desde el principio, el Universo es mental, lo que piensas se manifiesta, debes elegir lo que quieres, debes decidir de este modo, "esto lo quiero, esto no lo quiero". Todo se reduce a polos opuestos, más/menos, masculino/femenino, conectado/desconectado.

## RELACIÓNATE DESDE EL AMOR CON AQUELLO QUE DESEAS ATRAER

El desafío consiste precisamente en cambiar nuestra manera de relacionarnos con aquello que queremos atraer. Lo que queremos atraer es algo que nos falta y precisamente nos falta porque nuestra relación con esto no es buena.

Por ejemplo, si deseas atraer dinero, es imprescindible que empieces a ver el dinero como algo hermoso, capaz de mover el mundo y de darte la libertad para poder hacer lo que quieras en tu vida. Muchas personas ven el dinero como algo negativo, pues les ha faltado muchas veces en su vida, y lo relacionan con problemas y escasez. Si te relacionas con el dinero pensando que es algo sucio, que pasa por todas las manos, o que corrompe a las personas, etc., entonces, lógicamente, por la ley de la atracción, lo repelerás. Atraerás todas las circunstancias que te hagan volver a sentir todas esas sensaciones anteriormente descritas.

Lo mismo ocurre con el amor. Si relacionas el amor con el dolor, el sufrimiento y con algo que perturba tu vida, jamás lograrás encontrarlo, o si lo haces, vivirás precisamente el dolor y el sufrimiento que esperas.

En la salud ocurre lo mismo. Si ves la salud como algo que sanar en lugar de un estado natural propio del ser humano, entonces la ley de la atracción traerá más circunstancias para que puedas sanarte, es decir, te enfermará una y otra vez para que puedas cumplir con tus pensamientos.

Todas estas circunstancias descritas se han polarizado en lo negativo, desde el miedo. Fíjate, tienes miedo a perder dinero, entonces lo pierdes. Tienes miedo a perder el amor, entonces lo pierdes. Tienes miedo a perder la salud, entonces la pierdes. Cuando tienes miedo, creas un sentimiento de posesión, buscas el control, precisamente por miedo a perderlo. Te relacionas negativamente con aquello que más temes perder y vas directo al hoyo.

Sin embargo, cuando polarizamos desde el amor, todo aquello que deseamos ocurre con facilidad, pues no tememos perderlo porque en el fondo sabemos que nada nos pertenece, sino que es un regalo del Universo y que este nos lo entregará en cuanto lo pidamos. Tenemos fe, no forzamos, no amarramos, soltamos y entonces todo fluye. Se siente alegría, paz y una sensación de estar acunados y protegidos por algo más grande que nosotros.

Cualquier pensamiento al que le pongas emoción es una comunicación directa con Dios, el cual traerá de vuelta todo aquello que le hayas pedido.

**La oración es pensar con la emoción de que eso ya es un hecho y ese es el lenguaje del universo.**

**El Universo atiende a la fe, no a la necesidad.** Ten fe. Lo único que te va a sabotear son tus propios miedos de que eso no se vaya a manifestar. ¿Qué tienes que perder?

No importa quién seas, de dónde vengas y cuál sea tu situación actual. Sé algo de ti, quieres más, te mereces más, eres mucho más.

**No te conformes con menos de lo que te mereces, porque recue..**
**ERES ÚNICO Y HAS VENIDO A BRILLAR.**

ESCUCHA LA VOZ DE TU ALMA...TEN FE

Hasta aquí el principio de polaridad. Debo recordarte que cuanto más estudies los principios mayor comprensión tendrás de estos y una mejor aplicación práctica, que es lo que nos interesa. El siguiente principio se hizo conocido en el documental *El secreto* en el año 2006, la Ley de la Atracción. Millones de personas han oído hablar de él, quizás cientos de personas lo hayan aplicado. Oprah Winfrey entrevistó a todos los integrantes del documental e incluso ella misma afirma haber aplicado el secreto. Seamos conscientes de ello o no, las leyes operan siempre y son exactas.

Antes de seguir, tengo un mensaje para ti:

¿QUÉ TE HACE SENTIR FELIZ? Por Dios, hazlo. Sea lo que sea, ¡hazlo! Ese es el gran secreto de tu vida. Haz aquello que te siente bien. Algo que resuene en tu corazón.

> Dite ahora mismo: me perdono, me acepto y me quiero. Sigue tu felicidad y el mundo te abrirá puertas allá donde solo había muros. La vida es un viaje grandioso, un regalo, aprovéchalo. Nunca volverá, cada segundo, cada minuto, cada hora es única. Nadie más puede escribir tu historia.

Te quiero.

Vayamos entonces a estudiar el siguiente principio, este dice que...

# ¡SIEMBRA SEMILLAS DE BENDICIÓN!

Es hora de sembrar semillas en los corazones de la gente que te rodea. Repasa lo que has leído hasta ahora y piensa con quién podrías compartir alguna frase, texto o parte del libro.

Incluso si lo deseas, puedes hacerle una foto a alguna parte del libro y publicarla en Facebook, Twitter o Instagram para compartirlo con tus amigos.

**¡Y ahora es tiempo de DECLARACIONES!**

Ponte la mano en el corazón y repite conmigo en voz alta y con intensidad emocional:

**YO SOY LÍDER, NO SEGUIDOR**

**ESCUCHO LA VOZ DE MI ALMA**

**POR MUCHOS NOES DE MI PASADO,
HAY UN GRAN SÍ EN MI FUTURO**

**NO VENGAS A HABLARME DE DERROTA Y DE FRACASO,
¡YO HABLO DE VICTORIA, FE Y ESPERANZA!**

**NO IMPORTA DE DÓNDE VENGO, IMPORTA A DÓNDE VOY**

**Y EN MI VIDA SE ABREN PUERTAS DE BENDICIÓN**

**PORQUE ¡YO SOY IMPARABLE!**

¡BIEN HECHO!

Sigamos…

# PRINCIPIO DE VIBRACIÓN

*"Toda la materia física, todo lo que nos rodea, es el resultado de una FRECUENCIA, y eso quiere decir también que si esta se altera, la estructura de la materia cambiará."*

**David Wilcock**

Aunque pueda parecer que muchas cosas en el Universo son estáticas, la realidad es que todo está en movimiento. Incluso los objetos inanimados están moviéndose.

**Todo en el Universo está vibrando**. Si miramos las cosas a través de un microscopio nos daremos cuenta de que estamos hechos de átomos y esos átomos tienen unos electrones girando a su alrededor a muchísima velocidad emitiendo una vibración. Dependiendo de la densidad del objeto, vibrará a más o menos velocidad, siendo los objetos de más densidad los que vibran a más baja frecuencia y los de menor densidad los que vibran a más alta frecuencia.

Así pues, todo está compuesto de energía. Puede parecerte que estás sujetando este libro entre las manos, pero si mirases por un microscopio te darías cuenta de que en realidad, ¡no estás sujetando nada! Tan solo energía.

Una mesa está compuesta de millones de átomos, nosotros estamos compuestos de millones de átomos, todo absolutamente todo está compuesto de lo mismo. **Los colores emiten una vibración a determinada frecuencia. Por ejemplo, el blanco es la unión de todos los colores vistos en la luz, es el color que vibra a más alta frecuencia. El negro también es la unión de todos los colores, pero vistos en la oscuridad, y su vibración es la de más baja frecuencia. Como ves, el blanco y el negro son dos polos iguales pero cambia el grado de vibración de un extremo al otro. De la máxima vibración a la mínima vibración**.

Los físicos cuánticos se han dado cuenta de que el Universo no lo forma la materia suspendida en el espacio, sino la energía. Se dieron cuenta los científicos de que los átomos físicos están compuestos de vórtices de energía y que la unión de esos átomos, las moléculas, están formadas por la unión de todos esos pequeños vórtices de energía que forman una vibración conjunta.

La materia puede dividirse para su estudio en dos partes, lo físico y lo cuántico. Lo físico se estudia en términos de átomos, masa, peso, etc., Lo cuántico se estudia en términos de ondas (Hackermuller, 2003).

**Nosotros emitimos una vibración, nuestras células emiten una vibración**, una mesa emite una vibración, el coche de tus sueños emite una vibración, la casa de tu vida emite una vibración, tu trabajo ideal emite una vibración, tu relación de pareja ideal emite una vibración. Porque todo eso está compuesto de átomos, que tienen girando a su alrededor protones y electrones emitiendo una vibración. Cada una de ellas emite una vibración específica en determinada frecuencia en función de su esencia.

**Nuestros pensamientos emiten una vibración que viaja en todas direcciones como una gota de agua que cae en un charco y expande su onda**. Además, podemos medirla. La ciencia moderna por fin puede medir las ondas que emite nuestro cerebro cuando pensamos. Se llaman ondas betha, deltha, alpha, etc. Sabes que también nuestro corazón emite una señal eléctrica y magnética a través de nuestras emociones y también sabemos que es miles de veces más potente que la del cerebro. **Esta vibración que emite el cerebro y el corazón está viajando a través del éter y afectando a la materia con la que se encuentra, atrayendo hacia ti aquella que concuerda con su misma frecuencia.**

Por eso cuando visualizamos y cuando sentimos aquello que queremos lo vemos manifestado.

En una persona, su frecuencia vibratoria está determinada por su proceso mental y emocional. Esta determina qué señal emite el individuo y qué objetos deben obedecer a esa señal atrayéndose entre sí. Los electrones son obedientes, no disciernen, y tratan de adaptarse a la orden dada por tu vibración.

**Cuando unes la señal que emiten tus pensamientos y la señal que emite tu emoción, se produce una tercera señal más intensa que atrae para sí como un imán aquello que vibra de igual manera**. O lo que es lo mismo, cuando unes alma y mente, eliminas resistencias y tus sueños se cumplen.

Así pues, una enfermedad se genera en los pensamientos. Salvo las lesiones externas, todas las enfermedades se inician a nivel iónico y molecular (Pophristic, 2000).

## VIBRACIONES SIMILARES VIBRAN JUNTAS

Del mismo modo que las células se unen para formar alianzas estratégicas para ser más fuertes e inteligentes frente a las enfermedades, y se unen por tipos, los átomos también son atraídos para formar alianzas estratégicas, las moléculas, y se unen según el tipo de vibración.

Todo lo que tienes en tu vida lo has atraído a ti mediante tu estado vibracional. En esto se basa la famosa ley de la atracción que popularizó el documental *El secreto*. Una vez más no te pido que me creas, te pido que lo compruebes.

¿Conoces a alguien que tenga una guitarra? Consigue una para poder comprobar este principio. Te sorprenderá lo que vas a ver. Todas las notas musicales emiten una vibración. Al igual que nuestras palabras, como ya estudiaste en el capítulo anterior. Bien, si coges la guitarra y tocas la cuerda más gruesa, la primera empezando por arriba, y aprietas con el dedo el quinto casillero, esa nota es un LA. La segunda cuerda comenzando por arriba, si la tocas sin apretar ningún casillero también es un LA. Cuando tocas la primera cuerda apretando el quinto casillero estás tocando un LA y emite una vibración. Automáticamente, la segunda cuerda empezando por arriba empieza a vibrar sola sin que tú la toques. Esto sucede porque al tocar el primer LA, la segunda cuerda que también es un LA ha reconocido la señal y ha empezado a vibrar.

Si quieres, puedes dirigirte a mi canal de YouTube y buscarme como laingarciacalvo. Allí encontrarás un vídeo que se llama "Ley de la atracción demostrada con una guitarra", donde explico este fenómeno.

> Tus pensamientos y emociones emiten una señal que sintoniza con aquellas variables de la vida que emiten la misma señal y las atraen hacia sí por la ley de atracción. Vibraciones similares vibran juntas.

**Los pensamientos negativos son sombríos y por tanto vibran a baja frecuencia. Son llamados pensamientos negros, y con razón... En el plano espiritual la vibración es mucho más elevada. En el plano material la vibración es más lenta**. Cuando miras la hélice de un helicóptero parada puedes verla. Si empieza a dar vueltas poco a poco va elevando su velocidad y de repente dejas de ver la hélice. Eso es porque su vibración ha subido y ya no es perceptible a los sentidos.

Cuando subes la vibración de una gota de agua se transforma en vapor de agua y dejas de verla. Si bajas la vibración de una gota de agua se convierte en hielo y se vuelve más sólida.

**Para que las cosas se manifiesten en el plano material, la vibración debe ser más baja. Por eso en el plano espiritual todo es perfecto, la vibración es más elevada. En el plano material hay problemas porque la vibración es más baja.**

Todo en el Universo es ENERGÍA. Y la energía es MAGNÉTICA. Si elevas tu vibración atraerás hacia tu vida todo un sinfín de cosas maravillosas y extraordinarias.

¡¡¡Volverás a sentirte ENTUSIASMADO, ILUSIONADO Y ENERGÉTICO como cuando eras un NIÑO!!!

El pensamiento positivo emite una vibración muy elevada, mientras que el pensamiento negativo emite una vibración muy baja. A medida que un pensamiento se acerca a la verdad, eleva más su vibración hasta que se vuelve muy luminoso y expresa la verdad absoluta.

**Cuando visualizamos nuestro objetivo, a veces tarda un poco en llegar, porque en el plano material la vibración es baja. Como con la gota de agua que baja su vibración y se convierte en hielo, la materia viaja más lenta porque tiene mucha densidad. El agua fluye, el hielo no fluye. Está estancado.**

Imagínate que estás pensando en tu sueño, en el mundo mental ya existe, solo que a una vibración más elevada. Ahora, como con el vapor de agua, para verse manifestado deberá bajar su vibración. Y así, como con el hielo, podremos observarlo.

Cuando en el capítulo anterior te explicaba que era tu emoción la que daba vida al equivalente al mundo material de lo que habías estado pensando, imagínatelo así. Tu mente piensa, tu alma acepta, va al mundo espiritual, coge aquella variable que tú has elegido y baja su vibración para que tú puedas verla manifestada en el mundo material. Si estás actualmente muy alejado de tu objetivo significa que tardarás más en verlo manifestado porque las cosas en este plano viajan a velocidad lenta por el tipo de vibración que tienen.

## TU TERMOSTATO VIBRATORIO

Generalmente, cuando uno empieza su día, comienza a repasar todas las actividades que tendrá que desempeñar durante el transcurso de su jornada. Mientras repasa mentalmente sus acciones, estas le producen una serie de sensaciones y emociones. Algunas de ira, otras de estrés, otras de felicidad, etc. Esto determinará cómo se va a desempeñar en cada una de ellas cuando llegue el momento. La actitud que adopte en cada situación determinará su vibración y los resultados que obtendrá al realizar dicha acción.

**Desde el momento en que empieza el día, cada individuo responde a su patrón de pensamiento, provocándole una emoción. En ese momento comienza un cúmulo de sensaciones descontroladas que lo hacen tambalearse de un extremo al otro.**

Cuando uno está en su casa tranquilamente en un día caluroso de verano, ajusta el termostato de su casa para que produzca una temperatura agradable. Si por algún casual alguien olvida alguna ventana o alguna puerta abierta, la temperatura vuelve a subir. Entonces la función del termostato es regular de nuevo esa temperatura para volver a mantenerla estable y agradable, tal y como le indicamos al inicio.

Cada uno de nosotros tiene un termostato vibratorio que determina lo que atraemos hacia nosotros. Esto explica por qué algunos millonarios pierden todo su dinero y en poco tiempo lo han recuperado. O que algunos ganadores de lotería o de premios especiales, en poco tiempo lo han perdido todo.

También explica por qué algunas personas salen de una relación amorosa dolorosa y se meten de lleno en otra igual o peor. Explica también por qué algunas personas tienen éxito en todo lo que emprenden y otras, sin embargo, por mucho que se esfuerzan no consiguen nada.

Tu frecuencia vibratoria está formada por tus creencias, ellas determinan en qué tipo de vibración estarás el 90% del día. Y ya sabes que las creencias actúan a nivel subconsciente.

Para ir cambiando nuestro patrón de vibración debemos tomar consciencia en todo momento de cuáles son nuestros pensamientos y emociones. Para ello, en cada acción que emprendamos, deberemos realizarla conscientemente y determinar cómo queremos sentirnos y cuál es el resultado que queremos obtener dando las gracias por adelantado.

Un biofísico de la Universidad de Oxford revelaba en su estudio "La resonancia en la bioenergética" (F. McClare, 1974) que las señales electromagnéticas son 100 veces más eficaces a la hora de transmitir información que las señales físicas, tales como hormonas, neurotransmisores o factores de crecimiento... Así pues, LAS SEÑALES SON MÁS EFECTIVAS. Al fin y al cabo, las señales transmitidas necesitan también energía.

Si las señales electromagnéticas viajan a 300.000 kilómetros por segundo. y las físicas a menos de 1 centímetro por segundo, ¿cuáles crees que serán las señales favoritas de las células? Esto explica por qué los pensamientos crean tu realidad, simplemente las células y los átomos obedecen a la energía, a tus pensamientos y la señal emitida viaja extraordinariamente rápida.

## ELEVA TU VIBRACIÓN

*"No hay nada que esté enteramente en nuestro poder más que nuestros pensamientos."*

**Descartes**

Por lo tanto, si tus pensamientos son positivos, atraerás por el principio de vibración más situaciones que te hagan pensar en positivo. Si eres feliz, atraerás más circunstancias por las que ser feliz.

Cuando lanzas una piedra al agua, esta provoca unas ondas de energía. Si lanzas dos piedras pueden ocurrir dos cosas, o bien que las dos ondas sean iguales y se provoque una tercera onda más fuerte (onda constructiva) y se incrementa la energía, o bien que las ondas sean de distinta fuerza y vibración y se anulen unas a otras.

Así pues, si las ondas o vibraciones son iguales, se produce el fenómeno llamado RESONANCIA ARMÓNICA. Es decir, si unes tus pensamientos de tu objetivo a otros pensamientos positivos, se produce una fuerza más elevada que provoca una vibración mayor, atrayendo con mayor rapidez aquello que estás deseando.

Por otro lado, si tu situación actual es negativa, si elevas tus pensamientos positivos, se produce lo que se llama una INTERFERENCIA DESTRUCTIVA y uno elimina al otro. Así que los pensamientos positivos tienen la facultad de eliminar los pensamientos negativos (Chu, 2002, Rumbles, 2001).

La felicidad es un estado mental que emite una vibración concreta y que atrae hacia ti su equivalente. Pero también lo son los objetos y las circunstancias.

Las vibraciones que emitimos dependen en gran parte de nuestras creencias, pues estas determinan lo que pensamos de manera subconsciente, que como ya sabes es el 90% de tu tiempo. Por eso se dice que la riqueza, la pobreza, la delgadez, el amor, la felicidad, todo es un estado de conciencia.

Si tu conciencia es de pobre, tus pensamientos emitirán esa frecuencia, vibrarás en pobreza y atraerás pobreza. El Dr. Candace Pert, en su libro *Moléculas de la emoción*, desvela que el cerebro humano no está localizado en la cabeza, sino que está distribuido entre todas y cada una de las células de nuestro cuerpo en forma de moléculas señal. Eso es la conciencia, hacer que todas y cada una de las células de nuestro cuerpo vibren en la misma frecuencia.

**Eleva tu conciencia y cambia tu vibración, inevitablemente cambiarán tus resultados.**

No tengas miedo si al principio tienes algún pensamiento negativo. Debes saber que los pensamientos positivos de alta vibración son más fuertes que los negativos. **Las altas frecuencias dominan a las bajas frecuencias**. Por eso basta con desear un cambio de pensamientos y eliminar esas creencias negativas para que estas cristalizaciones antiguas desaparezcan.

Cuando tu pensamiento es positivo no tiene cabida en él cualquier tipo de pensamiento negativo. Como dice la ley de la atracción, atraes lo semejante. Para que un pensamiento negativo te pueda penetrar tiene que hallar su correspondiente en ti. Esta ley es inmutable y solo ordena atraer lo igual. Lo que tengas en tu subconsciente lo atraes irremediablemente. Por eso, si tu concepto de la vida es bueno, solo atraerás cosas buenas. Si empiezas a pensar en algún incidente negativo, atraerás más y más pensamientos negativos y harás la pelota cada vez más grande.

**Cuando conoces esta ley, ya no te permites ni un solo segundo de tener cualquier tipo de pensamientos desagradables. Cada vez que lo pienses recházalo y reconoce la verdad. La verdad es el bien. El bien es la normalidad, el mal lo eliges tú. Cuando rechazas el mal, la normalidad es el bien y atraerás más de todo lo que te hace bien.** Hasta que no entiendas esto estás condenado a tener momentos buenos y momentos malos, a ser víctima de las circunstancias, a que el mal pueda entrar en ti.

> Por la ley de la resonancia, o la ley de la atracción, cada vez que pienses en positivo, este pensamiento saldrá de ti y se reunirá con otros pensamientos iguales atrayéndolos hacia ti y atrayéndote a ti hacia ellos.

Por eso, cuando un grupo grande de gente tiene pensamientos negativos se forma una enorme conciencia de negatividad que atrae eso cada vez más. ¿Te ha ocurrido entrar en un sitio y notar un ambiente negativo que te golpea de repente? No sabes lo que es, pero lo sientes. Te sientes mal allí. ¿Has visto alguna vez un velatorio donde el ambiente es sombrío y triste? Lo sientes al entrar. O cuando te encuentras con alguien y de pronto notas que te sientes mal. ¿Lo has sentido alguna vez? Sin saber muy bien por qué, aquella persona no te transmite "buenas vibraciones"…

**Una persona con pensamientos positivos atrae a las personas semejantes. Es alguien que cuando entra en un lugar nuevo la gente está a gusto a su alrededor, trae el bien allá donde va. Normalmente siempre están rodeadas de personas porque estas se sienten bien a su lado. Una persona suficientemente entrenada en esta filosofía trae la luz allá donde va, dejando los vestigios aun cuando ya se ha ido. Transforman la oscuridad en luz. ¿Conoces a alguien así? ¿Te gustaría ser tú ese tipo de persona?**

En el Génesis, se dice: "Por sus frutos los conoceréis". ¿Qué significa esto? Que tú puedes saber en qué frecuencia está vibrando una persona por sus frutos. Por lo que esta persona está atrayendo. Si siempre tiene problemas, si tiene escasez, su pobreza, sus enfermedades, etc., ya sabes qué tipo de pensamientos tiene, podrás saber el tipo de conceptos errados que posee en el subconsciente. Porque eso le provoca una vibración que atrae siempre más de todo aquello en lo que vibra.

Habrás notado que cuando te reúnes con gente negativa, de pronto tu vibración baja, te sientes más cansado, aturdido... estás experimentando una INTERFERENCIA NEGATIVA. Tus ondas positivas han sido afectadas por las ondas negativas de esas personas. A esto nos referimos cuando decimos "esto me da mala vibración, mal rollo, o mala onda".

Sin embargo, cuando te reúnes con la persona amada te sientes como en una nube, ¿cierto? Acabas de experimentar una RESONANCIA ARMÓNICA, tus vibraciones se han elevado. Es lo que solemos decir "esa persona me da buena vibración".

Cuando empecé a reconocer estos principios enseguida me di cuenta de que necesitaba tener más resonancias armónicas en mi vida. ¡Necesitaba sintonizar mi vibración con la misma frecuencia de mis sueños!

## ELEVA TU ENERGÍA, ELEVA TU VIBRACIÓN

*"Conocí un segundo nacimiento, cuando mi alma y mi cuerpo se amaron y se casaron."*

**Khalil Gibran**

Una de las maneras de elevar tu vibración es manteniendo pensamientos positivos todo el tiempo y manteniendo en tu mente el cuadro final de lo que deseas atraer. Es decir, **¡ENFOCÁNDOTE EN LO QUE QUIERES LOGRAR!**

Sin embargo, la energía fluye por el cuerpo, siempre y cuando el cuerpo esté sano. Nosotros generamos energía pero también absorbemos la energía del exterior, la energía universal.

TODO ES ENERGÍA, y como todo es energía y ya sabes que las cosas están hechas de energía y que nuestra vibración afecta a todas esas cosas atrayéndolas hacia nosotros, cuanto más alta sea nuestra vibración, más rápido atraeremos las cosas a nuestra vida.

Ahora debes elegir, ¿qué quieres? Y debes saber a qué te expones y estar dispuesto a pagar el precio, la vida te lo exigirá, pero después vendrá tu gloria. Lo que has hecho hasta ahora ya lo conoces, siempre podrás volver a eso, pero ahora te desafío. Te reto a que transformes tu vida y la lleves al siguiente nivel. Siempre podrás ser quien eres ahora, pero, ¿y si lo que sueñas es posible? Decide y sé congruente, íntegro, haz lo que debes hacer. No hagas lo que puedas, haz lo que tienes que hacer. ¿Lo peor que te puede pasar? Tarde o temprano morirás, seguro, así que ahora, ¿vas a disfrutar y a vivir tus sueños?

ESCUCHA LA VOZ DE TU ALMA… TEN FE

Hasta este punto sabemos que el pensamiento es el inicio, que ese pensamiento provoca una emoción, y que la unión de esa emoción y ese pensamiento genera una vibración que atrae hacia nosotros aquello que concuerde con esa frecuencia.

¿Pero por qué a veces tarda tanto en llegar? Y lo que es peor, ¿por qué cuanto más me esfuerzo peor me sale todo? Por qué visualizo y ocurre lo contrario? ¿Por qué siempre obtengo las cosas cuando ya he perdido el interés, después de mucho tiempo deseándolas?

Y la respuesta está en…

# PRINCIPIO DEL RITMO

## EL ECO DE LA VIDA

Un niño y su padre estaban caminando en las montañas.

De repente, el hijo se cae, se lastima y grita

—Aaaaaaaaaaaaaaahhhhhhhhhhhhhhhh!

Para su sorpresa oye una voz repitiendo en algún lugar de la montaña

—Aaaaaaaaaaaaaaahhhhhhhhhhhhhhhh!

Con curiosidad el niño grita: ¿Quién está ahí?

Recibe una respuesta: ¿Quién está ahí?

Enojado con la respuesta, el niño grita: Cobarde.

Y recibe de respuesta: Cobarde.

El niño mira a su padre y le pregunta: ¿Qué sucede?

El padre, sonríe y le dice: Hijo mío, presta atención.

Y entonces el padre grita a la montaña: Te admiro.

Y la voz responde: Te admiro.

De nuevo, el hombre grita: Eres un campeón.

Y la voz le responde: Eres un campeón.

El niño estaba asombrado, pero no entendía.

Luego, el padre le explica: La gente lo llama eco, pero en realidad es la vida.

Te devuelve todo lo que dices o haces.

**Nuestra vida es simplemente un reflejo de nuestras acciones.**

**Si deseas más amor en el mundo, crea más amor a tu alrededor.**

**Si deseas felicidad, da felicidad a los que te rodean. Si quieres una**

**sonrisa en el alma, da una sonrisa al alma de los que conoces. Esta relación se aplica a todos los aspectos de la vida.**

La vida te dará de regreso exactamente aquello que tú le has dado.

Tu vida no es una coincidencia, es un reflejo de ti.

Si no te gusta lo que recibes de vuelta, revisa muy bien lo que estás dando...

## AVANCES Y RETROCESOS

Todo fluye y refluye, todo tiene sus periodos de avance y retroceso. Cuando empiezas una actividad, al principio aprendes muy rápido y parece que los logros y la adquisición de nuevas habilidades se dan fácilmente y sin demasiado esfuerzo. Pero luego de repente, un día, parece que hayas dado tres pasos atrás. Incluso pareciera que estás peor que cuando empezaste.

Recuerdo que en mi periodo de nadador profesional, empezábamos la temporada en septiembre. Venías de un mes de descanso. Al inicio, los primeros días, íbamos muy bien. Pero de repente, a los pocos días o semanas de haber empezado a entrenar, entrábamos en un proceso de regresión que no superábamos hasta pocos días antes de la competición que estábamos preparando. A veces duraba incluso hasta el día antes de la competición, pero de repente el día de la competición te despertabas bien y competías mejor que nunca.

Cuando aprendes a ir en bicicleta, hay días en que parece que ya lo dominas y de pronto un día subes de nuevo encima de ella y parece que todo se te haya olvidado. ¿Te ha pasado esto alguna vez?

Cuando te inicias en el mundo de la música y aprendes a tocar un instrumento ocurre lo mismo. Hay días que parece que avanzas muy rápido pero luego hay otros días que parece que vas para atrás como los cangrejos.

## LA VIDA SON ESTACIONES

Como en la naturaleza, tu vida pasará por estaciones. Tendrás un invierno, una primavera, un verano y un otoño. Todo es cíclico. Lo importante es saber sacar el mejor partido a cada una de las estaciones.

Cada ciclo empieza y termina y vuelve a empezar. Dicen que el ser humano renueva completamente sus células cada siete años. Eso es un ciclo. La infancia dura hasta que empieza la adolescencia, la adolescencia termina donde empieza la adultez, la adultez pasa a la vejez y de la vejez vuelves a empezar.

*"No hay nada más emocionante que una cosecha abundante, y nada más terrible que un campo estéril en otoño. Hay que recordar que en todos los ámbitos de la existencia humana, lo que ponemos en este mundo, recogemos de él."*

**Jim Rohn**

**Aprende a sacar partido de las estaciones de tu vida porque son inalterables y siempre llegan.** El invierno es el tiempo de recogerse, de aprender, de crear. Debes pasar por eso y debes hacerlo de la mejor manera posible. La primavera es la época de las oportunidades. El invierno no dura eternamente. Has estado dándole foco y energía a lo que quieres y por fin tienes una oportunidad. No vas a tener primaveras ilimitadas. Lo más probable es que en la vida de una persona media tengas unas pocas de ellas, así que debes saber aprovecharlas. Muchas veces nos pasamos la vida pidiendo e implorando por esto o aquello, pero cuando pase el tren, por Dios, ¡cógelo! No dejes que el miedo, la duda o la preocupación te paralicen. Saca provecho de cada día, porque igual que la oportunidad aparece, también desaparece. La vida es corta, aunque larga. Pero pronto verás pasar tu vida por delante y no te habrás dado ni cuenta. Después de la primavera llega el verano. El verano es la época de alimentar tus sueños. Ya tienes la oportunidad que sembraste en invierno y recogiste en primavera, ahora toca regar el jardín. En invierno decidiste qué semilla ibas a plantar y preparaste el terreno, en primavera sembraste y ahora debes regar y mantenerlo libre de insectos y parásitos. Por último, llega la época de la recolección. Aquellos que decidieron, tomaron acción y perseveraron ahora pueden obtener resultados. **Aquellos que eligieron semilla, sembraron y la cuidaron ahora pueden recoger los frutos**.

Cuando empieces con este proceso de creación de tu realidad te ocurrirá lo mismo, tendrás periodos de avance y periodos de retroceso. Porque todo en la vida funciona en un movimiento rítmico que hace oscilar la manifestación en un movimiento pendular que se mueve de un polo a otro.

> Todo se mueve, o avanzas o retrocedes, o creces o mueres. O te enriqueces o te empobreces, por dentro y por fuera.

## LA LEY DEL EQUILIBRIO

Todo en el Universo trata de mantenerse en equilibrio. Me di cuenta de este principio cuando estudiaba fisiología en la universidad. Comprendí que, como en el Universo, nuestro cuerpo también trata de mantenerse en equilibrio. Se llama HOMEOSTASIS. Cuando se produce algún exceso el cuerpo empieza a activar sus mecanismos para devolver el equilibrio y mantener la homeostasis. Por ejemplo, cuando pierdes excesivo líquido corporal, tu cuerpo segrega la hormona antidiurética para mantener y evitar la pérdida de más líquido y que no te deshidrates. O si te tomas un café, la cafeína hace que tu cuerpo segregue adrenalina, y automáticamente tu cuerpo segrega hormonas antagónicas para que vuelvas a la normalidad.

Nuestro cuerpo forma parte de la naturaleza y como todo en la naturaleza funciona por los mismos principios, tiene lógica pensar que si nuestro cuerpo trata de mantener el equilibrio, la naturaleza tiene también sus propios mecanismos para mantenerse estable.

Ese mecanismo tiene un nombre: las fuerzas equiponderantes. Cada vez que se produce un potencial excesivo hacia uno de los dos polos, estas fuerzas tratarán de equilibrarlo llevándolo al otro extremo para luego volver al centro.

**Ahora entiendes por qué cuando todo en la vida parece ir bien, de repente pasa algo y empieza a ir mal. No solo lo atraes por el principio del mentalismo y por tu vibración, sino que, si has provocado un potencial excesivo, ya sea a nivel energético o a nivel físico, las fuerzas equiponderantes te llevarán al extremo opuesto.**

Como bien sabes, tu trabajo es pedir, determinar qué es lo que quieres. El "cómo" se te dará solo, no es problema tuyo. Apártate del medio, deja de estorbar y deja que el Universo ponga las cosas en su sitio. Espera los milagros…

Muchas veces tu mente lógica y racional tratará de encontrar explicación a todo. Buscará el camino lógico para que lo que tú pides se te dé. Cuando ese camino estipulado por el control de tu mente no se dé, entonces empezarás a pensar en negativo. Te derrumbarás. Tus sentimientos empezarán a fluir y obtendrás todo lo negativo que hay en este mundo.

Al mismo tiempo debes tener en cuenta lo siguiente: el principio del ritmo tratará de mantener en equilibrio cualquier desviación que se de ya sea energética, física, espiritual, emocional o mental. Las fuerzas equiponderantes tratarán de evitar que la armonía se rompa. Si detectan algún desequilibrio excesivo hacia un lado de la balanza, te llevarán exactamente al polo opuesto. Cuando empiezas a visualizar y a clarificar tus metas estás creando un potencial excesivo. No es la normalidad para ti. Tu situación normal es la que estás viviendo ahora. La abundancia que quieres en tu vida, ya sea en el amor, en el dinero, en la salud o sea lo que sea lo que estés pidiendo al principio, estás creando un potencial excesivo. Te está llevando a un extremo del polo. Cuando creas un potencial excesivo desequilibras la balanza y las fuerzas equiponderantes tratan de mantener la armonía.

**Por eso, es muy normal que durante tu proceso de manifestación tengas continuamente provocaciones de estas fuerzas. Es muy normal que cuando empieces a verte en posesión de lo que quieres te sientas feliz, te sientas contento y por fin encuentres paz en tu alma, llegue de repente algún infortunio que te desestabilice y te lleve a esos pensamientos negativos otra vez.**

Son las fuerzas equiponderantes, has sobrepasado el nivel de importancia, has creado un potencial excesivo, has desviado la balanza y para equllibrarse te han ofrecido una situación negativa que creará un potencial en el sentido contrario.

Tu trabajo entonces es elegir lo que quieres, vibrar en esa frecuencia, y mantener a raya tus pensamientos negativos para posicionarte en el polo positivo. Como sabes, el polo positivo vibra más alto. Y el plano espiritual también vibra más alto. Las cosas mundanas vibran bajo, lo negativo vibra bajo. Si vibras más alto con tu pensamiento positivo te sitúas más cerca del plano espiritual, y tú ya sabes que todo se crea antes en el plano espiritual. Así que vibrar en positivo te sitúa más cerca de tus metas.

**Si quieres atraer hacia ti tus objetivos y garantizar con éxito tus sueños, más te vale que mantengas a raya las fuerzas equiponderantes.** Hay una manera muy fácil de hacerlo aunque te sonará extraño. Cada vez que tengas una provocación y que la negatividad entre en tu vida, celébralo, alégrate, monta una fiesta. Las fuerzas equiponderantes ni te rozarán y tú podrás continuar vibrando en la frecuencia de tus anhelos.

## LOS PÉNDULOS Y LOS POTENCIALES EXCESIVOS

Ahora ya sabes que todo tiene dos polos y la ley del ritmo se encarga de mantener todo en movimiento. Imagínate un gran péndulo que se encarga de mantener el flujo energético. Se desplaza de un polo a otro. La energía mueve el péndulo de un lado al otro y cuanto más grande es la energía más se desplaza el péndulo. Por eso, cuando deseas algo con muchísima fuerza lo pierdes u obtienes lo contrario. Has provocado un potencial excesivo, has desequilibrado la balanza y el péndulo se desplaza en sentido contrario.

> La ley del ritmo es la que atrae hacia ti aquellas cosas que vibran en la misma frecuencia que tú. Es lo que hace que todo lo que piensas se manifiesta atrayéndolo hacia ti por la vibración que emites, llevándote al polo correspondiente pero... ¡siempre y cuando no provoques un potencial excesivo!

Un potencial excesivo es todo aquello que desequilibra la balanza llevándolo a los extremos. Si te pasas y llevas las cosas al extremo, aparecerás en el extremo contrario. Cualquier cosa que se desvíe demasiado provocará que el péndulo se desplace hacia el polo opuesto.

Es muy fácil de explicar, **imagina un péndulo y golpéalo**. Cuando golpeas, por la siguiente ley que estudiaremos, la de CAUSA-EFECTO, el péndulo se desplaza primero arriba y luego baja y se desplaza en sentido contrario con la misma fuerza. Digamos que los movimientos de ida y de vuelta son el mismo. Pero si golpeas el péndulo con excesiva fuerza, este sobrepasa el límite y sube hacia arriba dibujando una circunferencia y volviendo a caer por el lado contrario.

No es el exceso de energía lo que desestabiliza el péndulo, sino el grado de importancia. Por eso muchas personas empiezan su rutina de atracción, visualizan y visualizan y no ocurre nada. En estos casos hay dos fallos de base, el primero es que no están viviendo el "ahora". Vivir el presente es la mejor manera de controlar los potenciales excesivos.

**Visualizas pero cuando terminas te centras en el presente y agradeces todo lo que ya tienes. El segundo error es que solo visualizan pero no toman acción. La acción canaliza el exceso de energía y mantiene el péndulo a raya.**

## LA IMPORTANCIA

Una vez estábamos preparándonos para una competición muy importante. Se había formado un grupo de entrenamiento nuevo, con gente extranjera en Madrid. En el grupo había polacos, portugueses, americanos y también gente de toda España. La expectativa era muy alta. Se habían juntado además dos de los mejores entrenadores del mundo, uno de ellos con excelentes resultados con nadadores españoles como entrenador y el otro con excelentes resultados como deportista en campeonatos del mundo, campeonatos de Europa y Juegos Olímpicos. El resultado no podía defraudar. Se empezó a crear una expectativa alrededor de nuestro grupo en toda España, por lo que todo parecía indicar que íbamos a triunfar. Tuvimos seis meses de trabajo muy duro. Nosotros estábamos entusiasmados y nos esforzamos muchísimo. Los entrenadores estaban poniendo todo el conocimiento y experiencia para que ese año la mayoría de nosotros consiguiéramos clasificarnos para el campeonato internacional.

Por fin llegó el día. Casi no pudimos dormir de la emoción. El primero en competir de mi grupo fui yo. No pudo ir peor. Luego compitieron el resto y a cual más peor. ¿Cómo podía ser? Con todo lo que habíamos entrenado. Toda la ilusión. Todas las ganas. Era imposible que nos fuera a ir mal. Pero precisamente es lo que sucedió.

Después de eso, quedamos desolados. Muchas horas de entrenamientos a las seis de la mañana y luego por la tarde. Muchas veces entrenábamos hasta tres veces en un día. Muchas horas…, ¡y para nada! La mayoría de mi grupo prácticamente abandonó. Se veía en sus caras. Durante los tres siguientes meses pasamos de un ambiente súper positivo y optimista a un ambiente de pesimismo, desilusión y malas caras. Sin embargo, yo confiaba en el proceso, no sé por qué, pero sabía que habíamos entrenado bien y que no fue algo físico lo que nos impidió lograr los resultados, sino algo mental.

Tres meses después volvimos a realizar otros campeonatos. Esta vez no nos jugábamos nada. Nos tocó nadar en las islas Canarias, en un ambiente caribeño y soleado. No habíamos entrenado tanto y tampoco tuvimos tanta presión, simplemente fuimos a disfrutar de la competición.

¿Adivinas? Logré mi mejor marca de todos los tiempos. Y lo más fuerte es que no fui el único. Uno a uno todos los integrantes de mi equipo comenzaron a hacer sus mejores tiempos.

Bien, ahora vamos a analizar estas dos situaciones. En la primera, el campeonato salió mal. Excedimos el nivel de importancia, creamos demasiada presión y desestabilizamos la balanza. El péndulo comenzó a oscilar. Cada día que se acercaba el campeonato nuestra ilusión se acrecentaba, nuestras ganas, nos empujábamos a estar más y más motivados. Parecíamos caballos desbocados. Al mismo tiempo que nuestro entusiasmo crecía, también lo hacía el miedo. ¿Y si perdíamos? ¿Y si no lo lográbamos? El miedo es el potencial excesivo más fuerte que existe. El péndulo oscilaba más y más fuerte. Finalmente aparecimos en el otro extremo. La competición fue mal y los meses de después también. Pasamos de ser la alegría de la huerta a parecer una procesión. Excedimos el grado de importancia y provocamos un potencial excesivo. Las fuerzas equiponderantes trataron de mantener el equilibrio y nos llevaron al extremo contrario para luego volver a la normalidad.

En la segunda competición la situación fue completamente diferente. Habíamos cumplido con todo el entrenamiento de todo el año, pero ahora íbamos a disfrutar. Por supuesto que queríamos ganar, pero nuestra prioridad era disfrutar. Lejos de presionarnos, los que hicimos era motivarnos. Pero no con gritos y saltos sin control, sino con una fuerza interna, algo que nacía de nuestro interior. No nos preocupaba ganar o perder, no había miedo, no había duda o preocupaciones, solo queríamos nadar.

**Por eso tus peores temores se cumplen y los sueños no se cumplen**. Cuando temes algo, es porque deseas algo con mucha intensidad. Cuando deseas algo con mucha intensidad, temes perderlo. Entonces provocas un potencial excesivo que desestabiliza el péndulo y las fuerzas equiponderantes te llevan al extremo contrario.

¿Te has dado cuenta de que tus mejores deseos aparecen cuando menos te lo esperas? Las fuerzas equiponderantes se mantienen estables y no desestabilizan la balanza.

Si quieres conseguir que esa chica se fije en ti pero vas a la cita con un grado excesivo de importancia, lo más probable es que la cita sea un fiasco.

Si te presentas a un examen con los nervios, las dudas, o el miedo a suspender, acabas de exceder el grado de importancia. Ya tienes tu suspenso en bandeja.

Si le das excesiva importancia a tu trabajo lo más probable es que aparezca el miedo a perderlo y acabas despedido.

Si vas a buscar trabajo con un grado de nerviosismo excesivo es mejor que des media vuelta, no te van a contratar.

**Recuerda que la vida no obedece a patrones tales como yo soy buena persona y me merezco lo mejor. La vida obedece a unas reglas, las estás conociendo ahora, y si las cumples obtendrás lo mejor de ella.**

## EL PROBLEMA DE LA VELA

En 1945, el psicólogo Karl Duncker creó este experimento. Así funciona: Supongamos que soy el experimentador y te conduzco a una habitación. Te doy una vela, unos clavos y unas cerillas y te digo: tu trabajo es fijar la vela a la pared sin que la cera gotee en la mesa. ¿Qué harías tú?

Mucha gente comienza probando de clavar la vela en la pared. No funciona. Algunos tiene la brillante idea de encender una cerilla y derretir el lado de la vela, intentando adherirla a la pared. Es una idea fantástica pero no funciona.

Después de 5 o 10 minutos, algunas personas descubren la solución. Debes coger la caja de los clavos, colocar la vela encima y clavar esa caja en la pared. La clave de este experimento es superar la "fijación funcional". Al mirar la caja, la ves solo como algo para contener los clavos, pero también puede tener otra función, la de una plataforma para la vela.

Ahora te voy a contar un experimento que usa el problema de la vela, realizado por el doctor Sam Glucksberg de la Universidad de Princeton en Estados Unidos. Este muestra el poder de los incentivos.

Reunió a sus participantes y les cronometró para ver cuán rápido podían resolver el problema. Al primer grupo tan solo los cronometró. Al segundo grupo, les ofreció recompensas, les dijo: "si estás en el 25% de los tiempos más rápidos, te ganas 5$. Si eres el más rápido te ganas 20$".

Es un buen incentivo por unos minutos de trabajo, así que lo que se planteaban los científicos es: cuánto más rápidos serían el segundo grupo, el de los incentivos, respecto al primero. Y la respuesta es que fueron tres minutos y medio más… LENTOS.

El grupo de los incentivados fue tres minutos y medio más lentos, a pesar de que se esforzaron mucho más.

¿Qué ocurrió aquí? Sobrepasaron el nivel de importancia. Crearon un potencial excesivo y obtuvieron un resultado peor. El primer grupo lo hizo por diversión, por un reto personal, el segundo lo hizo por dinero, por un reto externo.

¿Alguna vez te ha pasado que has deseado algo con muchas fuerzas y a pesar de tus esfuerzos y el duro trabajo no has conseguido prácticamente nada?

¿Podrías poner ejemplos de esto en tu vida cotidiana?

## LA CHICA QUE QUERÍA QUEDARSE EMBARAZADA

Un día escuché en la radio un famoso doctor especialista en reproducción asistida. Durante la entrevista, comenzó a explicar cientos de casos en los que muchas chicas pretendían quedarse embarazadas y no lo conseguían. Y cuando por fin se daban por vencidas y decidían adoptar, entonces ocurría el milagro y se quedaban embarazadas.

También explicaba que a veces ocurría que después de quedarse encintas mediante fecundación in vitro, automáticamente tenían embarazos naturales. Contaba la historia de una chica que llevaba años buscando ser madre. Por fin logró quedarse embarazada con la ayuda del doctor y su laboratorio. En esa ocasión tuvo gemelos. Un año después de aquello, la mujer se quedó preñada de nuevo y actualmente estaba esperando ya su cuarto hijo.

¿Por qué ocurre este fenómeno? Obviamente esas mujeres estaban provocando un potencial excesivo. Sus ganas de ser madre eran excesivas, sus miedos de no serlo también, con lo que provocaban potenciales excesivos que las llevaban a experimentar todo lo contrario.

¿Conoces algún caso así? ¿Cuándo conseguimos las cosas que queremos? Cuando por fin nos rendimos o perdemos el interés entonces aparecen. Cuando ya no nos interesa, entonces resulta que el Universo nos obsequia con eso. ¿Pero por qué? **Nos hemos librado**

**de los péndulos, hemos eliminado las resistencias, y todo aquello que habíamos pensado ha podido fluir hacia nosotros de manera natural**.

## ¿SABÍAS QUE CUANDO TE IMPACIENTAS POR ALGO EN REALIDAD ESTÁS ALEJÁNDOLO DE TI?

La impaciencia levanta muros que el Universo tiene que franquear. **Cuando te impacientas estás desequilibrando la balanza.** Ese nerviosismo activa al péndulo. Fíjate: ¿cuándo te suceden las cosas, cuando estás nervioso, preocupado o cuando dejas que todo fluya sin pensar demasiado, solo haciendo lo que tienes que hacer sin pensar en los resultados? La respuesta es obvia. Recuerda que todo tiene dos polaridades, positiva o negativa. La impaciencia ¿de dónde proviene, del miedo o de la fe? Obviamente del miedo de no conseguir lo que uno desea. Queremos verlo ya, porque tenemos miedo de que no suceda. Recuerda que el miedo y la fe son creadores. El miedo y el amor son las dos emociones básicas que activan el sentimiento.

A continuación te presento 3 estrategias para controlar tu impaciencia:

1. Cree en que es posible, cree en el principio del MENTALISMO, cree en la ley de la atracción, CREE EN TI. Si alguien lo ha logrado antes, ¿tú no vas a poder? Piensa en el QUÉ, no en el CÓMO. En lo que tú quieres, la manera de lograrlo es trabajo del Universo.

2. Ten en cuenta la LEY DE LA COSECHA, LA LEY DE LA GESTACIÓN. Todo tiene un proceso, el Universo necesita reestructurarse.

3. Busca las señales. El Universo te irá enviando señales para indicarte que está en camino tu pedido. Síguelas.

> Si entregas tu sueño al Universo te sorprenderás con lo que llegará a ti, ¡porque siempre resulta ser mucho mejor de lo que tenías planeado!

La vida es un juego. Imagínate que estás jugando a una simulación de conducción de Fórmula 1. En el juego, eres capaz de disfrutar, no te preocupa tu velocidad o las consecuencias, solo disfrutas. Tampoco temes no hacerlo perfecto, porque sabes que en el fondo es eso, un juego. No tienes miedo de experimentar. Sin embargo, si te colocas dentro de un Fórmula 1 real, entonces empezarás a tener miedo, a pensar en las consecuencias de correr demasiado, y no te atreverás a salirte del circuito ni a arriesgar demasiado en las curvas porque en tu cabeza aparecerán imágenes de muerte, lesiones o cualquier cosa fea que puedas estar pensando.

Bien, en el juego, en la simulación, desde tu plano superior que es la vida real, ves las cosas con perspectiva, sabes que es un juego y no te preocupa, solo aprendes. ¿Qué ocurriría si te dijera que la vida es solo un juego para practicar? Si vieras tu vida desde un plano superior te ocurriría lo mismo que con la simulación. Verías tu vida como un juego en el que divertirte, practicar y tener experiencias.

Tu vida es una simulación, no te tomes las cosas demasiado en serio y disfruta del camino. Ten experiencias, vive, sueña, contacta con personas afines a ti, conócelas, disfruta, crece y no tengas miedo. Lo peor que puede pasar es la muerte. Termina el juego pero empiezas a vivir en el plano superior. No está mal del todo, ¿verdad?

La mejor manera de evitar que los péndulos se desestabilicen es bajar el nivel de importancia, tomarte la vida como un juego y simplemente divertirte. Relájate y permite que la manifestación llegue a tu vida.

## LOS SUEÑOS NO SE CUMPLEN

*"Nos prometieron que los sueños podrían volverse realidad. Pero se les olvidó mencionar que las pesadillas también son sueños."*

**Oscar Wilde**

Y por fin ahora ya sabes que los sueños no se cumplen. Cuando tienes un sueño, excedes el grado de importancia, tu nerviosismo es más fuerte que tu motivación y entusiasmo. Y con ello, también se acrecienta en ti la posibilidad de no lograrlo. Algo tan importante para ti sería un chasco muy grande no lograrlo, ¿no crees? Llevas semanas, meses, incluso años soñando con eso. Quizás nunca llegue, pero si algún día llega el momento, todo parece desplomarse. Ese día sale todo mal.

Ocurre mucho en las bodas, en los acontecimientos deportivos importantes, el día que te sacas el carnet de conducir, el día que por fin tu cantante favorito viene a tu ciudad después de años y se agotan las entradas delante de tus narices o se cancela el concierto por lluvia.

Siempre ocurre algo que te impide alcanzar tu sueño, las variables son múltiples, pero **el resultado es el mismo, tú no obtienes tu deseo y SUFRES, convirtiendo tu sueño en tu peor PESADILLA.**

## EL PECADO ORIGINAL

Ya hemos hablado anteriormente del árbol de la ciencia y de cómo Eva (la mente) comete el pecado original comiendo del fruto prohibido.

El fruto prohibido simboliza los extremos. Si comes de los extremos se te expulsa del paraíso. Cuando excedes el grado de importancia estás comiendo de los extremos. Le estás dando demasiada importancia a lo material, a lo que quieres ver manifestado. Cabalgas el caballo pálido y la muerte te encuentra y le sigue el infierno.

## IMPORTANCIA VS. INTENCIÓN O DESEO

**Debes moverte hacia tus sueños como el que va a buscar el pan o como el que va a buscar el correo. No temes no encontrar el pan o no poder comprarlo y tampoco temes no llegar al buzón. Simplemente vas y lo coges.** Tus sueños están ahí para ti. Cuando alguien siente la necesidad de algo en su cabeza es porque ya se está en predisposición potencial para tenerlo. En el momento que puedes pensarlo es porque ya estás preparado para obtenerlo. Ninguna necesidad llega a una persona que no esté preparada para obtenerla. Ya es tuyo, solo tienes que recogerlo. Tu trabajo es eliminar los muros que has creado tú mismo y que te impiden alcanzarlo. Pero si le das excesiva importancia, significa que no confías del todo en que sean tuyos. Eso te llevará a la duda, la duda a la preocupación, la preocupación al miedo. El péndulo ya está en movimiento. Verás alejarse tu objetivo cada vez más. Aparecerán cosas en tu vida que parecerá que alguien está haciendo magia negra contra ti. Cualquier cosa con tal de que no cumplas tu objetivo.

> Pero si eres capaz de controlar el grado de importancia. Si confías en el proceso y mantienes tu actitud positiva, verás aparecer frente a ti todo aquello que has querido y mucho más.

Recuerda, estamos siempre hablando del mundo interno, de todo lo que verá su reflejo en el mundo externo. Los péndulos se desestabilizan por el pensamiento y la emoción. El pensamiento positivo mantendrá el péndulo estable. Pero el miedo y la negatividad provocarán movimientos que empezarán a oscilar cada vez más y más fuerte hasta que verás aparecer las desgracias una detrás de otra. Entonces te esforzarás por contrarrestarlas y provocarás más potenciales excesivos que harán oscilar más el péndulo.

La importancia puede ser negativa o positiva. No debemos confundir el hecho de que si no le das importancia a algo en tu vida entonces lo perderás. Piensa en algo, ¿si no les das importancia a tu pareja, cuánto tiempo crees que permanecerá a tu lado? Es distinto presentarse a un examen con preocupación que con pasotismo. Si crees que no darle importancia a algo es que te dé igual todo y no esforzarte, entonces no lo has entendido.

La importancia positiva es aquella que te hace disfrutar y dar lo mejor de ti. La importancia negativa es aquella que te sitúa en un estado de estrés, de nervios, de preocupación y de miedo. ¿Ves la diferencia?

> Para ver manifestado algo no debemos renunciar a la intención o al deseo, sino a la importancia; es decir, debemos renunciar al interés por el resultado.

La idea es pensar: quiero esto y tanto si lo tengo como si no yo voy a ser feliz igual. Entonces estás haciendo lo más difícil de todo que es DEJARLO IR.

**Dar las gracias es una buena manera de reducir el grado de importancia. Agradeces lo que ya tienes, agradeces lo que estás pidiendo, y sigues con tu vida esperando a que aquello se manifieste, en armonía con todo el mundo**.

## LOS MUROS SON PRUEBAS DE FE

He observado que durante el proceso de atracción, muchas veces las personas, sobre todo al inicio, se descontrolan. Empiezan a surgir una serie de conflictos y resistencias en sus vidas que hacen que, en la mayoría de los casos, opten por abandonar sus sueños.

Son los péndulos, los muros creados por tu propio subconsciente basados en la creencia antigua de que eso no es posible para ti, esas creencias provenientes de tu mente que se resiste al cambio. Esa mente que se resiste a salir de la zona de confort.

Los muros son pruebas de fe. Por cada atracción que quieras manifestar, vas a encontrar al menos un desafío que debes superar. Cuando lo superas, el éxito está al otro lado.

Son pruebas, algunas de ellas, bastante importantes. Cada empresa, cada relación amorosa, cada acción nueva que emprendemos viene acompañada de un desafío que nos pondrá a prueba. Muchos son los llamados pero muy pocos los elegidos. **Lo imposible solo tarda un poco más**.

Recuerda esto…

## NO ME PREOCUPO, ME OCUPO

Si no quieres preocuparte mantente ocupado. Las personas más preocupadas del mundo son aquellas que no tienen nada que hacer.

Una persona ocupada no tiene tiempo para preocuparse. Encuentra tu pasión y ocúpate. Invierte tu tiempo en expandirte y crecer, no en bloquearte y encoger. El miedo lleva a la preocupación y al encogimiento. El amor lleva a la felicidad y a la expansión. Ocúpate en algo que ames.

**La acción es la mejor manera de canalizar la energía, evitando así que se produzca un potencial excesivo.** Cuando algo te preocupa estás generando dicho potencial, le estás dando excesiva importancia, a aquello que quieres conseguir y entonces te entra el miedo a la pérdida. Es energía concentrada que golpea al péndulo llevándolo al extremo. Sin embargo, si en lugar de preocuparte, te ocupas en alguna actividad, la energía se enfoca hacia aquella actividad, y el péndulo permanece estable.

Como ya sabes, todo en la naturaleza es cíclico. Tiene idas y venidas. Además, cada vez que excedas el grado de importancia el péndulo te atacará. Para evitar todo esto solo hay una manera: NO DEJES QUE TE AFECTE. Cuando estés en algún momento tenso, negativo o te ocurra algo que no esperabas, más te vale que empieces a cambiar de polaridad, celébralo, salta, ríe, canta, haz algo para cambiar tu estado, o el siguiente episodio de tu vida será más de eso.

Si tiene solución, ¿para qué vas a preocuparte?

Si no tiene solución, ¿para qué vas a preocuparte?

## NADA TIENE SIGNIFICADO EXCEPTO EL QUE TÚ LE DAS

*"No vemos las cosas tal como son, las vemos tal como somos."*

**Anaïs Nin**

El ataque de los péndulos será constante cuando estés en el camino. Si has hecho los pasos correctos vas a tener que lidiar con esto.

La única manera de lograr tus objetivos es superando estos ataques. Para ello debes tomar consciencia de lo siguiente: cualquier cosa que esté pasando, de por sí, no tiene ningún significado, sino que tú mismo le das un significado en función de cómo te sientes. Si te sientes bien, le darás un significado positivo, pero si te sientes mal le darás un significado negativo a aquello que estés experimentando en tu vida ahora.

Sentirte bien o no dependerá de tu enfoque y de tus creencias. Si tú crees que la situación es muy mala porque tus referencias así te lo cuentan, entonces te sentirás mal, y tu sentimiento será negativo. Recuerda que un sentimiento negativo emite una vibración negativa que atrae más de eso.

En cada situación siempre hay una parte positiva y una negativa. La parte en la que tú elijas enfocarte es la que verás aumentar.

Piensa en situaciones negativas que hayas pasado en tu vida y que sucedieran hace tiempo. ¿Qué aprendiste? ¿Fue por tu bien? Si buscas lo bueno en cada situación negativa que ya haya pasado te darás cuenta de que siempre ha ocurrido por tu bien.

Lamentablemente lo vemos con el tiempo. Pero no es necesario que esperes a que pase el tiempo para sentirte bien. Si ya sabes que todo pasa por tu bien, ¿para qué vas a esperar? Confía. Confía en que todo pasa por una razón y que esa razón te lleva a tus objetivos.

Así, para controlar los péndulos y los desequilibrios debes darle siempre un significado capacitador a cada situación, sabiendo que con el tiempo verás la gran bendición con la que venía disfrazada. Si adoptas esta manera de pensar verás que tus sueños te atrapan antes de lo que pensabas.

**"La vida no es esperar a que pase la tormenta.**

**Es aprender a bailar bajo la lluvia."**

Una de las cosas por las que nuestros sueños tardan en llegar o no llegan nunca es el no saber controlar el ataque de los péndulos. Nos hacen sentir mal, empezamos a vibrar en negativo y entonces atraemos por el principio de vibración todo aquello negativo que la vida nos pueda aportar.

Todo nuevo amanecer que queramos conquistar, vendrá acompañado, al menos, de un gran desafío. La gloria está reservada solo para aquellos que soportan las embestidas del viento durante la tormenta. Pronto volverán a ver el sol y será el sol más grande y brillante que jamás hayan visto.

## ¿ERES BUEN RECEPTOR?

Un día estábamos yendo de viaje a Asturias cuando de repente comenzó a llover exageradamente. Obviamente detuvimos la marcha y decidimos esperar a que pasara la tormenta. Viajábamos de noche y la visibilidad no era muy buena, así que nos detuvimos en un área de pícnic. Llevábamos todo el día conduciendo y la verdad es que estábamos bastante cansados, así que, mientras esperábamos que pasase la tormenta, nos echamos a dormir un poco. Cuando desperté vi que ya no llovía.

Después de todo el tiempo perdido decidimos que el trayecto que quedaba lo haríamos sin parar, así que pensamos en ir al baño antes de proseguir la marcha. Cuando abrí la puerta y puse el pie en el suelo pisé un gran charco de agua que se había formado alrededor nuestro. El coche estaba seco por dentro pero estaba rodeado de agua por fuera. Entonces entendí que el Universo siempre da, pero que si algo no es receptivo, entonces el Universo lo envía hacia la zona más próxima que pueda recibir. Por eso la lluvia que estaba cayendo no podía caer en la zona en que estaba el coche, con lo que toda el agua que estaba destinada a ir en esa zona fue recibida por la zona adjunta, formando un gran charco.

**Si no estás preparado para recibir toda la abundancia que tiene el Universo, entonces este enviará todas sus maravillas a la persona que sí esté preparada**. La mayoría de las personas no tienen dinero porque no creen que sean merecedoras de él. Muchas personas no tienen el amor en su vida, o si lo tienen este les trata mal, porque no se creen dignas de lo mejor. La ley del ritmo te trae todo aquello que antes ha salido de ti, pero si no eres buen receptor, por el principio de vibración, llevará todo aquello que tenga a la vibración más próxima que concuerde con su resonancia. ¿Entiendes por qué existen tantas desigualdades? No importa si eres o no buena persona, la pregunta aquí es, ¿te crees digno de lo mejor?

Al mismo tiempo, estarás de acuerdo conmigo que una de las sensaciones más bonitas que existen es poder ayudar. Nos encanta dar y ayudar a los demás; sin embargo, cuando los demás nos intentan ayudar entonces nos entra el sentimiento de culpa y decimos expresiones como "gracias, pero no es necesario", "¿por qué te has molestado?", "no hacía falta", "lo siento, no puedo aceptarlo", etc. ¿Crees que no era necesario, que no hacía falta o que no puedes aceptarlo? Muy bien, tus deseos son órdenes, el Universo no volverá a obsequiarte con nada de eso. Lo has decretado, lo has declarado y ahora tiene que ver su correspondiente material.

Cuando no dejamos que los demás nos den, estamos quitándole la oportunidad al otro de sentirse bien. ¿Tú te sientes bien dando, pero no dejas que otros te den? ¿No es eso muy egoísta?

Decreta ahora mismo lo siguiente: Universo, si estás enviando cosas buenas a alguien que no se cree digno, envíamelas todas a mí, porque yo sí soy digno de toda la abundancia en mi vida!.

La ley del ritmo te traerá de vuelta aquello que tú estés pensando y por consecuencia vibrando, siempre y cuando mantengas estable el grado de importancia. Debes aprender a recibir, sino la señal que envías es la de que aquello no lo quieres y no volverás a verlo más en tu vida.

## CELEBRA TUS ÉXITOS

Me gusta mucho, durante los seminarios o sesiones de *coaching* personales, preguntar a la gente cuáles han sido sus méritos en la vida. Es curioso constatar que la gente no se quiere a sí mismas, nada. Pero nada de nada. Después de mucho pensar terminan diciéndote uno o dos éxitos de su vida. Y yo les digo, ¿solo eso?

La mayoría de nosotros somos demasiado duros con nosotros mismos. Piensa, ¿estarías al lado de alguien así? ¿Alguien que no te valorase, que tuviese que pensar y repensar mucho para sacar algo bueno de tu vida? ¡Por supuesto que no! Sin embargo, tú sí lo haces, eres tremendamente exigente contigo mismo.

Fíjate que en tu vida has tenido muchísimos éxitos. Para empezar tú eres un éxito, eres un campeón. Entre los millones y millones de espermatozoides que había, ¡tú fuiste el ganador! Empezaste tu vida ganando. Has venido aquí para ganar. ¿Tus circunstancias y tu entorno te convencieron de lo contrario? Tú te dejaste engañar. **¡Viniste aquí para brillar!**

Piensa, ¿tienes carnet de conducir? Eso es un éxito tremendo. Sacarse el carnet para la mayoría de las personas es un trámite difícil de superar. ¿Has aprobado algún examen alguna vez? ¡Eso es un éxito! ¿Ganaste alguna competición deportiva? Es un éxito. ¿Aprendiste a ir en bicicleta? ¿Aprendiste a tocar un instrumento? ¿Aprendiste a escribir bien en tu idioma? ¿Has aprendido otro idioma? ¿Alguna vez has ayudado a alguien? La lista es interminable…

**No seas tan duro contigo mismo, debes amarte más que a nadie porque tú eres único.** Recuerda que la vida te dará lo que des, si te tratas mal te dará más motivos para tratarte mal. Recuerda que aquello en lo que te concentras se expande. Concéntrate en tus éxitos por pequeños que creas que sean, y la vida te dará más éxitos. La ley de la atracción de traerá más de aquello que te haga sentir bien.

## LA LEY DE LA COSECHA

El PROBLEMA más importante que debes solucionar es el del TIEMPO:

Estás en un día soleado de verano andando por un paseo marítimo hablando con un amigo tuyo. Tienes una conversación muy amena y divertida. Realmente lo estás pasando muy bien. Es uno de esos momentos en los que aprecias el sentido de la vida. Buen clima, buena compañía y conversación interesante que estimula tu mente y tu alma. De pronto, delante de  ti ves una lata de refresco vacía. Estás tan entretenido con tu conversación que no te das cuenta de que empiezas a darle pat-aditas a la lata mientras sigues andando y charlando con tu amigo. Cuando te das cuenta, miras atrás y has recorrido más de dos kilómetros con la lata.

Ahora estás en otra situación. Delante de tu casa alguien ha dejado una lata de refresco tirada en el suelo. Te molesta. Miras a tu alrededor y ves un contenedor de basura a unos metros de distancia. Por pereza decides que enviarás la lata al contenedor de un puntapié. Golpeas la lata y esta se desvía y le da a un transeúnte en sus piernas. Te apresuras a pedir perdón. Miras atrás y recuerdas que un día llevaste una lata a más de dos kilómetros pasito a pasito y que ahora no has sido capaz de enviarla ni a unos pocos metros. La lata se desvió y encima provocaste daños.

> Todo en el Universo requiere de una gestación. Todo tiene un proceso. La inmediatez es la raíz de todos los problemas.

## LA CAFETERÍA DE MONTSERRAT

Hacía mucho tiempo que quería visitar las montañas de Montserrat en Cataluña. Según dicen, es una montaña mágica con mucha energía y unos paisajes extraordinarios. Cuando llegamos arriba, antes de subir con el teleférico, quisimos desayunar. Vimos dos cafeterías, una de ellas muy grande, la otra más pequeña. Decidimos ir a la grande.

Cuando entramos, había una cola inmensa. Parecía que todo el mundo se había puesto de acuerdo para ir a Montserrat ese día y para desayunar a la misma hora. Era una cafetería de esas que vas cogiendo con tu bandeja lo que quieres y al final está el cajero para cobrarte.

Nos pusimos en la cola. Llevábamos 20 minutos esperando y apenas habíamos avanzado. Incluso me hice amigo de la persona que tenía delante y hablamos de todo con tal de que el tiempo pasase rápido. Sin embargo, al ver que no avanzábamos, resolvimos ir a la cafetería de al lado.

Cuando llegamos a la otra cafetería, para nuestra sorpresa, vimos que también había muchísima cola. Además, vimos el menú que había y no nos gustaba. Nos gustaba muchísimo más la primera. Mucha gente había tomado la misma decisión que nosotros, por lo que la primera cafetería se había vaciado bastante y esta se había llenado. Resolvimos volver a la anterior.

Cuando llegamos a la primera cafetería vi que seguía habiendo cola de gente nueva que no paraba de llegar. Entonces vi a la persona con la que había tenido la conversación, que ya estaba sentada y desayunando. La miré, señalé la cola y le hice un gesto de desaprobación. Entonces me dijo: wow, cuando te has ido la cola ha empezado a fluir, mucha gente también se fue harta de esperar y pudimos avanzar rápido.

Después de eso me entraron las prisas, intenté colarme pero las personas me miraron mal, provoqué todo tipo de comentarios. Al final me resigné, inicié de nuevo la cola y aprendí una gran lección.

La mayoría de las personas eligen hacer algo en su vida. Toman decisiones y se ponen en marcha. Con el tiempo se desesperan porque a veces las cosas van más lentas de lo que a uno le gustaría, entonces desenfocan la atención de sus metas y comienzan a mirar alrededor. Entonces ven cosas atractivas y dejan lo que están haciendo y emprenden nuevos caminos. Luego se dan cuenta de que esos nuevos caminos también tiene sus contras y deciden volver a lo que hacían antes. Pero han perdido un tiempo y un esfuerzo muy valioso. **Si hubieran seguido haciendo lo que hacían con paciencia, fe y perseverancia, ya estarían disfrutando del premio.**

## LA LEY DE LA GESTACIÓN

Cuando tienes 18 años empiezas a salir con una pareja. Al principio es muy bonito, todo maravilloso. Hasta que pasa el tiempo, entras en rutina y empiezas a ver la parte mala. Lo que antes eran todo virtudes ahora son todo defectos. Llega un punto en que piensas: "seguro que allí fuera está la pareja de mi vida". Dejas a tu pareja, pasas un tiempo solo, y luego conoces a alguien y empiezas a salir con esa nueva persona. Al principio bien, pero pronto te das cuenta de que esa nueva persona también tiene defectos. Entonces te entra cierta nostalgia de tu primer amor y te das cuenta de que el problema no es la pareja, sea quien sea, sino que el problema eres tú.

Todos tenemos defectos y todos tenemos también virtudes. En lo que te enfocas determinará lo que piensas, y cómo irá tu relación.

Tú estás con tu "pareja", que es la meta u objetivo que te has planteado ahora, es tu primer amor. Al principio veías virtudes, ahora ves algún defecto. Llega alguien nuevo a tu vida (una nueva meta u objetivo) y, claro, todo es novedad, todo es perfecto, todo es genial. Entonces tienes un *affaire* y luego te das cuenta de que en realidad todo es lo mismo, todo tiene pros y contras y que el que tiene que cambiar es uno mismo.

> Todo en el Universo tiene una gestación. Muchas veces durante el proceso de manifestación de tus deseos no ves los resultados que deseas enseguida. Entonces comienzas a pensar cosas negativas, vibras en negativo y tu deseo se aleja cada vez más y más.

Es imposible tener un bebé en un mes por más que nueve madres se pongan a gestarlo. Se necesitan nueve meses para que un niño se geste. De igual forma, una semilla tarda lo que tarda en germinar y lo hace a su tiempo. Si plantas una semilla en invierno no habrá gestación, directamente no germinará.

Todo obedece a un patrón, todo tiene su tiempo. Cuando te planteas un objetivo nuevo, este tardará más o menos en manifestarse en función de lo alejado que estés tú de esas líneas de la vida donde tú estás disfrutando de ese deseo. El tiempo que tardará nadie lo sabe, depende también de tu energía y de la intención que le pongas. Imagínate como un imán que atraes mediante tu vibración aquello que vibra similar a ti. Tu vibración la determinan tus pensamientos y emociones. La magnitud de tu vibración depende de tu energía. Cuanto mejor estés de salud más energía tendrás y mayor será esa onda expansiva.

Realmente es muy bueno que todo tenga su proceso de gestación. Imagínate que todo lo que pensaras se manifestara al momento. Sería un problema, ¿verdad? Para que algo se manifieste requiere tiempo y energía. No hay fracasos, solo demora en los resultados. Si aún no lo ves manifestado es que requiere más energía.

## EL HELADO

Cuando era pequeño mi madre nunca nos compraba helados, ni pastas, ni chucherías. Sabía que eso no era lo más saludable. Pero de vez en cuando accedía a ello. Una vez recuerdo que me compró un helado de cucurucho de mi sabor favorito, la fresa. En cuanto salí del local con mi helado en la mano la bola se precipitó al suelo y yo me puse a llorar. Con los días que llevaba pensando en mi helado y ahora que lo tenía la bola se me había caído al suelo. Entonces miré a mi madre, utilicé mis mejores armas para persuadirla y conseguí que me comprara otro. Al volver a entrar me di cuenta de algo que no había visto la primera vez. ¡Había helados de dos bolas! Wow, no podía creerlo. Comencé a insistir a mi madre que quería el de dos bolas, que también me gustaba mucho el limón y que, por favor, quería tomar los dos sabores. Mi madre se negó en rotundo. Yo no lo entendía y me tomé el helado a disgusto. Con lo feliz que estaba yo con mi helado de una bola de fresa, y ahora que lo tenía me lo estaba tomando a disgusto porque no podía tomar el helado de dos bolas. Mi madre me explicó más adelante por qué había decidido no comprarme el helado de dos bolas. Me dijo: **"si no has sabido gestionar una bola, ¿cómo iba a comparte dos? Iba a condenarte al fracaso.** Y yo te quiero mucho y no quiero que sufras más, y más aún después de ver el disgusto que te llevaste cuando se te cayó la primera bola". Entonces aprendí otra gran lección: la vida te va dando a medida que tú vas creciendo. Cuando aprendes a gestionar lo que ya tienes y aprendes las lecciones, la vida te lleva al siguiente nivel. Si no, repites. También aprendí que por culpa de no poder obtener al momento el helado de dos bolas, no estaba saboreando el helado de una bola que tanto me gustaba. Un momento que podría haber sido muy feliz se convirtió en un momento amargo. Me enfoqué en que no pude tener el helado de dos bolas en lugar de enfocarme en el helado de una bola de fresa que me estaba tomando.

> Obtendrás lo que quieres cuando te conviertas en el tipo de persona capaz de manejarlo.

## PERSEVERANCIA: UNA CUALIDAD GANADORA

Cuando pides, realmente la vida te da. El único que puede interponerse entre tú y tu sueño eres tú mismo. El Universo necesita reestructurarse para que tú puedas obtener esa nueva situación que estás reclamando. Sencillamente porque hay millones de personas más en todo el mundo que también están pidiendo y las posibilidades son infinitas. Pero si pides, tienes fe y vibras positivo lo obtienes.

En el plano mental, espiritual, intangible, todo sucede al momento porque la vibración es más alta. En el plano terrenal la vibración es más baja, con lo cual es más densa y la materia viaja a velocidades más bajas. La materia es más pesada, más costosa, requiere más energía. Cuando elevas tu vibración tus resultados se manifiestan más rápido. Pero todo es un proceso, una gestación.

Voy a presentarte a alguien especial. Te voy a contar la historia de una vida real. La historia de un hombre que:

-Fracasó en los negocios a los 31 años.

-Fue derrotado a los 32 como candidato a unas legislativas.

-Volvió a fracasar en los negocios a los 34.

-Sobrellevó la muerte de su amada a los 35.

-Sufrió un colapso nervioso a los 36 años.

-Perdió en unas elecciones a los 38.

-No consiguió ser elegido congresista a los 43.

-No consiguió ser elegido congresista a los 46.

-No consiguió ser elegido congresista a los 48.

-No consiguió ser elegido senador a los 55.

-A los 56 fracasó en el intento de ser vicepresidente.

-De nuevo fue derrotado y no salió senador a los 58.

-Fue elegido presidente de Estados Unidos a los 60.

Su nombre es Abraham Lincoln. ¿Habría llegado a ser presidente si hubiera considerado como fracasos sus derrotas electorales?

Evidentemente que no, no hay fracasos, solo hay resultados.

## PACIENCIA

Jesús dijo: "He aquí que el sembrador salió, llenó su mano y desparramó. Algunos (granos de simiente) cayeron en el camino y vinieron los pájaros y se los llevaron. Otros cayeron sobre piedra y no arraigaron en la tierra ni hicieron germinar espigas hacia el cielo. Otros cayeron entre espinas —estas ahogaron la simiente — y el gusano se los comió. Otros cayeron en tierra buena y (esta) dio una buena cosecha, produciendo 60 y 120 veces por medida".

**No importa que no tengas éxito la primera vez, cuenta con ello, pero algunas de tus semillas darán su fruto multiplicado. Paciencia…**

Cualquier cosa que te pase durante el proceso de manifestación será una prueba irrefutable de tu fe. La vida te pedirá un precio y debes estar dispuesto a pagarlo. Si cuando notas que baja tu vibración eres capaz de subirla, entonces ya es tuyo. Si cuando te viene algo negativo eres capaz de darle la vuelta a la situación, a tus pensamientos y a tus emociones y lo celebras, entonces tu objetivo aparecerá delante de tus narices sin que ni te lo esperes.

**Lo único que se interpone entre tus sueños y tú eres tú mismo. Tus dudas, tus preocupaciones y tu mala vibración alejan de ti tu objetivo. Si eres capaz de eliminar esos conflictos, de limpiarte, entonces todo fluye hacia ti.**

## LA HISTORIA DEL BAMBÚ CHINO Y EL ENGAÑO DEL EUCALIPTO

Puedes tener todo lo que quieras pero no todo al mismo tiempo. La naturaleza no funciona así. Las cosas buenas de la vida son gratificaciones atrasadas. Cuando has actuado de según qué modo el Universo te lo agradecerá con aquello que tú pediste o algo mucho mejor.

Es como el bambú chino. Cuando tú plantas una semilla de bambú no ves nada durante los primeros cinco años. Lo riegas, lo abonas y ¡nada! Si no sabes cómo funciona, pronto remueves la tierra y plantas otra cosa. Pero al quinto año, de repente, ¡¡¡en pocos meses crece hasta 25 metros!!! Esos cinco años estuvo echando raíces para poder sustentar la estructura.

Lo mismo ocurre con nuestra vida, todo tiene una gestación, tenemos que echar raíces, y cuanto más alto queramos volar mejores raíces necesitaremos.

Sin embargo, hay otra planta que crece muy alto también pero no echa raíces tan profundas, el eucalipto. Los australianos vendieron este árbol a los americanos y en cuanto estos lo plantaron en su país, la primera ráfaga de aire se los llevó a todos al suelo.

El eucalipto es como un ganador de lotería, que lo pierde todo en pocos meses de nuevo porque sus raíces no están preparadas para sustentar ese nuevo estatus de "ricos". No están preparados emocionalmente, mentalmente, espiritualmente y físicamente para manejar ese dinero.

Por eso recuerda: sea lo que sea lo que quieres, lo obtendrás, pero todo tiene su tiempo. Porque tienes que aprender a convertirte en el tipo de persona que tiene eso. **Primero se ES, después se HACE y por último se TIENE**.

## EL CAMINO ESTÁ PARA DISFRUTARLO

Puedes conseguir tu objetivo y enviar tu lata de refresco a dos kilómetros, fácilmente y disfrutando del camino, o bien puedes desesperarte, querer enviarla de un puntapié rápido y de cualquier manera a pocos metros de distancia, no cumplir tu cometido y encima provocar daños en el camino.

Puedes cumplir tus sueños disfrutando del camino o bien puedes estresarte, acongojarte y querer hacer las cosas de cualquier manera y rápidos por temor a que no se cumplan, y que tus sueños se alejen de ti y te provoquen sufrimiento.

Un maestro le dijo a su discípulo que por fin estaba listo y que al día siguiente por la mañana, muy temprano, le llevaría a un lugar que había querido que viera desde el primer momento y que ahora, por fin, estaba ya preparado. El discípulo se entusiasmó. Al día siguiente, de madrugada, comenzaron su odisea hacia aquel lugar prometido y mágico. Durante el transcurso del viaje, el discípulo se mostraba entusiasmado. No paraba de hacer preguntas, de reír, de saltar. Sabía que le esperaba algo bueno y estaba emocionado. Después de cinco horas andando el maestro se detuvo y dijo: "ya hemos llegado". El discípulo miró alrededor y dijo: "¿ya hemos llegado a dónde?" El maestro miró al suelo y señaló una piedra. Dijo: "esto es lo que quería enseñarte". El discípulo miró y exclamó: "¡pero si eso es una piedra!" "Sí", dijo el maestro, "¿qué ocurre?" "Estabas muy entusiasmado durante el viaje, parecías muy feliz", dijo. "Sí", dijo el discípulo, "porque pensaba que íbamos a ver algo importante". Y entonces dijo el maestro: "muchas veces cuando deseamos algo y lo recibimos, nos damos cuenta de que eso no nos da la felicidad". **La felicidad es el camino**.

## LA LEY DEL 1% (LO QUE EL 99% DE LA GENTE NO HACE)

¿Cuál es tu principal preocupación? ¿En qué te quieres convertir? ¿Qué quieres cambiar?

Muchas personas ven tan lejos su ideal con respecto a su actual, que definitivamente abandonan y ni siquiera lo intentan...

Pero, ¿QUÉ OCURRIRÍA SI CADA DÍA MEJORARAS UN 1%?

Imagínate, empiezas mañana, y mejoras un 1%. Solo un 1%, ¿PODRÍAS?

Mejorar un 1% no es un reto complicado, pero fíjate lo que ocurre. Un 1% diario supone:

-Un 30% mejor al mes

-Un 365% mejor al año

-¡¡¡Un 3650% mejor en 10 años!!!

POR ESO NO IMPORTA QUIN SEAS HOY O LO DESESPERADA QUE PUEDA PARECER TU SITUACIÓN HOY.

SI MAÑANA EMPIEZAS CON UN 1%, EN 10 AÑOS SERÁS UN 3650% MEJOR.

## ¿PUEDE MARCAR ESO UNA DIFERENCIA EN TU VIDA?

## NO TE ESFUERCES

Todo en la naturaleza funciona por la ley del mínimo esfuerzo. Cuando aprendas a rebajar el grado de importancia de las cosas, abandones el control y comiences a actuar desde el amor, todo aquello que deseas vendrá a ti sin esfuerzo. No tendrás que perseguir el dinero, el amor o un trabajo, porque todo eso vendrá a ti sin ningún esfuerzo.

Fíjate, las plantas crecen sin esfuerzo, los planetas giran alrededor del sol sin esfuerzo, los peces no se esfuerzan por nadar. Todo fluye. Debes aprender a fluir. Abandona el control, ríndete.

Fluye desde el amor. El miedo provoca ego, control, mente. El amor provoca fluidez, armonía, paz y felicidad.

## ¿PUEDES SER FELIZ AHORA?

Muchas veces se nos pasa la vida anhelando aquello que no tenemos y, cuando por fin lo logramos, estamos felices un rato o un tiempo pero luego volvemos a ponernos otro objetivo y no somos felices hasta que lo conseguimos. Y cuando lo conseguimos volvemos a darnos cuenta de que eso tampoco nos da la felicidad y nos marcamos otro objetivo. ¿Te ha pasado alguna vez eso?

Porque en el fondo lo que queremos no es más dinero, más amor, mejor trabajo, una casa más grande, un coche más bonito, etc. Queremos todo eso porque pensamos que nos dará más felicidad y más paz.

En el fondo lo que queremos es FELICIDAD Y PAZ. Puedes ser y tener lo que quieras, pero la clave está en ser feliz en el momento presente. Eso hará que vibres en la frecuencia de tus sueños y los atraerá más rápidamente.

**Si puedes ser feliz ahora, obtendrás tus sueños más fácilmente**. Pero además, si esperas a ser feliz solo cuando consigas tus objetivos, serás feliz solo 5, 6 o 10 veces en la vida. ¿Y el resto de tu vida qué? Cuando un deportista se prepara para unos juegos olímpicos y luego gana una medalla, si le preguntas con el paso del tiempo lo que recuerda no es esa medalla. Lo que recuerda son esos cuatro años de entrenamientos duros, con las anécdotas, las risas, los llantos, etc. En definitiva, recuerda la vida, no una medalla de metal.

Curiosamente cuando miramos atrás sentimos nostalgia por los tiempos pasados. Aquello de lo que tanto nos quejábamos ahora nos parece entrañable, nos trae buenos recuerdos. Porque en el presente, el ser humano tiene la costumbre de enfocarse en lo malo, pero cuando recuerda, siempre tiende a enfocarse en lo bueno.

**No esperes a que tu vida pase para recordarla con nostalgia. El momento presente es especial, es único y no se volverá a repetir. Mientras esperas a que el Universo se recoloque para poder**

**traerte lo que tú quieres, toma acción y sé feliz. Cuando menos te lo esperes, aquello que deseas aparecerá delante de ti**. Te librarás de las fuerzas equiponderantes porque serás feliz ahora. No te preocuparás. Se mantendrá el equilibrio. Te enfocarás en lo bueno. Y entonces obtendrás lo que quieres.

En la vida vas a tener que esperar mucho. Siempre nos convencemos desde pequeños de que la vida después será mejor. Cuando tengas ese coche, será todo mejor. Pero cuando tienes el coche entonces decides esperar a tener tu propia casa para que todo vaya mejor. Luego espera a casarte para ser feliz. Cuando te casas esperas a ser padres para ser feliz, convencidos de que todo eso es lo que nos falta para ser felices. Y así pasa la vida, esperando, sin ser feliz, hasta que tu vida termina y te has perdido todos aquellos momentos importantes, a la espera de algo mejor. Lo que más nos va a doler en esta vida es no aprovechar esos momentos de felicidad y dejar que nos entristezca lo que no tenemos.

> Vas a tener muchos momentos de felicidad en tu vida y te vas a perder muchísimos más por no saber reconocerlos. Serás feliz, no cuando consigas lo que anhelas, sino cuando sepas disfrutar de lo que ya tienes.

Recuerda que el tiempo no espera por nadie. Reconoce cada momento de tu vida como algo único e irrepetible. Ama como si nunca te hubieran traicionado. Trabaja como si no necesitaras dinero y hazlo en algo que te encante. Canta y baila como si nadie te estuviese viendo. Ríe hasta que te duela el alma.

**Todo aquello que quieres lograr se crea de dentro hacia afuera. Empieza a sentirte feliz por todo lo que ya tienes, y eso te pondrá a vibrar automáticamente en esa frecuencia atrayendo más y más de eso cada vez.**

Todo lo que obtendrás en esta vida es aquello que eres. Debes serlo previamente. Debes ser, debes actuar, debes moverte, debes vestirte, debes pensar, debes hacer todo lo que haces normalmente en tu vida del modo en que lo harías si ya hubieras atraído todo aquello que deseas. Eso es tener fe. Significa actuar como si ya lo tuvieras. Si te fijas, la palabra felicidad empieza por FE. La fe es la convicción de lo que no se ve. Otra vez más te digo: debes creer para ver.

Siéntete merecedor de todo aquello que deseas. Esas estrellas que a veces miras en el firmamento a las que les pides que tus sueños se hagan realidad, también te están mirando a ti y te quieren tocar. Permíteselo.

Si no te crees digno ¿cómo vas a atraerlo? Aleja los sentimientos de culpa, de frustración, de responsabilidad negativa y empieza a amarte por encima de todo, a creerte merecedor de todo lo mejor en esta vida. Cuando rompas tu viejo patrón mental y permitas que todo lo bueno llegue a ti, verás ocurrir milagros.

Haz que tu vida sea como una brisa suave a la orilla del mar. Agradable. Tranquila. Dejando que las cosas fluyan.

Recuerda que la felicidad viene del progreso. Necesitas crecer, expandirte, explorar nuevos horizontes. No permanezcas estático. Todo está en movimiento y tú debes permanecer en movimiento. Vuela, vuela alto. Eleva tu conciencia por encima de tus problemas. Nadie más lo hará por ti, debes ser tú. Ánimo, sí se puede. Hazlo ahora. El momento es ahora.

"Ya lo haré", es una epidemia que hará que te lleves todos tus sueños a la tumba, cuando ya sea tarde despertarás. No esperes.

ESCUCHA LA VOZ DE TU ALMA... TEN FE

Hay algo más que debes saber. La ley del ritmo controla el equilibrio en el mundo. También trae de vuelta aquello que tú has emanado de tu interior. Lo interior crea lo exterior. Las raíces crean los frutos. Y todo esto ocurre por el siguiente principio que estudiaremos, el PRINCIPIO DE CAUSA Y EFECTO...

# PRINCIPIO DE CAUSA Y EFECTO

*"Recuerda esto: Cualquiera que siembra escasamente también recogerá escasamente, y cualquiera que siembra generosamente, también generosamente segará."*

**Corintios 9:6**

La mente es un motor que genera pensamientos, esos pensamientos salen en forma de vibración afectando a todo cuanto nos rodea y gracias al principio del RITMO regresa a nosotros aquello que vibra en la misma frecuencia.

Tu futuro dependerá de lo que has sembrado. Como un animal de crianza, si lo alimentas con bellotas, en el campo y con la libertad de movimiento, el resultado será un jamón de pata negra. Pero si lo tienes encerrado en un espacio diminuto, le das pienso para comer hormonado para que crezca más rápido y sometes al animal a todo tipo de estrés, el resultado no será el mismo, ¿estás de acuerdo?

¿Has oído alguna vez la frase de "quien siembra vientos recoge tempestades"?

"Siembra un pensamiento y cosecharás un acto;

siembra un acto y cosecharás un hábito;

siembra un hábito y cosecharás un carácter;

siembra un carácter y cosecharás un destino".

**¿Qué estás sembrando tú hoy que determinará tu destino mañana?**

No hay casualidades, no existe la ley de la casualidad, existe la ley de la causalidad. **Existen los PRINCIPIOS que gobiernan el mundo y son inmutables. No fallan jamás.** Tu mente genera unos pensamientos, el principio de polaridad fija esos pensamientos y palabras en uno de los dos polos, positivo o negativo. Comienzas a vibrar en la frecuencia de ese polo, la ley del ritmo trae de vuelta aquello que reconoce como igual o semejante. Recuerda la guitarra, vibraciones similares vibran juntas.

*"Toda intención pone energía en movimiento, estés consciente de ello o no."*

**Gary Zukay**

**¿No sientes que hay días en que todo te sale mal? ¿Sabes cómo debes salir de eso? ¡Con tus pensamientos!**

## LA COSECHA

"Con el clemente, te mostrarás clemente; con el honrado, te mostrarás honrado; con el puro, te mostrarás puro; y con el obstinado, te mostrarás obstinado."

**La Biblia**

Si piensas o hablas mal de alguien, eso es negativo. Siembras negatividad y recoges más de eso.

Por eso en la Biblia se dice: **"con la vara con la que mides serás medido". Con la vara que mides serás juzgado... No critiques, no murmures, no chismees. No digas nada malo de nadie. Eso quebranta tus peticiones. Y todo vuelve a ti. Es de gente pobre de espíritu** y por el principio de correspondencia, COMO ES ARRIBA ES ABAJO, como es en el espíritu es en la materia.

Criticar o hablar mal de alguien es crear barreras. Entras en negatividad. Son piedras que construyen muros en los que te puedes quedar encerrado toda la vida.

La persona que habla mal de los demás, inmediatamente revela la naturaleza de su corazón. Cada frase que se pronuncia, cada acto que se realiza, es una expresión inequívoca de lo que hay en lo más profundo de tu alma, una confesión...

Si vas a hablar mal de alguien no lo hagas, escríbelo. Pero escríbelo en la arena, a la orilla del mar... para que éste se lo lleve bien lejos, donde nunca te pueda encontrar...

Si criticas verás devuelto algo malo, un accidente, una pérdida. Si piensas negativo lo verás de vuelta. Todo lo que piensas, dices y haces provoca una reacción, es la causa. Ahora tienes que ver el efecto de vuelta antes de que quedes liberado. Cada crítica volverá a ti en forma negativa y luego te liberarás.

**Eso es el KHARMA en ORIENTE o la REGLA DE ORO en OCCIDENTE. Lo que das recibes. Si haces el mal, recibirás el mal. El karma o la regla de oro dice que "no hagas a los demás lo que no te gustaría que te hagan a ti" o "trata a los demás como te gustaría que te traten a ti.**

*"Si quieres conocer tu pasado, entonces mira tu presente, que es el resultado. Si quieres conocer tu futuro mira tu presente, que es la causa."*

**Buda**

Si alguien te hace el mal, ya sea en acciones o en pensamiento, no hace falta ni que haga nada, simplemente que lo pienses es suficiente. Si alguien hace el mal no entres en la negatividad. Eso te dará también cosas malas a ti. Al contrario, compadécelo. Porque tú puedes ser clemente con alguien y perdonarlo, eso te libera a ti. Pero esa persona ha creado una CAUSA y ahora deberá ver el EFECTO antes de ser liberado.

**¿Ahora entiendes por qué, a veces, te ocurren cosas malas? Todo acto y pensamiento que has tenido lo ha provocado. Del mismo modo, todo acto y pensamiento positivo también atraerá las cosas positivas.**

La mente humana está diseñada para detectar el mal. Por una cuestión de supervivencia. Cuando vivíamos en la selva, debíamos detectar el peligro, pues de ello dependía nuestra vida. Eso ha hecho que ahora sigamos detectando el peligro. Por eso siempre tendemos a pensar en negativo. A ver lo peor de cada situación.

La mente humana es como una oveja, necesita su pastor. Si no guías a la oveja, esta se pierde, se muere de hambre o se la come el lobo. Si no controlas tu mente y la enfocas hacia lo positivo y lo que quieres, tu mente por inercia y por genética se enfocará en lo negativo y en lo malo. Debes tener un guardián activo las 24 horas del día a las puertas de tu mente con la única misión de no dejar pasar los pensamientos negativos. Abre la puerta para dejar entrar lo positivo y para dejar salir lo negativo. Entenderás que todo es energía y que nada sucede por casualidad. Todo tiene su CAUSA y su EFECTO. Que seas capaz de pensar positivo todo el rato también dependerá de una causa. Debes ser consciente de tus pensamientos y trabajar en ello. **El dominio mental, como en todo en la naturaleza, no sucede por casualidad. Ya te he dicho que las leyes o principios que dominan el mundo son infalibles e inmutables. No fallan jamás.**

> ¿Cómo puede la gente creer que pueden quedar impunes sus críticas, sus malas acciones y su negatividad y esperar que les llegue todo lo bueno que tiene la vida?

La suerte no existe. Todo es un producto de lo que pensamos, sentimos y hacemos. Nuestras vibraciones determinan lo que atraemos. Si nos fijamos en el polo positivo vienen cosas positivas.

Todo lo que hacemos tiene su consecuencia, el problema es que no lo vemos al momento. Si empiezas a fumar a los quince años, dentro de cuarenta años quizás te llegue un cáncer de pulmón. Si cada día haces ejercicio en lugar de tomarte una hamburguesa dentro de un tiempo tendrás sobrepeso o lucirás unos bonitos abdominales.

Muchas personas llegan a un punto en su vida en el que se preguntan "¿y yo cómo he llegado hasta aquí?" Y deben saber que todo ha sido el efecto a una causa que iniciaron hace días, meses o años. Probablemente ya ni lo recuerdes, porque la suma de pequeñas causas puede crear un efecto muy grande. Por ejemplo, si desvías la trayectoria de un barco en un grado, a las pocas millas no notarás la diferencia pero si el barco tiene que cruzar el océano para ir de España a América, probablemente nunca llegue a tocar el nuevo continente. Una acción, por pequeña que sea, provoca un efecto. Cada acción que emprendemos crea unas consecuencias en nuestra vida y en nuestro entorno.

*"La vida está en gran parte compuesta por sueños. Hay que unirlos a la acción."*

**Anais Nin**

Siembra siempre aquello que quieres recoger. Siembra siempre en el "yo soy", "yo debo", "yo puedo", "yo me daré cuenta de"... Y date cuenta de que tú eres TODO y de que eres dueño de TODO, que es tu derecho de nacimiento. Utiliza estas expresiones para formular tus oraciones o peticiones.

## LA ACCIÓN: EL PUENTE ENTRE LO VISIBLE Y LO INVISIBLE.

*"No existe mejor sueño que aquel que se sueña despierto. Y no existe mejor sensación que ver nuestros sueños hechos realidad. La vida es corta, invierte tu tiempo en atrapar esos sueños que habitan en tu corazón."*

**Eric I. Franicevich**

Repasemos otra vez la fórmula de cómo manifestamos la realidad:

Tus CREENCIAS determinan lo que dices, tus PALABRAS. Tus palabras determinan tus PENSAMIENTOS. Tus pensamientos te llevan a un estado emocional, a tus EMOCIONES, siendo estas positivas o negativas. Tus emociones, lo que sientes, te lleva a tus ACCIONES. Y lo que hagas o no determinará tus resultados.

CREENCIAS->PALABRAS->PENSAMIENTOS->EMOCIONES->ACCIONES->RESULTADOS.

Toda causa es una acción. La acción es el puente entre lo invisible y lo visible. La acción es el puente entre las creencias, los pensamientos, las palabras (lo invisible) y los resultados (lo visible). Comienza a caminar hacia tus sueños y tu propio andar irá iluminándote y mostrándote el camino.

*"Dentro de veinte años estarás más decepcionado por las cosas que no hiciste que por las que sí hiciste. Así que suelta las cuerdas de tus velas. Navega lejos del puerto seguro. Atrapa los vientos favorables en tu velamen. Explora. Sueña. Descubre."*

**Mark Twain**

Como ya sabes, todo se gesta primero en el plano mental, espiritual o intangible. Pensar a menudo en tus objetivos y metas es una acción. Realizar las acciones físicas necesarias para lograrlas también es parte del proceso. La acción genera energía y, como sabes, todo es energía, cuantas más acciones hagas más te acercarás a tus sueños.

> LA ACCIÓN ES EL PUENTE ENTRE
> TUS PENSAMIENTOS Y TUS RESULTADOS.
> LA ACCIÓN ES EL PUENTE ENTRE
> TU MUNDO INTERNO Y TU MUNDO EXTERNO.
> EL AMOR ES EL PUENTE ENTRE TÚ Y TODO LO DEMÁS.

La fuerza más grande que te impedirá tomar acción es el miedo. El miedo paraliza y no deja actuar. Vas a tener que elegir, el amor o el miedo, el temor o la fe. Ambas fuerzas son creadoras. El amor o el miedo polarizan tus pensamientos y de ellos depende tu vibración. ¿Cuál es tu camino? ¿Cuál va a ser la senda que vas a transitar?

## NO DEJES QUE EL MIEDO SEA MÁS GRANDE QUE TUS SUEÑOS

*"La vida comienza cuando el miedo termina."*

**Osho**

Debes saber algo, nuestra mente es la mayor guionista de culebrones de la historia. Su misión, como te he dicho antes, es protegerte. Es mantenerte dentro de la **ZONA DE CONFORT**. Ahí ella se siente segura. La zona de confort de tu mente es todo aquello que ella conoce. Pero no te engañes, es todo aquello que ella conoce, sea esto bueno o malo. No importa, ella se siente segura incluso en la desgracia. Has visto que hay personas que disfrutan en su desgracia. Les encanta el papel de víctima. Conozco una persona que trabaja más de doce horas al día, gana poco dinero, tiene problemas para llegar a final de mes. Eso le provoca tensiones en casa y su pareja se queja de la situación porque además de no poder pasar tiempo con ella tampoco pueden tener la tranquilidad económica.

¿Por qué ocurre esto? Están en su zona de confort. Su vida es un desastre, tú lo ves y piensas: ¿pero no se dar cuenta? ¿Por qué no quiere cambiar?

**La respuesta es muy sencilla: tu mente hará todo lo posible para que tú te quedes dentro de tu zona de confort. Y te dará todos los argumentos necesarios para que lo hagas. Y será tan convincente que tú mismo lo creerás sin cuestionártelo. Es como luchar con tu mente contra tu propia mente. Esos argumentos que utiliza tu mente para mantenerte dentro de tu zona de confort e impedirte tomar acción reciben el nombre de EXCUSAS. Cada vez que decidas emprender algo para encaminarte hacia tus sueños tu mente te dará todas las razones posibles para que no lo hagas. Y su arma más poderosa es el MIEDO.**

Comenzarás a pensar frases como: "y si no lo logro…", "y si pierdo dinero", "y si me sale mal", "y si hago el ridículo", y si…

La palabra favorita de la mente es "y si…".

**Todos los pensamientos o decretos que empiecen por "y si…" y sean negativos, son excusas y están fundamentados en el miedo.**

## EL MIEDO

*"He tenido miles de problemas en mi vida. La mayoría de ellos nunca sucedieron en realidad."*

**Mark Twain**

El miedo no existe en realidad. Aquello a lo que más tememos no es real. El miedo es una anticipación al dolor. Creemos que algo será doloroso para nosotros y entonces aparece el miedo como medio para protegernos. Pero no es real. El mañana no existe. Sólo existe en nuestra mente. Así que el miedo no existe, sólo existe en nuestra mente.

**Tu mente tiene un trabajo y un propósito muy, muy, muy específico. Su trabajo es la SUPERVIVENCIA. Nuestra mente es como un pastor para sus ovejas. El trabajo del pastor es vigilar por si hay algún peligro. Siempre está a la búsqueda de qué está mal o qué puede**

**estar mal en cualquier situación. Y nuestra mente hace lo mismo, siempre está gritando ¡cuidado! ¡atención! ¡Aquí hay un problema! ¡Aquí hay otro problema!**

<u>**Puedes comparar a tu mente como una madre preocupada, está llena de buenas intenciones, pero puede volverte loco.**</u>

Recuerda: la palabra favorita de la mente es "y si..." Al decir "y si", ¿te estás concentrando en el presente o en el futuro? Y el mañana no existe, solo existe en nuestra mente. Por lo tanto los "y si..." no son reales.

<u>**Nuestro cuerpo tiene dos mecanismos para la supervivencia: crecimiento o protección.**</u> Y uno inhibe al otro. Es decir, si estás huyendo de un león, se detendrán todos los mecanismos de crecimiento. Si te pasas tu vida en "modo huida" jamás, jamás, jamás lograrás tus sueños. Repito, JAMÁS. Toda tu energía y atención se enfocarán en aquello de lo que estás huyendo, aquello que te da miedo, y dejarás de enfocarte en tus sueños. Pero no es lo más grave, sino que ya sabes que creamos mediante la emoción, así que estarás creando justamente aquello de lo que huyes. Recuerda, aquello en lo que te concentras se expande.

Un estado permanente en el sistema de protección provocado por el miedo puede hacer tambalear tu salud y hasta la economía de un país como Estados Unidos. Durante el ataque del 11-S a la Torres Gemelas, el país se puso en tal estado de alerta que su economía se desmoronó junto a las torres e hizo que el propio presidente interviniera. Sabiendo esto, si tu economía, tu salud o tus relaciones van mal, revisa en qué estado estás viviendo, ¿en protección o crecimiento? ¿Crees en la crisis? Ya sabes en qué estado te encuentras y cuáles son sus consecuencias. ¿Crees en las enfermedades? Ya sabes... ¿Crees que el amor duele? Que Dios te coja confesado...

Analiza si esos miedos son reales, sin son necesarios. Durante nuestros seminarios de INTENSIVO ¡VUÉLVETE IMPARABLE! con la experiencia de CAMINA POR EL FUEGO, las personas se ven sometidas a una serie de pruebas en las que, a partir de la experiencia, determinan que la mayoría de los miedos no son reales. No es lo que te han dicho siempre, es lo que tú crees acerca de lo que te han dicho, que determinará tu manera de vivir.

¡¡¡Nada tiene poder sobre ti excepto el que tú le das!!!

## LA EXPERIENCIA DE "CAMINA POR EL FUEGO" en el INTENSIVO ¡VUÉLVETE IMPARABLE!

Es de noche. Una noche de otoño. La brisa comienza a ser fría en esta época del año... Hay un fuego encendido y un lecho de brasas a más de 500 grados están esparcidas en el suelo.

El olor de la madera quemada te reconforta y te asusta al mismo tiempo. Tus pantalones están arremangados y tus pies descalzos. Sientes el frío del suelo en tus plantas de los pies. Algo te hace estremecer y no tiene nada que ver con el frío de tus pies. Ellos saben que pronto pasarán al otro extremo. Sientes el calor de las brasas en tu cara, en tus manos, en tus brazos.

El instructor de CAMINA POR EL FUEGO da la señal, clara y concisa: "¡El fuego está abierto!"

De repente empiezas a sentir una sensación familiar. No es la primera vez que la sientes, pero siempre en otras ocasiones. Lo sentiste cuando tuviste que tomar una decisión importante. O cuando tuviste que enfrentarte a situaciones que debías cambiar por tu propio bien. O cuando querías vivir en tus términos y no en los de otra persona. Pero esa sensación te impidió tomar acción y cambiar las cosas...

El MIEDO estaba otra vez actuando. Aquello que creías que te ayudaba a protegerte en realidad te estaba limitando. Y delante de ese lecho de brasas, en una noche de otoño, con los pies descalzos; lo estabas volviendo a sentir...

Durante muchos años estuve dedicado al mundo del deporte de élite. Fue en esos años cuando me di cuenta de algo muy, muy, muy extraño. Aquellos atletas que sabían POR QUÉ estaban entrenando tan duro y tenían motivos importantes para hacerlo, eran exactamente los que terminaban triunfando. Otros, menos afortunados, no sabían por qué estaban allí.

Los que sabían "sus motivos" tenían más probabilidades de alcanzar la excelencia deportiva, mientras que los que simplemente se dedicaban a entrenar duro, no conseguían demasiado...

Sólo algo muy curioso. Los nadadores que triunfaban eran aquellos que AMABAN lo que hacían. Sabían el PORQUÉ y entonces el CÓMO era más fácil.

CUANTO MÁS GRANDE ES EL PORQUÉ, MÁS FÁCIL ES EL CÓMO.

La mayoría entrenaban porque sus familiares creían que era bueno para ellos. Otros porque sus amigos les admiraban por ello. Otros porque querían un físico bonito y fuerte para poder impresionar a los demás. Obviamente, ninguno de ellos obtuvo resultados muy buenos..., ¡a pesar de que entrenaban igual de duro que los campeones olímpicos!

Entonces, algo muy importante: Si quieres que la vida te vaya bien, elige hacer LO QUE AMAS. Algo así, te motivará. Eso hará que te despiertes por la mañana de un salto con ganas de hacer cosas. Conozco esa sensación y tú también la conoces. En algún momento de tu vida has notado eso. No hablo de levantarte de la cama porque te estás orinando. Eso para mí no es un buen plan. Hablo de despertarte porque tienes ganas de hacerlo.

Una misma situación: un joven sale de trabajar y está súper cansado. Le llama un compañero de trabajo para que le ayude a terminar un informe que tiene que entregar al día siguiente. Él le dice que no puede, ha tenido un día agotador y debe descansar por su propia salud. ¡Y realmente lo siente así! Ahora, cinco minutos más tarde, la chica que le gusta le llama y le invita a cenar. De repente, empieza a notar la energía. Su pulso se acelera y una sonrisa aparece en su cara.

¿Qué ha cambiado en cinco minutos? ¿Qué ha hecho que pasara de un estado de agotamiento e infelicidad a otro de máxima energía y felicidad?

La motivación. Es tan simple como eso. Elige en tu vida aquello que te guste, que te motive, y verás aparecer esa energía en tu cuerpo y esa sonrisa en tu cara.

Por lo tanto, primero, encuentra tu pasión. Elige TU PROPÓSITO.

Todos tenemos un motivo por el cual vinimos a este mundo. Todos pertenecemos a un gran puzle. Y cada uno de nosotros ha venido aquí con una pieza que debe colocar para que otros, los que vienen detrás, puedan colocar la suya también. O pones tu pieza o el que viene detrás no puede poner la suya. Debemos encontrar nuestro lugar en este mundo. En el fondo ya lo sabemos. Solo tenemos que "recordar". Tenemos que encontrar aquello que amamos.

Segundo paso, ELIMINA LOS CONFLICTOS.

Aunque lo tengas muy claro y encuentres lo que amas, hay una cosa que te impedirá conseguir tus objetivos. Lo conoces muy bien. Eso que impide que tomes acción. Es lo mismo que te impide pasar por el lecho de brasas. El miedo.

Y en realidad, el miedo es mental. Porque hay algo que debes saber, tu mente no está hecha para que seas feliz, rico y próspero. La función principal de tu mente es PROTEGERTE. Y para ello, saboteará cualquier intención de salir de tu zona de comodidad, de tu zona de confort, de tu zona de conocimiento, de tu zona de domino. Y déjame que te cuente algo, tu mente ES LA MEJOR GUIONISTA DE CULEBRONES DE LA HISTORIA. Se inventará mil y una excusas para que tú no hagas eso y tú lo creerás sin ni siquiera dudarlo.

Vivimos en un mundo de ACCIÓN-REACCIÓN, CAUSA-EFECTO. Nada cambiará si no tomas acción. La acción es el puente entre el mundo interno (tus pensamientos) y el mundo externo (tu realidad).

...Y allí estás tú, delante de ese lecho de brasas a 500 grados, a un paso de ser IMPARABLE. Dispuesto a querer cambiar las cosas y dar el primer paso. Sabes que enfrentarte al miedo hará que algo cambie dentro de ti. Si eres capaz de pisar unas brasas a 500 grados a pesar de lo que dice tu mente, entonces, ¡ERES CAPAZ DE TODO!

Un círculo de personas a tu alrededor está apoyándote. Nunca te habías sentido con tanto poder. De repente, decides contestarle a esa vocecita interior que lleva años saboteándote. Aquella voz que te dice que no puedes. "¡Sí puedo!", te dices en esta ocasión. Levantas el pie, aprietas el puño y das el primer paso...

## ELIMINAR NUESTROS MIEDOS ES EL PRIMER PASO HACIA UNA VIDA SATISFACTORIA Y FELIZ.

Tenemos **7 miedos** básicos de los cuales pueden surgir derivaciones...

Vamos a analizarlos un poquito más a fondo. Todos ellos tienen un origen genético y también en nuestras creencias.

El **miedo a nuestra muerte y a la de nuestros seres queridos** es uno de los más primitivos. ¿De dónde venimos, hacia dónde vamos? La iglesia ha basado sus enseñanzas en el castigo. Si pecas arderás en el infierno. No me extraña que el ser humano tenga tanto miedo a morir.

*"Las personas que viven profundamente no tienen miedo a la muerte."*

**Anais Nin**

Pero el concepto de la muerte está mal entendido. Ya sabes que vivimos en un mundo dual y que, si hay vida, debe haber muerte.

Pero la muerte no es más que un cambio de estado. Como ya has leído, el agua pasa a ser hielo si baja su vibración, pero si eleva su vibración se convierte en vapor. Cuando es hielo la podemos ver y tocar perfectamente, pero cuando es vapor pasa a ser invisible a nuestros ojos. Nosotros, como parte de la naturaleza, también vibramos. Para bajar a este plano físico debemos bajar nuestra vibración. Cuando morimos elevamos nuestra vibración y dejamos de ser visibles. Nuestra esencia es la misma, lo único que ha cambiado es nuestro estado; nuestra vibración.

Déjame que te explique esto con una metáfora:

Llega un momento en que los gusanos creen que han muerto. Empiezan a verse envueltos por una capa que los recubre y los llena de oscuridad. Incluso si abrieses el capullo verías que el gusano ya no está allí, en su lugar, una masa verde y viscosa da a pensar que el gusano ha muerto. Y para el resto de gusanos, así es...

En realidad se está transformando, pasando de ser una cosa a otra. Y justo cuando el gusano creía que era su final, se convierte en una hermosa mariposa. Sale del capullo en su nuevo estado y echa a volar. El resto de gusanos cree que ha muerto, pero ahora es más libre, ya no necesita arrastrarse porque ahora puede volar. Ya no necesita sus patas porque ahora tiene alas. Es incluso más bonito que antes. El resto de gusanos no pueden verlo, porque sobrevuela por encima de sus cabezas. Algunos gusanos lloran su pérdida, y ella no entiende nada. Está mejor que nunca. Ha dejado la pesadez de su cuerpo robusto y sus patas cortas, por la esbeltez de su nuevo cuerpo y la agilidad de sus alas.

> Cuando morimos simplemente cambiamos de estado. Pero el resto de personas no se da cuenta, al igual que los gusanos, porque estamos volando por encima de sus cabezas, mucho más elevados, donde todo es más liviano y fácil.

Para un gusano, el cambio de estado puede significar la muerte, porque su nivel de conciencia es inferior. Nosotros lo vemos desde un plano superior y por eso sabemos lo que ocurre. El ser humano tiene también un nivel de conciencia. Desde un plano superior sabes exactamente lo que ocurre. Pero desde nuestro plano terrenal es difícil darse cuenta.

El **miedo a perder el dinero** también tiene un origen primitivo. Antiguamente los animales se aprovechaban unos de otros mediante el uso de la fuerza física. Actualmente ya no es el más fuerte el que domina, sino el que más recursos económicos tiene. En este sentido el hombre es un depredador tan eficaz que los estados se han visto obligados a crear leyes para proteger a los débiles. Estamos tan inmersos en la sociedad de consumo que a menudo medimos nuestra valía por la cantidad de posesiones materiales de las que disponemos. Tener menos significa ser menos. Por eso este miedo está tan arraigado en nuestra alma.

Las grandes multinacionales controlan los medios de comunicación. Todo el mundo sabe que las televisiones, radios y prensa escrita se sustenta por las inversiones publicitarias. Estas inversiones están hechas por las grandes empresas. Los directores de estas grandes empresas muchas veces son también los directores de las cadenas de televisiones locales y estatales, de periódicos o de radios. También suelen estar vinculados con los puestos del gobierno más elevados. Como sabéis, la prensa es la principal fabricante de creencias en el ser humano actual. Ponemos la televisión y la radio, nos estiramos en el sofá y dejamos vía libre al subconsciente para que se impregne de todo aquello que verá y escuchará de estas fuentes. Al ser humano le gusta el drama. Tú no te paras a ver una procesión pero sí que te paras en plena autopista para curiosear acerca del accidente que acaba de suceder. No vas a ver un telediario o un programa en el que todo sea bonito y todo positivo. Verás aquel que toque la emoción. Que te provoque miedo. Porque nuestra naturaleza es así. Por eso, cuantas más desgracias se cuenten más audiencia tendrá el programa. Como las grandes multinacionales controlan el mercado porque son las que invierten en publicidad, ellas controlarán todo lo que se emite en sus cadenas. ¿Entiendes el proceso?

El **miedo a la enfermedad** también nace por la sugestión de aquellos que venden los remedios para combatirla. La industria farmacéutica es una de las más influyentes. Ellos no paran de poner anuncios para curar tu resfriado, tu gripe o cualquier enfermedad que tengas con vacunas que cuestan muchísimo dinero a la Seguridad Social y con medicamentos que terminan en un cajón de tu casa, convirtiendo los hogares del mundo en auténticas farmacias caseras. Fíjate, tú ya sabes cómo se forman tus creencias, te recomiendo que vuelvas a leerte el PRINCIPIO DEL MENTALISMO para entender lo que aquí se dice. Quizás no tengas una enfermedad pero ves tantas veces anunciado el medicamento que la combate que terminas padeciéndola. Las imágenes que te ponen son tan explícitas y reales que te llevan a una emoción casi de inmediato. Se graban en tu subconsciente. Automáticamente comienzas a pensar en enfermedad, hablas de ella con tus amistades, lo decretas, te entra el miedo, y como ya sabes, lo que piensas y decretas unido a una emoción lo manifiestas. Pronto manifestarás esas imágenes que viste en la televisión en tus propias carnes.

El **miedo al desamor** provoca celos. Esos celos no son más que el temor a la pérdida. Como sabes y te expliqué anteriormente, según las fuentes de las que bebas así serán tus creencias. Si ves a alguien siendo infiel, te entrará el miedo de que también lo sean contigo. Si te recreas en conversaciones con tus amistades sobre lo bien que se ve esa persona y que no es tu pareja, pronto tendrás el efecto sobre ti. Recuerda el principio de CAUSA Y EFECTO del que estamos hablando en este capítulo. Cualquier acto negativo que hagas en contra de tu pareja es una causa que provocará un efecto. Ese efecto es el miedo o el sentimiento de culpa. Si tratas mal a tu pareja y después te sientes culpable, comenzarás a acatar todo lo que acontezca porque sabes que debes pagar por ello. La iglesia te ha enseñado muy bien a sentirte culpable y atraerás todo tipo de infortunios.

Es muy común que cuando se juntan los amigos hagan y digan cosas para tratar de impresionar al resto. Por eso se dicen y se hacen cosas con las que no se están de acuerdo, pero como tu pareja no está delante, te lo permites. Pero recuerda, lo que decretas se cumple.

Al mismo tiempo piensa, si tu pareja decide no estar contigo y tú has hablado y actuado bien siempre, estuviera o no ella delante, entonces, ¿no crees que es lo mejor que te puede suceder? Recuerda que siempre hay un efecto y que la causa puede ser desconocida. Si tú has hecho las cosas bien, entonces el destino está alejando aquella persona de tu lado porque no es buena para ti. Hay algo mejor preparado para ti, que vibrará en tu misma resonancia y te traerá toda la felicidad que tu quieres. ¿Para qué preocuparse?

El **miedo a las críticas y al rechazo** es quizás el más fuerte de todos. El otro día me contaba mi abuela una anécdota que explica muy bien este miedo. Ella vive en un pueblo y para desplazarse a la capital necesita coger un autobús que pasa solo una vez al día. Un día se despistó con la hora y cuando llegó a la parada vio al autobús alejarse. Entonces entró en el bar del pueblo y dijo en voz alta: "Necesito un voluntario que me ayude para acompañarme con el coche a alcanzar el bus, porque lo he perdido". Inmediatamente alguien se levantó y dijo: "yo te ayudo". Llegaron al autobús y ella pudo subirse. Ahora piensa, ¿hubieras hecho tú lo mismo en su situación? El 90% de las personas no lo hubiesen hecho por el miedo a "el qué dirán", el miedo a que nadie decidiera acompañarte y te quedases allí de pie en medio del bar con cara de tonto y todo el mundo murmurando acerca de lo que había pasado, etc.

Si mi abuela no hubiera decidido tomar acción y rápidamente dirigirse al bar a buscar a alguien, habría perdido el autobús y no habría podido ir a la capital. ¡¿Cuántas cosas dejamos de hacer por el miedo a qué pensarán los demás?! Debes saber algo: los demás están más preocupados de sus problemas que de lo que a ti pueda pasarte. Así que relájate y haz lo que tienes que hacer. El que quiera criticar siempre encontrará la manera de hacerlo. No importa qué es lo que hagas, hallarán el modo de hablar mal de ti.

Cuanto más alto vueles más expuesto estarás; sin embargo, mira quién te critica y que te digan cuáles son sus aspiraciones o sus vidas, verás que no falla, y no me equivocaré al decir que esas personas tienen una vida bastante infeliz. Porque, cuando uno está bien, ¿acaso está para criticar a alguien? Cuando una persona es feliz, solo ve las cosas bonitas, es incapaz de ver las cosas malas, por lo tanto cuando uno critica es porque no es feliz, porque se enfoca en las malas. Así que hay que compadecerse del que critica.

Cualquiera puede criticarte, pero nunca permitas que la opinión de los demás defina quién eres tú en realidad.

El **miedo a la vejez** está muy vinculado a la pobreza y a la soledad. Nuestras creencias y condicionamientos son los causantes una vez más de este tipo de pensamientos. Esto nos paraliza durante toda la vida porque tenemos miedo de desaprovechar el tiempo y, a causa de eso es exactamente lo que ocurre. Tardamos mucho más en tomar decisiones porque queremos meditarlas por miedo a equivocarnos. Pero lo cierto es lo siguiente:

Las personas de éxito son aquellas que toman decisiones rápidas y no las cambian. Las personas de poco éxito son personas que toman las decisiones lentamente y una vez las han tomado las cambian rápidamente.

El **miedo al fracaso**, nuestro viejo enemigo. ¿Cuántas cosas hemos dejado de hacer por miedo a fracasar? Arruinamos nuestro potencial por pensar que nunca lo lograremos y dejamos pasar las oportunidades de la vida porque creemos que la caída puede ser dolorosa. Pero no puedes ganar si no juegas el partido. No vas a perder si no participas, por supuesto, pero tampoco vas a ganar. Eso hará que te quedes como estás y matarás tu ilusión.

Napoleon Hill decía que cada fracaso venía disfrazado con una bendición. Que todo fracaso traía consigo la semilla de un éxito equivalente o superior. Pero para ello debes aprender a beneficiarte del fracaso y aprender.

Muchas personas emprenden cosas en la vida y por falta de conocimiento fracasan. Como están incómodas con el fracaso, lo que intentan es olvidarlo cuanto antes, sin pararse a pensar el porqué de su derrota y dejando de aprender la lección que les traería el éxito en el futuro.

La manera de manejar el fracaso es también una cuestión cultural. En Estados Unidos valoran a las personas por la cantidad de fracasos que han tenido, porque saben que una persona que ha sido derrotada muchas veces dispone de una gran experiencia y es experta en errores, con lo cual sabe perfectamente qué hacer para no volverlos a cometer.

En Europa, sin embargo, vivimos en la cultura del miedo. Hemos estado sometidos al feudalismo durante muchos años y siempre a la orden de alguien superior. Nunca nos han dado alas para volar y a la que lo hemos intentado, por supuesto hemos fracasado, y nos hemos visto expuestos a la crítica y a la burla matando para siempre la oportunidad de volver a fracasar.

**Pero el fracaso es la llave del éxito. Cualquier persona que haya tenido éxito en la vida es casi seguro que habrá fracasado mucho, porque son precisamente las lecciones del fracaso las que te llevan al éxito.**

Michael Jordan, para muchos el mejor jugador de baloncesto de la historia, decía: "He fallado más de 9.000 tiros en mi carrera. He perdido casi 300 juegos. 26 veces han confiado en mí para tomar el tiro que ganaba el juego y lo he fallado. He fallado una y otra vez en mi vida y eso es por lo que tengo éxito."

En los años cincuenta, Eddie Bond no aceptó en su banda a un joven aspirante: "nunca tendrás éxito como cantante de música". El chico se llamaba Elvis Presley.

¡¡¡Los fracasos son lecciones que nos hacen más fuertes!!!

*"Lo que rompe la espalda no es el peso, sino la manera de llevar el peso."*

Cuando una persona fracasa en alguna empresa, relación amorosa o familiar, tiene dos opciones:

1. Sentir lástima por sí misma y dejar que el fantasma del fracaso se meta en su vida y no le deje intentarlo por miedo a caer de nuevo.

2. Ver el fracaso como una oportunidad de comenzar de nuevo, fortalecerse, reconocer los errores y hacer los cambios necesarios.

El hombre no puede ser un ganador si tiene miedo a arriesgarse y perder.

Dice un proverbio chino "La derrota es un mal pasajero, lo que la hace permanente es rendirse".

Después de todo, solo fracasa el que sueña, lucha y tiene las agallas de comenzar algo nuevo. Y eso ya dice mucho de la persona. Todos los grandes hombres del mundo fracasaron de una forma u otra en su trayecto a las grandes cosas que ahora admiramos.

*"Es mucho mejor atreverse a hacer cosas grandes, a ganar triunfos gloriosos, inclusive si somos frenados por el fracaso, que estar al mismo nivel de esos pobres espíritus que no gozan mucho ni sufren mucho; porque viven en un crepúsculo gris que no conoce ni la victoria ni la derrota."*

**Theodore Roosevelt (26° presidente de Estados Unidos)**

No se puede cometer el mismo error dos veces, porque la segunda vez no es un error, es una elección.

## LA TORRE DE BABEL

Todos conocemos la parábola de "La Torre de Babel" y esta simboliza un estado de confusión. *Babel* significa confusión, y esta viene dada por el desconocimiento de los principios que rigen este Universo. Debido al desconocimiento conocemos el temor. La confusión también es provocada cuando no se es consciente de la unión entre nosotros y el Universo. No estamos en un Universo estático, sino en un Universo participatorio, influido por nuestros sentimientos. Seguramente, si has experimentado cualquier situación negativa en tu vida es fruto o efecto de una causa generada por el miedo. Tus decisiones fueron basadas en el miedo, y el fruto del miedo es el "infierno", puesto que estás montando el caballo pálido.

Ya conoces el tópico que dice: "No hay nada que temer excepto el propio temor". Si eres capaz de liberarte del miedo que pueda causarte cualquier peligro, duda o preocupación, este no podrá hacerte ningún daño. El 90% de la gente jamás obtendrá la vida que desearía porque siempre tenderá excusas para no hacer lo que debe. Un deseo sin acción es solo eso, un deseo. Decide, actúa y espera lo mejor. Los límites los tienes tú. ROMPE TUS LÍMITES.

## MATA AL MONSTRUO CUANDO ES PEQUEÑO

La verdad es que cualquier cosa que te preocupe o te asuste en este momento o cualquier problema que tengas no es real.

¿Recuerdas algún miedo de cuando eras pequeño? ¿Un monstruo

debajo de la cama o en el armario? ¿O miedo a la oscuridad? En aquel momento te aterraba o podría haberte matado, al menos así lo sentías. Hoy en día ni siquiera existe para ti.

Tus miedos y preocupaciones, tus problemas, no son reales. Al igual que el monstruo, es producto de tu imaginación. Es un reflejo creado por tus convicciones y creencias más arraigadas. Pero como sabemos que podemos cambiar las convicciones y creencias, entonces podemos cambiar el reflejo que proyectan.

La verdad es que nuestras condiciones materiales no son más que un reflejo de nuestras condiciones mentales.

El único poder que tiene sobre ti el monstruo es al creer en él. Si dejas de creer desaparece.

**Cada vez que veas algún problema no lo aceptes y decreta automáticamente la verdad, lo que a ti te gustaría que fuese.**

Hazlo a todas horas, estate alerta. No dejes que el monstruo crezca. MATA AL MONSTRUO CUANDO ES PEQUEÑO.

Con suficiente repetición e impacto emocional puedes borrar esas convicciones y sustituirlas por otras. Aunque ya no te hará falta, porque ya no creerás en tu monstruo y este desaparecerá.

Nuestros monstruos existen porque creemos en ellos. Si dejas de creer pierden fuerza y desaparecen.

Ahora, cada vez que sientas miedo, pregúntate, ¿qué tengo miedo a perder? ¿Qué tengo miedo a no lograr? Esto debilitará el sentimiento y automáticamente di: detente.

**El miedo es una barrera imaginaria que debes sobrepasar. Da un paso al otro lado de la línea que tú mismo creaste.**

Deja de pensar en todo lo que te aterra y dedica tus pensamientos a lo que quieres lograr. Estate alerta y cuando vuelva a aparecer detenlo, sonríe y dile "no eres real" y luego piensa en tu objetivo.

Cuando crees que no puedes, que no hay suficiente dinero, que estás en crisis, que no hay amor para ti y cualquier pensamiento que tengas de escasez recuerda que es solo eso: un pensamiento.

Es muy distinto un pensamiento a un hecho. Un hecho es algo medible, repetible; un pensamiento es solo un concepto en tu cabeza producto de tus creencias.

¿No tienes suficiente dinero? ¿No hay dinero para todos? ¡Por supuesto que sí! Hay trillones de euros circulando por el mundo, ¿por qué no ibas a poder tú apropiarte de unos cuantos cientos de miles?

¿Crees que no existe el amor para ti? Somos más de 6.000 millones de personas en el mundo, ¿crees que no puede haber una, aunque solo sea una persona, que cumpla con todas tus expectativas? ¡Por supuesto que sí!

La palabra MOTIVACIÓN viene del latín *motivare,* que quiere decir llevar a la acción, es decir motiva-acción. Es realmente el combustible de nuestras vidas. Debes tomar acción inspirada e intuitiva para llegar a tu destino. Recuerda que Dios dio comida a los pájaros pero no les lanzó la comida a su nido.

El problema es que en el dinero identificamos nuestra fuente de ingresos con nuestro trabajo, pero el dinero puede venir de cientos y cientos de vías distintas. A mí, por ejemplo, me llegó de premios o becas. Hay miles de maneras, no te preocupes por el cómo.

En el amor pasa lo mismo, te vendrá de la manera más inesperada cuando creas en ello y te ames a ti mismo primero.

Recuerda que una cosa es lo que piensas y otra son los hechos. Los hechos son que vivimos en un mundo abundante. Así que empieza por cambiar tus pensamientos y confía.

**No te quedes en casa pensando en tus miedos. Sal a la calle y conquístalos.**

**Aquello que llevas años deseando está tocando a tu puerta esperando a que te creas digno para recibirlo. Permítete manifestarlo.**

## TU MOMENTO ES AHORA

Debes actuar ahora. Un mal plan hoy es mejor que un buen plan mañana, porque el mañana no existe. Empieza con la gran visión y divídela en partes pequeñas. No importa cómo lo harás, eso se te desvelará.

Grábate esto bien profundo, los más grandes conquistadores de sueños y metas no son perfeccionistas. Ellos empiezan y tiene flexibilidad durante el proceso. ¡IMPROVISAN!

Sé que es difícil empezar, asusta, creemos que todo debe ser perfecto. Muchas personas tienen una gran idea y piensan, ¡genial! Pero luego, ¿sabes qué? NADA. La tienen en su cabeza un día, una semana, incluso meses pero luego no ocurre nada porque no hacen nada.

Cuanto más practiques mayor será tu habilidad, empieza ahora, no tengas miedo a las críticas, al qué dirán, lo importante es empezar. Los que no hacen nada quizás te critiquen, ¿y qué? Luego te vendrán detrás, no te preocupes, siempre ocurre.

Tendrás obstáculos en el camino, pero sigue, sigue, sigue, no te detengas, pase lo que pase sigue. Si algo no funciona, continúa. SIGUIENTE. Pero sigue, sigue, sigue. Thomas Alba Edison logró inventar la bombilla" en el 10.000 intento, y dijo: "he inventado 9.999 métodos de no inventar la bombilla. Sigue, sigue, sigue.

Fallar es no intentarlo, es no volver a empezar, entonces es cuando estás derrotado. Nada es un fallo, todo es un crecimiento, que te lleva a donde quieres estar.

**Hazlo hoy, hazlo ahora, no dudes, empieza. Conviértete en el tipo de persona por la que quieres ser recordada.**

Si lo que haces hoy no te lleva a tus sueños, entonces te aleja de ellos.

*"No nos atrevemos a muchas cosas porque son difíciles, pero son difíciles porque no nos atrevemos a hacerlas."*

**Séneca**

EJERCICIO:

Comprométete a tomar tres acciones que has estado postergando por algún tipo de miedo o justificación y que sabes que te van a ayudar a lograr tus metas.

Emprende esas acciones inmediatamente. Si es una llamada realízala ahora. Si tienes que contactar con alguien, escribir algo, estudiar algo, etc. Lo que sea. No lo postergues más.

**Ve a la web laingarciacalvo.com e inscríbete en el próximo evento de INTENSIVO ¡VUÉLVETE IMPARABLE! con la experiencia de CAMINA POR EL FUEGO más próximo a tu ciudad.** Allí romperás con tus creencias limitantes subconscientes y vencerás tus miedos. Tienes un regalo por ser lector de este libro. Toma ACCIÓN INSPIRADA AHORA y no postergues. ¿Quieres el cambio?

Una desviación de un grado marca la diferencia. Desvía tu trayectoria un grado AHORA.

Ahora ha llegado el momento de explicarte el último principio, el PRINCIPIO DE GENERACIÓN...

# ¡SIEMBRA SEMILLAS DE BENDICIÓN!

Es hora de sembrar semillas en los corazones de la gente que te rodea. Repasa lo que has leído hasta ahora y piensa con quién podrías compartir alguna frase, texto o parte del libro.

Incluso si lo deseas, puedes hacerle una foto a alguna parte del libro y publicarla en Facebook, Twitter o Instagram para compartirlo con tus amigos.

### ¡Y ahora es tiempo de DECLARACIONES!

Ponte la mano en el corazón, y repite conmigo en voz alta y con intensidad emocional:

**YO SOY LÍDER, NO SEGUIDOR**

**ESCUCHO LA VOZ DE MI ALMA**

**POR MUCHOS NOES DE MI PASADO,
HAY UN GRAN SÍ EN MI FUTURO**

**NO VENGAS A HABLARME DE DERROTA Y DE FRACASO,
¡YO HABLO DE VICTORIA, FE Y ESPERANZA!**

**NO IMPORTA DE DÓNDE VENGO, IMPORTA A DÓNDE VOY**

**Y EN MI VIDA SE ABREN PUERTAS DE BENDICIÓN**

**PORQUE ¡YO SOY IMPARABLE!**

¡BIEN HECHO!

Sigamos…

# PRINCIPIO DE GENERACIÓN

Todo tiene su principio masculino y femenino. Nada puede existir sin el principio de generación, o sea, sin su padre y sin su madre.

Para que puedas crear tu realidad debe haber algo que la genera, y eso es la inteligencia y el amor. La inteligencia tiene que ver con tu mente, tus pensamientos. El amor tiene que ver con tu alma, tus emociones, lo que sientes. Cuando tu mente y tu alma llegan a un acuerdo, entonces se genera tu realidad.

> Decides con la mente, pero tu alma es la que materializa. Tu mente emite pensamientos, esos pensamientos te llevan a una emoción y esa emoción te lleva a la acción. Recuerda que nuestro mundo es psicosomático. Lo que el alma siente se refleja en lo material.

Digamos que tu mente tiene conexión con el plano terrenal, es más densa y por tanto más negativa. Tu alma tiene conexión con el mundo espiritual, es más liviana y más pura. Pero para que algo pase de lo inmanifesto a lo manifesto debe existir tal acuerdo entre alma y mente.

En cuanto a la mente, os pondré un ejemplo. **Cuando dejas a una oveja sin su pastor, la oveja se pierde, muere de hambre o se la come el lobo. La mente necesita una guía, un pastor, si no se pierde**. La mente está condicionada por nuestras experiencias pasadas y por lo que hemos aprendido de nuestro entorno (padres, profesores, amigos, etc.), pero también tiene un factor genético. Estamos preparados para detectar lo malo por una cuestión de supervivencia. Y como ya sabrás, aquello en lo que te concentras se expande, por eso las desgracias se suceden una detrás de otra. Dominar la mente es tan crucial que si no lo hacemos ella siempre tenderá a lo negativo, estaremos a merced de las circunstancias y nos preguntaremos: ¿por qué unos tanto y otros tan poco? ¿Te suena esto? Ahora ya sabes lo que tienes que hacer.

Una vez controlas tu mente y la mantienes en el polo positivo, para vibrar y decretar todo aquello que quieres, y no lo que temes o lo que no quieres, entonces solo te queda que tu alma esté de acuerdo.

Visualizar tu objetivo hace que tu alma se vaya acostumbrando a lo que tu mente quiere y, cuando eso que tu mente quiere se coloca en la zona de confort de tu alma, entonces esta lo manifiesta desde el mundo espiritual al mundo material. **La visualización diaria y prolongada hará que tu alma se vaya acostumbrando a ese nuevo estado que tú quieres conseguir**. Y hablo de estado, porque para lograr tu objetivo debes tener un estado de conciencia elevado respecto a esa condición que quieres manifestar. La riqueza es un estado mental, la salud también, el amor también y, lo más importante, la felicidad también es un estado mental. Cuando tu alma se acostumbre al nuevo estado tus pensamientos dominantes serán aquellos que concuerden con ese estado y pensarás, hablarás, sentirás y actuarás en función de dicho estado.

*"No atraes lo que quieres, atraes lo que eres."*

**Wayne Dyer**

Por eso, antes de tener debes ser. La mayoría de las personas tienen algo, entonces actúan en función de eso y luego son. Por ejemplo, tengo dinero entonces actúa como un rico y luego soy rico. Pero es completamente al revés. Primero debes ser rico, entonces actuarás como un rico y atraerás hacia ti todo tipo de riqueza.

Te conviertes en lo que más piensas. La riqueza, el éxito, la salud, el amor te llega por el tipo de persona en la que te conviertes.

No enamora un físico, enamora el carisma, el encanto, y eso va de dentro a fuera. Autoestima, confianza y crecimiento personal. Como es adentro es afuera.

**Si quieres ser el tipo de persona que la gente quiera tener a su lado. Esa persona que vive según su credo, sus reglas, ese tipo de**

**personas que tiene el valor de vivir su propia vida. Esas personas que son auténticos creadores de su realidad. Esas personas inspiradoras que después de estar con ellas piensas: "wow, quiero hacer lo que él hace", entonces tienes que hacer tres cosas:**

**- Subir tu energía vital.** Al subir tu energía aumentas tus vibraciones. Las personas con la vibración alta llaman la atención. Digamos que se iluminan en la multitud. Seguro que conoces a alguien así. Para ello desatasca tus canales energéticos y aliméntate bien. Descansa las horas que debes. Y sobre todo, no te tomes la vida muy en serio. Eso crea tensiones, los canales se bloquean, la energía no fluye, afecta a las emociones y por último a la salud. Sé el tipo de persona que debes ser.

**- Subir tu autoestima.** Quiérete mucho, eso no significa ser pedante o creído, ni tampoco significa que estés por encima de los demás. Si haces todo eso denota que no estás muy seguro de tu autoestima. El sol no necesita autoproclamarse, es cuando no hay luz que tienes que decir tengo luz. Simplemente acéptalo. Acepta que eres una persona especial, maravillosa y con algo que ofrecer.

**- Ser auténtico.** Rechaza las imitaciones. No hay piezas de más en el mundo, tienes tu papel y nadie lo hará mejor que tú porque sencillamente ERES ÚNICO.

**Ahora ya sabes que para lograr tus objetivos debes poner a tu mente y a tu alma en la misma dirección**. O lo que es lo mismo, debes hacer que tu parte consciente y tu parte subconsciente piensen lo mismo. Cuando elimines todos los conflictos que te impiden obtener lo que quieres, verás aparecer tus sueños delante de ti sin esfuerzo.

SI SUPIERAS QUE NO PUEDES FALLAR, ¿QUÉ HARÍAS?

Tu respuesta es lo que tu alma quiere.

¿POR QUÉ NO PODRÍAS HACERLO?

Tu respuesta es lo que tu mente piensa.
No es tuyo, está condicionado…

CUANDO UNES LO QUE TU ALMA QUIERE CON EL PERMISO DE TU MENTE, TODO ES POSIBLE.

## EL ACUERDO ALMA-MENTE

*"Cuando los dos se unan, le dirás a las montañas que se muevan y estas se moverán."*

**Evangelio perdido de Santo Tomás**

Gregg Branden cuenta en su libro *La matriz divina*, que en la década de los ochenta, tuvo la oportunidad de visitar numerosas culturas donde la plegaria y la oración estaban muy presentes. Durante esas expediciones siempre preguntaba la misma pregunta y las respuestas fueron muy claras en todos los casos. Su pregunta era: "¿Qué ocurre en tu interior cuando te pasas 12, 13 o 14 horas haciendo esos mantras, esos mudras, esos cantos, esas campanas?" Los monjes o sacerdotes lo miraban extrañados y le decían: "Lo que tú ves no es la plegaria, porque eso no se puede ver, todos los rituales que ves durante catorce horas es lo que tenemos que hacer para llegar a crear el sentimiento, que es la verdadera plegaria". Y a continuación le preguntaban: "¿Cómo lo hacéis en vuestra cultura?"

La verdad es que actualmente no lo hacemos. Antiguamente la Iglesia te hacía repetir el padre nuestro o rosarios, sin explicarte bien el porqué de todo eso y te convertías en un loro de repetición. Y todo eso no provocaba ningún sentimiento en ti, con lo que tu plegaria no era escuchada.

Se perdieron todos los textos en los que nos contaban todo esto, que el lenguaje de las emociones y los sentimientos es el lenguaje del Universo. Es el lenguaje de la creación. Entonces creíamos que solo las palabras eran las plegarias y que eso nos daría lo que queríamos. Pero no teníamos en cuenta la intención que debe haber en la plegaria.

La física cuántica nos dice que en el Universo existen ya todas las posibilidades. En el mundo de las posibilidades están existiendo ya todas las variantes. La mente es importante porque es la que elige una de esas posibilidades. Existe un "yo" triunfante y un "yo" derrotado, existe un "yo" rico y un "yo" pobre, un "yo" con amor y un "yo" solitario, etc. La tristeza, la felicidad, la relación perfecta, todo.

Los textos antiguos de todas las culturas ancestrales nos indican también este hecho. Y nos invitan a acceder a este mundo de las posibilidades a través de la mente. Tus pensamientos son los que enfocan e iluminan entre todas las infinitas posibilidades aquella que tú eliges. Pero solo con pensarlo no ocurre nada, eso solo determina lo que quieres. La manera de darle vida es a través de las emociones. Son las emociones las que dan vida a esas posibilidades que previamente hemos elegido con nuestra mente.

Así que nuestro trabajo es aislar una de esas posibilidades con nuestra mente e insuflarle vida a través de la emoción. El amor y el miedo son las dos emociones primarias y las básicas que sirven para manifestar aquello que queremos. Por eso, cuando tememos algo lo manifestamos y cuando amamos algo también.

> Pero para darle energía a tu proyecto deben estar de acuerdo tu alma (emociones) y tu mente (pensamientos). Es una cuestión de claridad, de especificidad, de entenderlo.

**La rapidez varía en función de cada persona, hay personas que empiezan a escribir sobre su trabajo ideal y salen a la calle a desayunar y alguien les ofrece ese trabajo. Conozco casos así.**

Pero lo más importante del proceso, además de identificar lo que quieres con la mente y visualizarte teniéndolo y darle la emoción como si ya lo tuvieras, es que durante el resto del día actúes como si ya se hubiese manifestado.

**Mucha gente pide más dinero. Se visualiza con más dinero. Pero luego sale a la calle y sigue entrando en conversaciones de crisis, sigue decretando que no tiene dinero y sigue sintiendo la pobreza. No es así como se consigue. Tienes que vivirlo como si fuera real. Tienes que sentirlo como si ya lo tuvieras y entonces lo tendrás.**

Ya te dije que el mundo es un espejo y que te devuelve lo que tú le das. Por eso cuando te enfadas o te sientes mal obtienes más de eso. Pero si actúas y sientes como si ya tuvieras tu deseo, al espejo no le queda más remedio que devolverte lo que tú le has dado. ¡No te lo creas! Compruébalo.

Por eso te insisto y te insistiré las veces que haga falta, apaga la televisión. No veas noticias. Cuando ves las noticias empiezas a tomar conciencia de las desgracias del mundo, te entra miedo, y comienzas a pensar todo el rato en que eso no te ocurra a ti. Estás sintiéndolo y lo estás atrayendo hacia ti. Ese accidente de tráfico, ese despido en el trabajo, esa infidelidad, todas esas cosas que tanto temes.

## LOS CHAKRAS Y LA ATRACCIÓN

Los chakras son los centros de energía del cuerpo en la tradición sánscrita. El pensamiento (la mente) se sitúa en los chakras 5, 6 y 7 y tienen que ver con todos los procesos lógicos. Las emociones (alma) se sitúan en los tres primeros chakras, 1, 2 y 3, y tienen que ver con los procesos creativos. Así pues, con el pensamiento elegimos una idea y la fuerza de nuestras emociones dota a esa idea de vida y ambas energías se juntan en el centro, en el cuarto chakra. El cuarto chakra, el del corazón, es el responsable de manifestar tu deseo en el mundo físico. La unión de los pensamientos y de las emociones crea el sentimiento. Es por eso que cuando utilizamos decretos, estamos usando la mente, la parte lógica, los chakras 5, 6 y 7. Cuando visualizamos usamos la parte creativa, los chakras 1, 2 y 3. Y cuando unimos la lógica y la creatividad aparece el sentimiento, es tu alma vibrando, es tu alma entrando en calor, desplegando sus alitas, está feliz…

Ese sentimiento es el que emite la vibración que atraerá hacia ti todo aquello que tú quieras. Por eso te dije que cuando más temes algo lo ves manifestado. Si te da miedo algo, primero lo piensas. Después aparece la emoción, en este caso negativa. Entonces la unión de ese pensamiento y esa emoción crea el sentimiento, que provoca una vibración. Esta vibración atraerá inevitablemente aquello en lo que estás vibrando. Sea esto bueno o malo para ti, no importa, son las leyes, debe cumplirse. **El Universo no discierne. Obedece**.

**Cuando sientes miedo un escalofrío recorre tu cuerpo. Cada una de las células de tu ser comienza a vibrar en esa emoción. Entonces aparece el sentimiento que atrae hacia ti aquello que temiste. Y todo ocurrió por un pensamiento.**

Aplicando los principios sería de este modo: el principio del mentalismo elige un objetivo y selecciona una de las posibilidades (correspondencia). Luego la polarizas mediante la emoción, en este caso amor (aunque si fuera miedo también la estarías activando). Entonces, cuando unes el pensamiento y la emoción (mentalismo y correspondencia) empiezas a emitir la vibración a través del corazón. En este caso estás generando una causa que trae de vuelta su efecto para producir una nueva generación, una nueva realidad, siempre y cuando no desvíes el equilibrio (ritmo) y el péndulo permanezca estable o resistas sus embestidas.

**Por tanto, un pensamiento sin emoción no tiene poder, es débil. Sin embargo, cuando al pensamiento se le añade una emoción,**

**entonces ese pensamiento es poderoso y es creador**. De ahí que para manifestar lo que aún no tenemos, debamos sentirlo como si ya lo estuviéramos gozando. Por eso Jesús daba gracias antes de ver el milagro, lo daba por hecho, lo sentía ya en su corazón.

Cuando a un pensamiento con alta carga emocional se le añade alta frecuencia de repetición, se crea una creencia. Cuando esta creencia lleva el suficiente tiempo en tu subconsciente, se convierte en convicción. Entonces "le dices a la montaña que se mueva, y se moverá".

## UNIR TU CONSCIENTE CON TU SUBCONSCIENTE

La razón de que la ley de la atracción no funcione para el 99% de las personas es porque la mayoría de las personas no entiende la diferencia entre la fijación de metas, que es un proceso racional e imaginativo, y logro de objetivos, que es principalmente un proceso habitual y emocional. Para activar realmente la ley de la atracción o la ley de la resonancia, como prefiero llamarlo, partes lógicas y emocionales del cerebro necesitan estar en coherencia, en sincronía, como una hermosa sinfonía.

**Debes unir a tu mente consciente y tu mente subconsciente a tu mente supraconsciente. Entonces tu señal será inequívoca, clara y concisa.**

## UNIR CORAZÓN Y MENTE, ALMA Y MENTE

El lenguaje del Universo son las creencias. Estas emiten una vibración que se comunica con la "Sustancia Universal", permitiendo la manifestación.

Para que tu señal sea percibida necesita una condición, **claridad**. Esa claridad viene dada cuando tus pensamientos y tus emociones están en armonía. Necesitas que lo que piensas y lo que sientes esté alineado.

Como ya sabes, los átomos están formados en última estancia de ENERGÍA, con lo que TODO ES ENERGÍA. El Universo entero está formado por energía. Lo importante es saber que la energía está formada por CAMPOS ELÉCTRICOS y MAGNÉTICOS. Exactamente los mismos campos eléctricos y magnéticos que producen nuestro cerebro y nuestro corazón con los pensamientos y emociones. ¡Qué casualidad!

Cuando los campos eléctricos y magnéticos de un átomo cambian, el átomo cambia. Cambia la manera de expresarse como materia. Así que si el campo eléctrico y magnético de los átomos que componen el Universo cambia, el Universo cambia, ¿cierto?

Pues bien, en 1986, el premio nobel Pieter Zeeman determinó que, en presencia de una fuerza magnética el átomo se modifica y se transforma.

Los estudios realizados en el instituto HeartMath determinaron que el corazón y el cerebro producen fuerzas eléctricas y magnéticas. Lo más sorprendente es que la fuerza eléctrica del corazón es 60 veces mayor que la del cerebro. Pero hay algo más significativo, y es que la fuerza magnética del corazón es 5.000 veces más fuerte que la del cerebro.

De ahí que las fuerzas electromagnéticas de tu cerebro y corazón formen la vibración que se comunica con el Universo. Pero lo más importante: si tu cerebro y tu corazón no están alineados y van al unísono, nunca conseguirás comunicarte claramente con el Universo.

De ahí la importancia entre un acuerdo entre alma y mente, **si tu mente dice sí y tu alma (corazón) dice no, jamás, jamás, jamás lograrás aquello que estás queriendo manifestar y dirás que esto no funciona**.

Jesús dijo, según palabras del evangelio agnóstico de Santo Tomás, "Si dos (pensamiento y emoción) establecen la paz mutuamente en esta casa, dirán a la montaña "muévete" y la montaña se moverá". Y también dijo: "Cuando hagas de los dos uno… cuando digas "montaña muévete", ella se moverá". Más claro el agua.

Tú ya sabes que las leyes son exactas y no fallan jamás.

> SI LOGRAS ESE ACUERDO ALMA Y MENTE LOGRARÁS EL CAMBIO EN TU VIDA.

Necesitas hacer que tus creencias sean las correctas. Lo que determina tu acuerdo son tus creencias. Tus creencias determinan tu auto-concepto, tu actitud, tu visión. Cambia tus creencias y cambiarás tu realidad. Entonces generarás un nuevo resultado. Un nuevo nacimiento. **Una nueva generación**.

# ¿Y QUÉ OPINA LA CIENCIA?

En el año 1863, un anciano astrónomo fue juzgado, condenado por herejía y sentenciado a pasar el resto de su vida en prisión. Su nombre era Galileo Galilei y su crimen no fue otro que apoyar la teoría propuesta en el siglo anterior por el astrónomo Nicolás Copérnico. Dicha teoría sustentaba la idea de que la Tierra no era el centro de la galaxia. Como decía Galileo: "El sol está en el centro y la Tierra es solo uno más de los muchos planetas que orbitan alrededor de él".

Galileo murió en su casa, sometido a la sentencia de arresto domiciliario donde terminó su vida ciego y solo. Sin embargo, los meticulosos experimentos que había utilizado para su teoría sirvieron como base para el posterior desarrollo de la ciencia moderna. Gracias a ello, tres siglos después, Albert Einstein nombró a Galileo "el padre de la ciencia moderna".

Sin embargo, la ciencia siempre ha sido muy empírica. Nunca hasta ahora se ha permitido hablar del alma, del espíritu y de las cosas intangibles que no puedan verse o comprobarse a través de los sentidos. El filósofo francés René Descartes, contemporáneo de Galileo, considerado "el padre de la filosofía moderna", declaró que la mejor manera de comprender el mundo era dividiéndolo en dos partes: el mundo material objetivo, (gobernado por los principios de la ciencia), y el mundo subjetivo de la mente y el alma, (que eran terreno de la Iglesia).

¿Te suena esta división de algo?

Principio de correspondencia. Como es arriba es abajo, como es en la mente es en la materia.

Principio de polaridad: todo tiene dos polos. Un polo positivo y un polo negativo. Los opuestos se atraen porque son lo mismo en esencia pero diferentes en grado.

Principio de generación: todo tiene un principio masculino (inteligencia, ciencia) y un principio femenino (amor, religión).

La ciencia y la religión por fin están llegando a un entendimiento. Poco a poco esa brecha que parecía inquebrantable se está volviendo más estrecha.

Tu alma ya conoce la verdad, pero tu mente necesita una explicación lógica.

**¿Qué pasaría si supiéramos que todo lo que ocurre a nuestro alrededor es un reflejo de lo que ocurre en nuestro interior y la ciencia tuviera medios para poder describirlo e interpretarlo?**

¿Creerías más en el principio del mentalismo y el principio de la correspondencia?

¿Qué pasaría si descubrieras que la física moderna se ha dado cuenta, por fin, de que nuestros pensamientos afectan a la materia y de que la intención que pongamos va a modificar el resultado que obtendremos?

¿Qué pensarías si te dijese que la ciencia ha descubierto que tus pensamientos son causantes de la mayoría de tus enfermedades?

Pues bien, la buena noticia es que todo esto y mucho más está siendo descubierto por la ciencia. Los principios de la creación que tantos años llevan expuestos, pero tan poco comprendidos, (recuerda ver para creer), ahora por fin descubiertos. **Nuestro problema es que no disponemos del tiempo suficiente para esperar a que la ciencia desvele todos los misterios de la vida, así que si nos importa nuestra vida tendremos que aplicarlos (creer para ver) y así poder disfrutar de todo aquello que siempre hemos deseado**.

Mientras tanto, te explicaré algunas conclusiones a las que sí ya se ha llegado a través del método científico, para la satisfacción de tu mente lógica.

## LA FÍSICA CUÁNTICA (experimento de la doble ranura)

A principios del siglo XX nació la física cuántica. Esta nueva ciencia fragmentó la estructura de pensamiento de los científicos mecanicistas, porque los quitaron del altar de conocimiento donde se encontraban, y se diéron cuenta de que estaban sumergidos completamente en el mundo que estaban tratando de explicar.

Un experimento muy famoso sentó las bases de este nuevo conocimiento. El experimento de la doble ranura, estudio realizado por el Weizmann Institute of Science en Rehovot, Israel, en 1998, concluyó: "la observación afecta a la realidad".

Para dicho experimento se basaron en lo que ocurría a nivel físico y a nivel cuántico. El objeto del experimento era la materia y las ondas. Se dieron cuenta de que a nivel físico, a nivel visible, la materia y las ondas se comportaban diferentes entre sí. Pero a nivel cuántico, a nivel invisible, a nivel atómico, la materia y las ondas se comportaban igual. Como esto no cuadraba con el pensamiento racional de los científicos, se pusieron a observar qué es lo que ocurría y entonces se dieron cuenta de algo que desestabilizó la base de la ciencia que hasta ahora habíamos utilizado. Se dieron cuenta de que cuando observaban lo que ocurría, la materia y las ondas se comportaban de la manera en que esperaba el científico. Si no observaban, ocurrían cosas que no podían explicar, pero cuando observaban, la intención del científico hacía que la materia y las ondas se comportasen de la manera que ellos esperaban.

Entonces vieron que la materia a nivel cuántico existe como ondas de posibilidades y que nuestra intención determina el resultado que finalmente veremos. Se vieron entonces en la conjetura de pensar que si afectábamos a la materia con nuestros pensamientos, la subjetividad de estos determinaba el resultado de todos los experimentos hechos hasta ahora. Con lo cual los experimentos no eran objetivos, sino que nuestra propia intención y expectativa generaba unos resultados concretos.

Simplificándolo, entendieron que lo que estaba pensando el científico a la hora de realizar las investigaciones influía directamente en el resultado que obtenía. Si su lógica determinaba que el experimento debía dar "X" resultado, entonces la materia se comportaba de tal manera que diera "X" resultado.

O sea, habían descubierto el PRINCPIO DEL MENTALISMO, **lo que piensas se manifiesta, tu actitud y tus expectativas hacen que veas aparecer ante ti aquello que tienes fe en que ocurra o aquello que temes que te suceda.**

El simple acto de observar, implicando las creencias y las emociones de los científicos, había hecho que la materia se comportara de manera distinta, tal y como el científico esperaba. Cuanto más observaban, más influían en esa realidad…

Como nosotros estamos hechos de esas mismas partículas, y todos somos observadores, esto quiere decir que no solo influimos en la realidad sino también en nosotros mismos y otras personas.

## LOS MENSAJES DEL AGUA

El científico japonés Masaru Emoto realizó una serie de investigaciones con moléculas de agua. Empezó a interesarse mucho por la estructura molecular del agua y por lo que le afecta. El agua es el más receptivo de los cuatro elementos. El señor Emoto pensó que quizás reaccionaría a sucesos no físicos, así que realizó una serie de experimentos; aplicó estímulos mentales y fotografía al agua con un microscopio de campo oscuro. Hizo fotografías del agua aplicándole bendiciones de monjes budistas, etc. Cogía y pegaba con cinta adhesiva algunas palabras como "chi, fuerza vital del amor", "gracias", "me das asco", etc. Se dio cuenta de que cuando imprimía palabras positivas, la estructura del agua se modificaba y dibujaba formas muy bellas. Sin embargo, cuando ponía palabras negativas, el agua dibujaba formas horribles.

El señor Emoto considera que la intención o el pensamiento son el *alma mater* de todo esto. Y resulta fascinante si se tiene en cuenta que el 90% de nuestro cuerpo está formado por agua. Si los pensamientos son capaces de hacerle eso al agua, imagínate lo que son capaces de hacerte a ti.

La ciencia ya empieza a descubrir que la intención es crucial a la hora de sanar. Es tu creencia en que un medicamento cura lo que hace que realmente sane y no la función específica de dicho medicamento. Tu actitud ante la enfermedad determina si vivirás o morirás.

Recientemente un amigo enfermero me decía: "Cuando entra alguien enfermo, ya sabemos si se pasará mucho tiempo o no en el hospital y si sobrevivirá o no en función de su actitud y su manera de afrontarlo".

Los judíos, cuando van al muro de las lamentaciones llevan, muchos de ellos, una cinta en la cabeza con una cajita y oran durante horas. ¿Sabes lo que hay en esa cajita? Un papel con sus deseos.

El etiquetado ha estado en nuestra cultura desde años. Anagramas, logotipos, imágenes, todo eso que se filtra a través de la publicidad en los medios de comunicación está basado en esas ideas.

Masaru Emoto hizo otro experimento, cogió dos tarros de agua y a uno lo etiquetó con la palabra "pureza" y al otro lo etiquetó como "corrupto" y los guardó en un armario. Al cabo de un tiempo, la etiqueta "pureza" mantenía el agua pura, mientras que en el otro estaba contaminada. No lo creas, compruébalo.

EJERCICIO:

**Te propongo un ejercicio que, créeme, te va a sorprender...** Del mismo modo que el agua es afectada por las etiquetas, si nosotros somos el 80 o 90% de agua, ¿por qué no iba a funcionar con nosotros?

Como os he estado diciendo, todo es una cuestión de conciencia. Si tu conciencia vibra en determinada frecuencia, entonces atraerás aquello que quieres, ¿cierto?

Si sabemos que el agua es influida por la etiqueta, sabemos también que nosotros podemos ser influidos por la etiqueta. ¿Tiene sentido?

Continuamente estamos etiquetando. Tú eres alto, tú eres bajo. Tú eres rico, tú eres pobre. Tú tienes una enfermedad, tú estás sano. Etiquetas que generalmente nos pone la sociedad y las creemos interpretando a la perfección ese papel. Nosotros también somos envases como en el agua.

Ahí va el pequeño experimento que me gustaría que no juzgaras, sino que lo hicieras. ¿Tienes mucho que perder?

## ¿QUÉ QUIERES?

Coge una etiqueta y pégala en alguna parte de tu cuerpo. Por ejemplo, en las caderas, donde nadie la verá.

En esa etiqueta, escribe lo que quieres experimentar. Por ejemplo, si quieres más dinero pon "riqueza". Si quieres amor pon "amor". Cosas concisas y cerradas. Sé claro en lo que pones.

No llenes la etiqueta de cosas, pon como mucho tres ideas, claras y una debajo de la otra. No las pongas seguidas. Cierra las ideas, sé claro.

Como ya sabes, el Universo es cíclico. Te recomiendo que hagas días de descanso. Lleva cuatro días la etiqueta y dos días de descanso. Así hasta que veas tu deseo cumplido.

El tamaño de la etiqueta sí importa. Escríbelo grande. Le estás dando intensidad, energía.

Puede que esto te suene raro, y hasta seguramente creas que es una tontería. Pero, ¿tienes algo que perder?

Un último consejo, no te obsesiones o desequilibrarás la balanza y no lo obtendrás. Tómatelo como un juego.

## ESTAMOS TODOS CONECTADOS

El físico John Wheeler sugiere en recientes entrevistas que vivimos en un Universo que él llama "Universo participatorio". En lugar de pensar que el Universo es algo que ya existía y que nosotros caímos allá en medio con todo hecho, lo que Wheeler sugiere es que el Universo es el resultado de lo que nosotros hacemos en nuestras vidas.

Greeg Branden explica en su documental *La ciencia de los milagros* tres experimentos científicos que nos indican que, efectivamente, todo está conectado e interrelacionado y que lo que hacemos afecta a todo cuanto nos rodea, incluso a kilómetros de distancia.

Según él, dichos experimentos sacuden radicalmente las bases científicas conocidas hasta el momento. Y estos sugieren que estamos todos conectados a través de un campo de energía.

### El primero: EL ADN FANTASMA

El físico ruso Vladimir Poponin se trasladó a Estados Unidos en los años noventa para concluir una serie de experimentos en los que se investigaba la relación del ADN humano y las cosas que hacen nuestro mundo, las partículas de luz llamadas fotones.

El experimento consistía en vaciar completamente un tubo de vidrio sacando todo el aire del interior. Sabemos que solo pueden quedar dentro pequeñas partículas de luz, los fotones. Poponin midió la distribución de los fotones dentro del tubo y no obtuvo sorpresas, pues los fotones estaban distribuidos aleatoriamente en el interior, como era de esperar.

La siguiente parte del experimento es lo que fue realmente interesante. Colocó ADN humano dentro del tubo y cuando volvieron a medir los fotones, estos parecían alineados con la cadena de ADN. ¡El ADN tenía efecto sobre las partículas que componen nuestro mundo! Y esto es exactamente lo que nos dicen las grandes tradiciones antiguas. Algo dentro de nosotros tiene efecto en lo que ocurre en nuestro exterior, y el experimento de Poponin por primera vez verificaba esto en un laboratorio científico.

La siguiente parte del experimento todavía fue más interesante si cabe, porque cuando quitaron el ADN que habían colocado en el tubo, ellos esperaban que los fotones volvieran a esparcirse aleatoriamente. Pero no es lo que pasó. Lo que pasó es que los fotones permanecieron alineados aun cuando el ADN ya no estaba allí. Y la pregunta es ¿por qué? Nada en la física que conocíamos era capaz de explicar este comportamiento.

Lo que nos dice este experimento es que el ADN se comunica con las partículas que conforman nuestro mundo.

## El segundo: EL ADN SE AFECTA POR LAS EMOCIONES

El segundo experimento fue un experimento militar. Tomaban ADN humano de un trocito de piel de la boca de un donante y ponían este trocito de piel en un dispositivo que les permitía medir los efectos desde una habitación del edificio, mientras el donante estaba en otra habitación. Tenían el ADN de las personas en una habitación y a la persona donante en otra habitación en el mismo edificio. Lo que hicieron fue exponer al donante a estimulación emocional para que tuviera emociones de alegría, tristeza, enfado, etc. Después medían el ADN del donante en la otra habitación para ver si era afectado por las emociones del donante.

No tendría por qué afectar porque la física clásica dice que ya no hay ningún vínculo entre el donante y la piel de su boca que ha donado. Por lo tanto, aunque el donante tenga estímulos, estos no deberían afectar al trozo de piel. Pero el resultado del experimento fue totalmente lo opuesto.

Lo que encontraron es que mientras el donante registraba los picos emocionales en la otra habitación, el ADN de la piel registraba los mismos picos en su habitación al mismo tiempo.

Se pensaba entonces que la energía se trasladaba de un punto a otro, del donante al trocito de piel que había donado. Como había un traslado se esperaba que hubiera un lapsus de tiempo. Que el traslado llevaría un tiempo. Pero no es lo que pasaba. Lo que pasaba en estos experimentos es que el efecto es simultáneo, sin retraso en el tiempo. Cuando el donante recibía el estímulo y reaccionaba, al mismo tiempo reaccionaba el ADN donado. ¡El ADN respondía como si no estuviese separado de su donante!

La primera vez que se realizó el experimento fue con una separación de veinte metros. Luego se realizó el experimento con una separación de cientos de kilómetros, y el efecto fue el mismo, instantáneo.

> Lo que nos dice todo esto es que estamos comunicados con nuestro ADN a través de las emociones, ya sea que esté junto a nosotros o separado por cientos de kilómetros, el efecto es el mismo.

## El tercero: EL INSTITUTO HEARTHMATH

El instituto Hearthmath es una organización localizada en California. Analizaron el corazón humano como algo más que una simple máquina de bombear sangre.

Ellos descubrieron que el corazón es el campo magnético más grande del cuerpo y que el campo electromagnético que desprende se extiende más allá del cuerpo físico. Anteriormente habían descubierto que alrededor del corazón humano hay un campo magnético con forma de tubo que se extiende unos dos metros fuera del corazón. La pregunta es si hay otra forma de energía que es llevada por este campo más allá de nuestro cuerpo. Hicieron un experimento para probar esta teoría. Así que cogieron ADN humano y lo aislaron. Entrenaron a los individuos para expresar claramente emociones definidas de amor, odio, aprecio, etc.

En este proceso se medía el ADN para ver cómo respondía y encontraron que frente a emociones como amor, perdón, pasión, aprecio, compasión, etc. El ADN se volvía muy "relajado" o "expandido". Y por lo que sabes de otros experimentos es que este estado relajado de ADN fortalece el sistema inmunológico. Cuando nos preguntamos por qué estos sentimientos positivos fortalecen el sistema inmune, esto puede explicarnos el porqué, ya que el ADN está relajado, permite que se activen más secciones de ADN como si fueran interruptores.

Y ocurre lo contrario con sentimientos como odio, rencor, celos, miedo, etc. El ADN se comprime y no permite que los interruptores se activen para así estimular el sistema inmunológico.

**Hoy sabemos que cuando las personas viven en un estado de celos, ira, etc., se debilitan estas zonas del cuerpo y ocurre lo opuesto a cuando viven en el estado de amor, perdón, compasión, etc.**

**Esto nos ayuda a entender cómo las emociones humanas afectan a su ADN y que tiene el poder de cambiarlo, modificarlo.**

**Esto es maravilloso porque nos dice que cuando nos centramos en ciertos estados emocionales nos da el poder de modificar el ADN de nuestro cuerpo.**

## EN RESUMEN

Estos cinco experimentos que te he contado han sido realizados por científicos distintos, en lugares distintos y en épocas distintas, pero todos llegan a la misma conclusión.

El experimento de la doble ranura nos decía que nuestra propia intención modificaba el comportamiento de la materia y que esta terminaba comportándose tal y como nosotros esperábamos.

El experimento del agua nos indica que nuestros pensamientos afectan al agua modificando sus partículas y, como estamos hechos casi al 90% de agua, nuestros pensamientos modifican nuestra fisiología. Esto concuerda con el experimento del instituto Hearthmath, que nos dice que nuestro ADN es afectado por nuestras emociones y que podemos modificarlo en función de lo que sintamos, afectando esto a nuestra salud.

El experimento del ADN FANTASMA nos dice que nuestro ADN tiene un efecto sobre el mundo que nos rodea y que lo afecta y modifica directamente.

El experimento de las dos habitaciones nos da a entender que nuestras emociones afectan a nuestro ADN incluso si este se halla separado a kilómetros de distancia, ¡¡¡y lo hace instantáneamente!!!

La conclusión es inequívoca. El ADN es capaz de modificar la materia y las emociones humanas son capaces de modificar el ADN, con lo que a través de las emociones somos capaces de modificar y afectar la materia. **Nuestros pensamientos modifican la realidad a través de nuestras emociones.**

Esto concuerda con el PRINCIPIO DEL MENTALISMO, de alguna u otra manera, no solo atraes lo que quieres, sino que en función de lo que piensas, también encuentras lo que quieres.

Todos estos experimentos y explicaciones científicas nos llevan a una conclusión inequívoca: EL Universo ES MENTAL y la ciencia lo está por fin descubriendo. ¡La ciencia por fin está de acuerdo con lo que la metafísica y las ciencias ocultistas llevan miles de años diciendo! La ciencia está de acuerdo por primera vez con la religión. La ciencia está descubriendo que el MUNDO INTERNO CREA EL MUNDO EXTERNO.

TODOS ESTÁN DE ACUERDO. Por fin la filosofía y la ciencia caminan en una misma dirección: el principio de GENERACIÓN. Al fin el padre (inteligencia, ciencia) y la madre (amor, religión-filosofía) se unen.

Empieza el día sintiéndote bien y todo lo que venga será bueno. El día de hoy contiene todas las oportunidades en potencia. PIENSA EN LO BUENO, **PÍDELO Y SE TE DARÁ. Piensa, siente y se te dará**.

No vivas en el pasado, olvídalo. El pasado cristaliza creencias en el subconsciente, y ya sabes lo que ocurre con eso. Se te repetirá el pasado en un círculo vicioso, atrayendo siempre más de lo mismo.

Cada vez que pidas durante el día de hoy, asegúrate de dar las GRACIAS y hazlo en presente. No lances tus proyecciones al futuro o siempre las verás en el futuro.

Cada vez que veas alguna circunstancia negativa, niégala por mentirosa y decreta el bien en cada situación. Di: yo no quiero tal cosa. Yo quiero… en armonía con todo el mundo. Gracias, universo, que me has oído y ya me lo has concedido.

Visualízate con tu objetivo las máximas veces posibles, creando emoción y sintiéndolo al máximo.
No todos se animan a volar cuando la jaula se abre…
La razón por la que te he hablado de ciencia es para que tu mente lógica no estorbe en el proceso.
Ahora, ¿qué eliges tú? ¿Estás dispuesto a volar?

# LA FE MUEVE MONTAÑAS

Estoy seguro que alguna vez habrás oído el dicho de "la fe mueve montañas", pero ¿sabes exactamente por qué?

Pocos saben que la fe y el temor son la misma cosa pero en distinto grado. La fe y el temor son creadores. En la Biblia se dice varias veces. Te pondré de ejemplo algunas citas y las explicaremos un poquito más, pues es la ignorancia la que lleva al temor y es el conocimiento el que lleva a la fe.

*"Todo lo que pidiereis en oración, creyendo, lo recibiréis."*

**San Mateo, capítulo 21, versículo 22**

Tú ya sabes que aquello que piensas y le añades un sentimiento lo atraes. Ahora fíjate, nunca "temes que te pase algo bueno", ¿verdad? Pero tampoco "tienes fe en que te va a ocurrir algo malo". Cada vez que temes algo estás pensándolo y sintiéndolo. Tú lo anticipas, lo esperas.

Anticipar y esperar es fe. Si anticipas o esperas algo malo es temor. Solo recuerda el principio de polaridad. ¿En qué polo lo colocas? Si colocas aquello que anticipas y esperas en el polo positivo es fe. Si lo colocas en el polo negativo es temor. Ambas son lo mismo pero en distinto grado.

*"Todo lo que pidiereis orando, creed que lo recibiréis y os vendrá."*

**San Marcos**

San Marcos lo decía más claro todavía, pedid, mediante el decreto, la palabra. Creed que lo recibiréis, mediante el sentimiento de haberlo recibido ya y entonces os vendrá. Por eso cuando visualizas tus objetivos debes añadirle la palabra, el pensamiento y la emoción. Cuando lo sientes es como si ya lo estuvieras disfrutando. Tu cerebro no distingue si eso ha pasado o no en realidad.

**San pablo lo expresa de la siguiente manera: "La fe es la certeza de lo que se espera, es la convicción de lo que no se ve".**

Debes colocar tu mente en la perspectiva de la fe. Una vez iba todo un pueblo a hacer una ceremonia para que lloviese. Llevaban meses de sequía y la situación era insostenible. Cuando se presentaron todas las personas al lugar donde se iban a hacer los ritos para atraer la lluvia todos iban vestidos normales. Hacía mucho calor y el ambiente estaba seco. Todos iban vestidos como solían hacerlo normalmente. Solo un niño pequeño se presentó con un paraguas. Cuando pides, ¿tienes fe en que se te dará? De todo el pueblo, el único que tenía fe era ese niño...

Nadie veía todavía la lluvia pero nadie esperaba la lluvia, de otro modo hubieran hecho como el niño pequeño. "La fe es la certeza de lo que se espera", debes actuar como si ello ya estuviera pasando.

La fe es la expectativa de lo bueno, el miedo es la expectativa de lo malo. Ambas fuerzas son creadoras. ¿Presentiste aquello que te iba a suceder? ¿Lo PREsentiste? Claro, tú lo has dicho, porque aquello que pensemos y le demos emoción, lo creamos.

**¿Por qué a veces no sucede como uno quiere?**

Cuando pides, el Universo necesita reestructurarse. Tu vida actual seguía unos parámetros determinados. Recuerda que todo obedece a unas causas, a unas leyes. Pero tu nueva visión requiere de algunos ajustes. Por eso a veces durante el camino ves ocurrir cosas que no esperabas.

Te explicaré esto con un ejemplo. Imagínate que vas andando y ves unas hormigas pasando por delante de ti. Están haciendo su vida, cargando con alimentos para llevar a su guarida y poder alimentar a toda la colonia. Sin embargo, desde tu perspectiva ves algo que la hormiga no ve. Más adelante, hay una carretera por donde pasan coches a mucha velocidad. Si siguen por ese camino acabarán todas aplastadas. Ellas no lo ven y tienen mucha seguridad en que ese camino les llevará a su destino. Sin embargo, tú desde tu vista de un plano superior, ves que el camino que ellas han elegido les llevará a una muerte segura. Así que miras a los lados y ves que más adelante a unos pocos metros hay un puente por el cual podrían pasar y estarían fuera de peligro. Solo se tienen que desviar unos metros. Decides entonces ayudarlas, y colocas un tronco delante de ellas que les impida el paso y las obligue a desviarse para pasar por el puente. Las hormigas no entienden nada.

Desde su punto de vista ellas tienen un sueño, llevar el alimento a su hogar, y alguna fuerza extraña en la naturaleza está impidiendo que eso suceda. Empiezan a maldecir y se enfadan muchísimo. Algunas se rinden y desisten de acabar con su cometido. Algunas otras se obstinan con que ese es el camino correcto y tratan por todos los medios escalar el tronco y cuando lo consiguen son aplastadas por los coches. Solo algunas aceptan el cambio de rumbo, se desvían, pasan por el puente y consiguen llegar a su objetivo, sanas y salvas.

> Muchas veces durante el camino renuncias a tus sueños porque las cosas no suceden como tú esperas. Recuerda que la fe es la convicción de lo que no se ve. No tienes que verlo, solo tienes que pensarlo y sentirlo y entonces luego lo verás.

La mayoría de las personas necesitan ver para creer. Esas son el tipo de personas que se les pasa la vida y no han entendido nada, solo culpan a las circunstancias de su mala suerte. Pero las personas que entienden cómo funciona el mundo saben qué deben creer para poder ver. Son personas como Albert Einstein, Alba Edison, Henry Ford, Galileo Galilei, Rockefeller, Madre Teresa de Calcuta, Gandhi, Platón, Martin Luther King, etc. Son personas que tuvieron una visión y la llevaron a cabo aun sin saber cómo podrían hacerlo. Solo tenían fe.

Gracias a la fe es que hoy podemos tener ordenadores, podemos volar de un lado al otro del mundo, podemos navegar por los océanos con barcos de metal y podemos ver la televisión cada día. Por personas que fueron visionarias. Vieron en sus mentes algo que aún no existía pero siguieron el proceso de creer y ver, no el de ver y creer. **¿Qué tipo de persona te comprometes a ser?**

**Toma conciencia de que continuamente estás teniendo un diálogo con el Universo que nos rodea, con la matriz de vida, la inteligencia infinita, Dios o como quieras llamarle, y que de todo lo que ves acontecer en tu vida de alguna manera u otra eres el responsable de ello.** Tu matrimonio, tu divorcio, tus deudas, tu riqueza, tu felicidad o tu tristeza, todo es un reflejo de lo que ocurre en tu interior. La vida es un espejo que refleja en lo exterior lo que ocurre en tu interior, refleja en lo material lo que ocurre en lo espiritual. El mundo que vivimos es un reflejo de nuestros pensamientos y emociones. Reflejamos lo que son nuestras creencias y oraciones. Lo que tenemos en el subconsciente y lo que decretamos.

*"La realidad es creada por la mente, podemos cambiar la realidad al cambiar nuestra mente."*

**Platón**

Cuando estás enfocándote en lo que quieres y defines tus objetivos y metas, estás cambiando el rumbo de tu historia. Te estás dirigiendo a otras líneas de la vida donde tus sueños se cumplen. No es extraño que empieces a ver la vida de otra manera, porque en realidad algo está cambiando.

**Por eso, cuando pidas, ten fe. No dudes, no empujes mentalmente, no tengas miedo de que eso no se vaya a dar. Recuerda que la duda y el temor también son creadores.** Además, cuando dudas y tienes miedo, provocas un potencial excesivo que pone en marcha las fuerzas equiponderantes y te ocurre lo contrario a lo que querías, ¿recuerdas?

Los textos espirituales más antiguos nos dicen que todo nuestro mundo está conectado en una red que forma lo que llamamos la red de toda la creación. Este campo responde a las emociones humanas y es inteligente. Está ahí desde los inicios de la creación. Por eso debemos centrarnos en nuestra plegaria como si ya hubiera sido concedida y es, a través de ese sentimiento, que nos comunicamos con las fuerzas de la creación. Pero es a través del sentimiento que creamos. Si solo piensas sin añadirle sentimiento no lo lograrás, porque el sentimiento es el lenguaje del alma y es tu alma la que tiene comunicación con la fuerza creadora.

> La ignorancia de los principios de la creación es lo que provoca miedo. Pero ahora tú ya conoces los principios que rigen el mundo y también sabes que son exactos. Recuerda que los principios son leyes, leyes que no fallan jamás.

Si fueras un aborigen australiano que nunca ha visto la civilización y te llevaran a la ciudad estarías muy asustado. No entenderías por qué puedes subirte a un coche y que este comience a andar y poder desplazarte distancias tan grandes en tan poquito tiempo. Tampoco entenderías qué es la televisión y por qué podemos hablar con otras personas por teléfono sin ni siquiera verlas.

Lo mismo les ocurre a las personas cuando ignoran por qué ocurre lo que ocurre y cuáles son las causas que originan sus resultados. Pero una vez aprendes que todo se rige por unas leyes naturales y que si las estudias y las entiendes puedes utilizarlas a tu favor; entonces pasas del miedo y la incertidumbre a la fe y al conocimiento.

## "NO TENDRÁS OTROS DIOSES DELANTE DE MÍ"

Las primeras palabras de los diez mandamientos fueron:

"Yo soy Jehová, tu Dios…, no tendrás otros dioses delante de mí. No harás para ti escultura ni semejanza alguna de lo que esté arriba en el cielo, ni abajo en la Tierra, ni de lo que esté en las aguas, ni debajo tierra. No te inclinarás a ellas ni les darás culto…"

**Como casi todo, fue mal interpretado. A lo que se refería es a que no crearás imágenes falsas. Imágenes mentales. No crearás imágenes mentales falsas a la verdad, que luego se convierten en cosas. Esas imágenes que se convierten en dioses creadores. Esas imágenes mentales falsas son: el miedo, la enfermedad, el dolor, el sufrimiento, la mala suerte, el peligro, los virus, los celos, los accidentes, la traición, el dinero, y todo aquello que tenemos que soportar, lo que no podemos vivir sin ello, etc.**

Todo aquello que nos da miedo es un ídolo, es un dios en potencia que creará su correspondiente en el plano físico. Porque el miedo es un estado mental.

Si, por ejemplo, vas a un experto en un campo y él te dice que eres un caso perdido, estás creando un falso dios. Tomas sus palabras como verdaderas y te das por perdido. Por ejemplo, los médicos te ponen la etiqueta de enfermo, lo crees, y ya estás perdido.

Un profesor te dice que tu hijo está por debajo de la media, lo crees y tu hijo estará toda la vida por debajo de la media, limitándose en las posibilidades reales que tiene. Si Einstein hubiera hecho caso de sus profesores… Si Michael Jordan hubiese hecho caso de sus entrenadores… la lista es interminable

Conclusión: CREE EN UN ÚNICO "DIOS", EN EL Universo. TÚ ERES UNA PARTE DE ÉL, CON SUS MISMOS PODERES PROPORCIONALES. ÉL Y TÚ SOIS UNO. RECUERDA QUE "UNO CON DIOS ES MAYORÍA". ACEPTA ESTE HECHO Y TEN FE, PIDE Y SE TE DARÁ.

No llevar a la práctica esta filosofía significa no creer en ella, porque nosotros actuamos según nuestras creencias. **El hecho de conocerla y no utilizarla es todavía peor que no conocerla. Porque se te ha permitido vislumbrar un gran secreto, guardado durante siglos. Recuerda que en el capítulo llamado "Manual de uso" te indiqué que la peor postura de todas es fingir que estás "jugando". Engañarse a uno mismo es la peor situación de todas. Muchas personas dicen "yo creo en esto pero sé que a veces no lo hago".** Si crees de verdad en esto, lo harás, porque sabes lo que te juegas. Es tu vida, y solo tienes una ahora. **Si no crees seguirás buscando libros y más libros y seguirás en tu Torre de Babel, confuso y con miedo**.

Cuando pasas de la ignorancia al conocimiento entonces aumentas tu visión, te ves más capaz. Empiezas a desempolvar tus sueños y a moverte en la dirección de ellos.

De hecho, tus CREENCIAS ACTUALES están basadas en tus condicionamientos, basados en tus experiencias. De lo que se trata es de que sustituyas tus creencias actuales por otras basadas en la fe. La palabra fe proviene del latín, *fidere*, que significa "confiar". Se define como "creencia firme en algo de lo que no hay pruebas". Pues bien, tus sueños no tienen pruebas, todavía no se han cumplido, y jamás lo harán a menos que tengas CREENCIAS DE FE, es decir, que creas que se cumplirán a pesar de que todavía no tengas pruebas de ello.

Todo este libro se basa en la construcción de las suficientes pruebas para que puedas sustentar la creencia de que tu cambio es posible, y de que el día es HOY.

Como ya sabes, nuestro proceso de creación es:

CREENCIAS-PENSAMIENTOS-PALABRAS-EMOCIONES-ACCIONES-RESULTADO

Ahora, el punto está en que para que una creencia sea firme debes pensarla en tu mente y sentirla en tu corazón. O, dicho de otra manera, debe haber un acuerdo MENTE-ALMA.

¿Entonces la CREENCIA, ¿qué es realmente?

La creencia es:

-El LENGUAJE DEL UNIVERSO, que determina tu vibración, la cual se comunica con Dios, la sustancia universal, la inteligencia infinita o quien quiera que quieras tú que está creando todo lo que ves con tu ayuda.

-Es nuestro MODELO DEL MUNDO. Las gafas con las que percibimos la realidad y determinan nuestro enfoque. Es lo que nos ayuda a atribuirle un significado a todo lo que nos acontece.

-Es NUESTRA HERRAMIENTA DE CAMBIO para lograr salir de situaciones indeseables, enfermedades, pobreza o cualquier cosa que esté afectando a nuestra vida.

Tal y como te comentaba, los científicos están de acuerdo en que el Universo está unido por una fuerza, una energía, lo que algunos llaman Matriz Divina, otros Sustancia Universal, otro Inteligencia Infinita, todo, todo, todo está unido. Nosotros estamos unidos a todo y la manera de afectar a esa Sustancia, a esa Matriz, es a través de nuestras creencias. Por ello nuestras creencias definen el mundo.

Albert Einstein decía: "La naturaleza solo nos enseña la cola del león. No me cabe duda de que es la cola de un león, aunque este no pueda revelarse de una vez debido a su enorme tamaño".

Cada una de las porciones de este Universo contiene en sí mismo la esencia de su totalidad. O lo que decía la Biblia, estamos hechos a imagen y semejanza del Creador. Ya sabes, creamos en función de nuestras creencias que se forman por el pensamiento y el sentimiento, la unión de alma y mente.

## LEY DE LA EXPANSIÓN, LEY DE LA CONTRACCIÓN

Cuando elevas tu energía y tus pensamientos son positivos, expandes tu vibración y te vuelves mucho más MAGNÉTICO.

Sin embargo, cuando tu energía es baja y tus pensamientos y emociones negativas, tu vibración se contrae, y pierdes magnetismo.

Cuando operas desde el miedo, trabajas con la Ley de la Contracción.

Cuando operas con el amor, trabajas con la Ley de la EXPANSIÓN.

**¡Tienes que enfocarte en la expansión!**

### ENERGÍA DE EXPANSIÓN

Energía de alta vibración, Unidad

Sintiéndote consistentemente amado y apoyado por el Universo entero

Hablando palabras positivas de alegría y confianza

Disfrutando de pensamientos empoderados e inspirados

Gratitud, Alegría, Amor, Risa, Música, cantar y bailar

Siendo creativo, Entusiasmado, Sintiéndote libre, Coraje

Perdón, Elogiar, Sentirte triunfante, Amarte a ti mismo

Sentirte confiado, Donar, Permitirte a ti mismo recibir amor

Hacer lo que amas y expresar tus talentos

Comer alimentos saludables, Masajes, Despertar la conciencia

Tomando acción, Decir afirmaciones positivas, Enfocarse en lo que se quiere

Siempre sentirse amado y bendecido

¡AMAR, CELEBRAR Y AGRADECER LA VIDA!

Concentra tus energías en elevar tu vibración y esta te llevará directo a la 5ª dimensión, donde tus sueños se reúnen contigo.

**Ya no vas a tener que buscar tus sueños, ellos te buscarán a ti, ¡Y TE ENCONTRARÁN!**

## <u>ENERGÍA DE CONTRACCIÓN</u>

Vibración baja, separación, sentirte sin amor, solo y juzgado

Enfocándote en la distorsión del mundo físico

Hablando y pensando consistentemente en palabras negativas

Miedo, preocupación, no haciendo lo que amas

Sentirte víctima, abandonado, sentirte necesitado, sentirte culpable

Apego, posesión por las cosas y personas

Excitación, nerviosismo, celos, crítica, envidia, remordimiento, ira, frustración,

No amarte a ti mismo, no permitirte recibir amor

Confusión, tristeza, soledad, duda preocupación

Falta de acción, falta de tiempo, ir revolucionado

Consumir alimentos demasiado cocinados, comida rápida,

Creer en un Dios castigador, enfocarse más en uno mismo que en el poder superior

Sentirse probando las cosas, falta de fe y siempre buscando la lección

Sentirse cautivado por el reflejo del espejo

**¡CONCÉNTRATE EN LA EXPANSIÓN!**

¿O estás viviendo tus sueños o estás viviendo tus miedos? ¿Dónde te encuentras tú?

**Tarde o temprano vas a tener que elegir entre la fe o el temor y cada uno de estos caminos te llevará a un lugar. ¿Cuál eliges tú?**

# REPASO

Hasta 1954, se creía imposible para el ser humano correr la distancia de una milla en menos de cuatro minutos. Incluso la medicina advertía que correr más rápido podía provocar un paro cardiaco. Durante más de cien años nadie había bajado de los 4 minutos, sin embargo el 6 de mayo de 1954, el británico Roger Bannister batió el récord bajando por primera vez en la historia del límite mental de los 4 minutos, dejándolo en 3 minutos 59 segundos. Ocho semanas después de esta hazaña, el australiano John Landy volvió a rebajarlo dejándolo en 3 minutos 57 segundos. Desde entonces se ha rebajado, en dieciocho ocasiones. El actual récord del mundo está en posesión del marroquí Hicham El Guerrouj, con un tiempo de 3 minutos 43 segundos. Una vez rota la barrera y el límite mental de la creencia limitante, dieciocho veces se ha batido una marca que hasta 1954 era imposible.

**Para atraer lo que quieres a tu vida necesitas cambiar tus creencias acerca de lo que es o no posible. Necesitas que haya un acuerdo entre alma y mente. Tu mente buscará la parte lógica. Es por este motivo por el que no he dejado de darte referencias religiosas, científicas, filosóficas, estadísticas, casos reales o incluso mi propia experiencia para demostrar a tu mente que esto es algo real.** ¿Cómo si no iba a pasar en el año 2010 de 0 a 30.000 euros con una serie de coincidencias que parecían imposibles? ¿Cómo pude, después de ser diagnosticado de síndrome de fatiga crónica y fibromialgia, participar en campeonatos internacionales, formar parte de la selección nacional de mi país y realizar tres sesiones intensas de entrenamientos diarios?

**Quiero que te plantees lo siguiente: si tantas personas han obrado "milagros", ¿por qué tú no?** Si ya has logrado ciertas cosas en tu vida, ¿por qué no intentar lograr solo un 1% más? Y luego otro, y luego otro, hasta que tu vida sea la que esperas. Si alguien ha logrado aquello que tú quieres, ¿por qué ibas a ser tú menos? No tiene lógica, eres como todos los demás, un ser humano. ¿Cierto?

Durante mi época de entrenamientos como nadador, tuve la oportunidad de entrenar con el actual *recordman* de España de la prueba de los cincuenta metros  metros libres. La prueba de cincuenta metros libres dura unos 22 segundos. Los velocistas suelen ser gente de 1,90 con brazos largos y muy fuertes. Sin embargo, Javier Noriega mide 1,80, es poca cosa, y no se asemeja en nada a todos esos velocistas de talla mundial. Hasta entonces había estado nadando pruebas de más larga duración, más acorde con su tamaño según la lógica establecida. Un día, un estadounidense llamado Anthony Ervin quedó campeón olímpico en Sidney 2000. Anthony no tenía las características típicas de un velocista. Era muy delgado y estirado, poco musculado, parecía muy frágil. Sin embargo, se convirtió en el velocista más joven de la historia en ganar una olimpiada en la prueba más rápida del calendario, los cincuenta metros  libres.

Cuando Javier Noriega vio eso, su sistema de creencias cambió, su lógica le dijo que si Anthony lo había hecho entonces él también podría. Cuatro años después, Javier se situó entre los mejores velocistas del panorama internacional. Ese mismo año, en el campeonato clasificatorio para la olimpiada, junto con Eduard Lorente, realizaron la primera y la segunda mejor marca mundial del año en el campeonato de España Open de primavera clasificatorio para los Juegos Olímpicos. Yo fui tercero en esa carrera y pude ver un milagro ante mis ojos. Tanto Eduard Lorente como Javier Noriega no cumplían con los estándares de un velocista. De hecho, yo sí los cumplía, les sacaba una cabeza de altura y era mucho más fuerte que ellos. Sin embargo, ganaron, ¡y realizaron las dos mejores marcas mundiales del año! La creencia de que era posible gracias a las referencias del velocista americano que ganó en la anterior olimpiada hizo que Javier, cuatro años después, realizara esta enorme gesta que todo aficionado a la natación recordamos con cariño. Ese mismo verano, Javier se clasificó para nadar las semifinales de los Juegos Olímpicos de Atenas. Era el más pequeño de tamaño de todos los semifinalistas, pero el más grande de corazón.

Leyendo un día el libro de Lipton, me di cuenta de que él definía la célula como un chip de ordenador. Con las mismas funciones exactamente. Con lo cual, podemos hacer una analogía entre el cerebro humano y el software de nuestro ordenador de mesa. Si podemos reprogramar el software de nuestro ordenador de mesa, ¿por qué no íbamos a poder reprogramar nuestro propio software personal?, es decir, nuestros pensamientos. Y efectivamente, así es, según Lipton y otros tantos y tantos científicos que se suman a la larga lista.

A mí me enseñaron que mi vida giraba alrededor de mis circunstancias, del mismo modo que a Copérnico le enseñaron que la Tierra era el centro de la Astronomía. Al igual que Copérnico tuvo el valor de decir que no era la Tierra, sino el Sol quien estaba en el centro y que la Tierra se movía alrededor del Sol, yo estoy aquí para decirte que no son tus circunstancias actuales ni pasadas las que dominan tu vida, sino que tú estás en el centro de tus circunstancias, y que estas girarán a tu alrededor en función de tus pensamientos.

*"Piensa en grande y tus hechos crecerán, piensa en pequeño y quedaras atrás, piensa que puedes y podrás; todo está en el estado mental."*

**Napoleon Hill**

Vamos a asegurarnos de que has podido comprender todo lo escrito hasta ahora para poder avanzar.

Somos creadores, nuestra misión en la vida es crear nuestra realidad. Estamos hechos a imagen y semejanza de la fuente creadora.

*"Si realmente crees en tu YO, debes probártelo a ti mismo, atreviéndote a asumir que ahora eres el que deseas ser."*

**Neville Goddard**

**Para crear nuestra realidad debemos elegir qué queremos, y visualizarnos a nosotros mismos como si ya lo tuviéramos ahora, y actuar en consecuencia todo el día.** Debemos impregnar nuestros pensamientos de una emoción para crear el sentimiento, que es el lenguaje de comunicación con el Universo. Este atenderá nuestras peticiones inmediatamente.

Para comprender cómo funciona este mecanismo debemos estudiar los siete principios de la creación, que funcionan como uno pero los dividimos para su comprensión.

Estos siete principios gobiernan el mundo, son inmutables y no fallan jamás. Estos siete principios son MENTALISMO, CORRESPONDENCIA, VIBRACIÓN, POLARIDAD, RITMO, CAUSA-EFECTO Y GENERACIÓN.

El principio del MENTALISMO nos dice que el Todo es mente que el Universo es MENTAL. Debemos elegir con nuestra mente aquello que queremos experimentar en nuestras vidas. **Nuestros pensamientos y palabras son órdenes que deben ser cumplidas.**

El principio de CORRESPONDENCIA nos dice que como es arriba es abajo. O sea, que como es en el espíritu es en la tierra, o como es en lo mental es en lo físico. Sabemos por la física cuántica que existe el Universo de las posibilidades o variantes y que estas son infinitas. El principio de correspondencia nos dice que la vida es un espejo y que reflejará lo que nosotros le demos. Así que si queremos tener algo **tenemos que sentirnos antes como si ya lo tuviéramos, pensar en ello y sentirlo.**

El principio de POLARIDAD nos dice que todo tiene un polo negativo y uno positivo, y que donde tú sitúes el polo así será tu emoción. Sentirás amor o miedo y eso es lo que crearás. Unirás esa emoción a tu pensamiento y crearás el sentimiento que atraerá hacia ti aquello que sea de la misma esencia. Existen fuerzas que tratan de mantener el equilibrio que tú desestabilizas con tu energía. Estas fuerzas actuarán cada vez que surja un potencial excesivo provocado por un grado alto de importancia. Debes fijar ese PENSAMIENTO en uno de los dos POLOS y esto determinará tu VIBRACIÓN.

El principio de VIBRACIÓN nos dice que todo en el Universo está vibrando y que las vibraciones similares vibran juntas. Si conseguimos vibrar como vibran nuestros sueños, los atraeremos a nuestra vida por la ley de la atracción. Nosotros emitimos una vibración con nuestros pensamientos y nuestras emociones y estas se juntan en el corazón, el cual emite una vibración mayor que es la que realmente manifiesta nuestra realidad. Elegimos con los pensamientos la variable que queremos manifestar del mundo de las posibilidades o el mundo del espíritu. Le ponemos una emoción a esa idea y con ello le damos vida. Al unir pensamiento y emoción (mente-alma) aparece una tercera fuerza, el sentimiento. El sentimiento es el lenguaje del Universo. A través del sentimiento es como el Universo atiende tu petición. Una vez tenemos claro lo que queremos, lo PENSAMOS, entonces fijamos ese pensamiento en un POLO y eso determina nuestra VIBRACIÓN. Ahora la ley del RITMO te traerá de vuelta aquello que coincida con esa vibración.

El principio del RITMO nos dice que **todo fluye y refluye, que todo tiene avances y retrocesos. Que el péndulo se desviará hacia uno**

**de los extremos y que si superas en grado el extremo en el que te encuentras, aparecerás en el extremo opuesto.** Los péndulos se desequilibran por la importancia o la energía excesiva en alguno de los polos. Para que el péndulo no se desequilibre debes mantener baja la importancia. Esto no significa que no desees o tengas intención de conseguir tus objetivos, sino que renuncias al interés por el resultado, no te preocupa si lo consigues o no porque tú eres feliz igualmente. Si mantenemos a raya los péndulos el objetivo es nuestro, si no, las fuerzas equiponderantes nos llevarán a los opuesto. Una vez tenemos el PENSAMIENTO, lo hemos POLARIZADO, hemos comenzado a VIBRAR, la ley del RITMO ya se ha puesto en marcha y controlamos el ataque de los PÉNDULOS, teniendo en cuenta las ESTACIONES y la ley de la GESTACIÓN, entonces tenemos que tomar ACCIÓN.

El principio de CAUSA-EFECTO nos dice que necesitamos acción para que nuestros deseos se cumplan. La acción también es un mecanismo para disipar la importancia y los potenciales excesivos. Cada acción tiene su reacción, nuestras acciones deben ir enfocadas hacia la realización de nuestros objetivos. **La acción es el puente entre el mundo interno y mundo externo.** Debemos poner en práctica estos principios.

El principio de GENERACIÓN nos habla de que todo es creado por un padre y una madre, la mente y el alma, y que cuando el padre y la madre están unidos, entonces se genera nuestra realidad. Además debes reconciliarte con el pasado. **Debes sanarlo, debes ir ligero, sin cargas pesadas. Debes SANAR TU ALMA.**

Ahora ya sabemos cómo manifestamos la realidad y todos los factores a tener en cuenta para poder llegar a buen puerto. Ya tienes tu manual de instrucciones. Tu mapa de carreteras.

CUANDO TU MENTE CONSCIENTE ELIGE Y PIDE, TU MENTE SUBCONSCIENTE NO PARARÁ HASTA MATERIALIZARLO. CUANDO TU MENTE Y TU ALMA ESTÁN DE ACUERDO, INMEDIATAMENTE RECIBES EL PEDIDO. LA VISUALIZACIÓN ES EL MÉTODO PARA CREAR LA UNIÓN ALMA-MENTE. LA ORACIÓN DIARIA MEDIANTE DECRETOS ES EL CAMINO PARA ELEVAR TU VIBRACIÓN Y ACELERAR TUS MANIFESTACIONES Y POLARIZARTE EN POSITIVO. SEGUIR TUS INTUICIONES HARÁ QUE NO TE EQUIVOQUES. EL Universo ES MENTAL, LO QUE PIENSAS SE MANIFIESTA.

A cualquiera que le cueste creer que estas leyes no solo funcionan, sino que son las causantes de toda la creación y que nada existe sin pasar este filtro, quizás debamos recordarle que hace unos años no teníamos ordenadores, no teníamos aviones, no teníamos microchips, no teníamos barcos, no teníamos teléfonos, no teníamos luz en las casas; ¡no teníamos más que rudimentarios instrumentos para la caza fabricados a mano! Y sin embargo aquí estamos. ¿Te has parado a pensar cómo ha sido todo eso posible? De las cavernas a internet.

**Debemos trascender las barreras mentales que nos limitan para poder darnos cuenta de este poder inmenso que todos poseemos**. Tenemos toda una vida que puede parecer muy larga, ¡pero qué corta parece cuando ya pasó!

**No importa lo "feos" y "pequeños" que parezcamos ahora en este punto de nuestras vidas a nivel evolutivo mental, emocional, espiritual o físico. Todo niño cuando nace es feo, pequeño e indefenso. Una larva es muy fea hasta que sufre la metamorfosis. Una mariposa ha sido una oruga antes y en el camino ha tenido que pasar por varias fases. Tú puedes cambiar ahora. Sin importar tu estado actual.**

**¡¡¡EL CAMINO MÁS RÁPIDO PARA CONSEGUIR CUALQUIER COSA EN LA VIDA!!!**

Quizás esto no te cuadre, pero tengo que decirte algo que no te va a gustar, atento al punto número 2. Para conseguir cualquier cosa en la vida debes hacer tres cosas:

## 1. DECIDIR LO QUE QUIERES Y DARLE CLARIDAD.

Esto significa, ¿si no sabes lo que quieres, cómo vas a atraerlo hacia ti? Tu mensaje debe ser claro, directo, sin rodeos. Sin ningún tipo de doble sentido. Con absoluta nitidez. El proyector de la sustancia universal sobre el mundo físico es MÁS SENSIBLE, que el mejor proyector del cine del mundo. Cualquier mínima desviación creará confusión.

## 2. RENUNCIA A TU OBJETIVO

Una vez sepas lo que quieres RENUNCIA al interés por tu objetivo. Esto significa que no intentes saber cómo lo conseguirás, qué vías usarás, qué camino te lleva a él.

Tu mente lógica te jugará malas pasadas. Tu objetivo está ahí y lo tendrás siempre y cuando renuncies al interés por el resultado final. Al mismo tiempo mantendrás los péndulos estables, sin crear potenciales excesivos que los pongan en movimiento.

**Esto requiere fe. Fe en saber que lo que pides se manifestará,** pero a su momento perfecto. Eso que pides, o algo mejor.

> Debes tener una clara intención y entonces permanecer en un estado de fe, tranquilidad y diversión, sin ningún tipo de necesidad o desesperación. Entonces aparecerá tu oportunidad de una manera que nadie podía imaginar.

No debes intentar vislumbrar la vía o el canal por el cual se te va a dar, piensa que tu deseo tiene un canal natural para llegar a ti, y tú con tu pensamiento, puedes estar invocando otro canal y, de ese modo, no lograr nada.

**Piensa que aquello que estás pidiendo es algo natural para ti, es parte de tu evolución y permite la manifestación.**

## 3. TOMA ACCIÓN MASIVA INTUITIVA

Una vez hayas obtenido claridad y hayas renunciado a tu deseo, entonces tienes que seguir las señales que te lleven a él. Utiliza tus emociones para saber el camino que debes coger. Lo que llamo LA VOZ DE TU ALMA. De pronto estarás inspirado. Notarás que debes hacer algo. La inspiración es el susurro de tu alma hablándote en emociones positivas. Síguelo, actúa. Cuando sientas la inspiración entonces toma acción masiva.

**Vas a ver que te llegará una señal de una manera que jamás podías haber predicho, pero sabrás que es el camino. Entonces ACTÚA.**

## UN ÚLTIMO CONSEJO: LA GRATITUD

El problema es que buscamos fuera algo para llenar lo que hay dentro, y no será hasta que no llenemos lo que hay dentro que encontraremos lo de fuera. El camino más rápido para llenarnos de lo que queremos lograr fuera es la gratitud. Agradecer aquellos aspectos relacionados con lo que ya tenemos para que estos puedan crecer más y más en nuestro interior. Recuerda, como es arriba es abajo. Aquello en lo que te concentras se expande, la energía se dirige hacia donde enfocas tu atención.

Pon atención a esta cita, puede que te ayude a entender el porqué de tu situación actual:

*"Y recuerda cuando Dios proclamó: "si eres agradecido te daré más. Pero si eres malagradecido, de cierto te digo que mi castigo es realmente severo."*

**El Corán**

Fíjate, cuando estás en un estado de victimismo, te quejas, culpas, mientes, etc. ¿Estás siendo agradecido o desagradecido? El castigo es realmente severo...

Cuando te quejas por tu falta de dinero, ¿qué ocurre? ¿Obtienes más? En realidad, estás siendo desagradecido con el que ya tienes... y si eres malagradecido... el castigo es realmente severo.

Cuando tienes que pagar facturas, pagar el café que te tomas, pagar en el supermercado, etc., ¿te sientes bien o te sientes mal? Estás siendo desagradecido porque tienes el dinero para poder pagarlo... y el castigo es realmente severo...

Mira ahora esta otra frase de la Biblia:

*"Porque a cualquiera que tiene (gratitud), se le dará, y tendrá más. Pero al que no tiene (gratitud) aún, lo que tiene le será quitado."*

Cuando te quejas tanto porque tu pareja no hace ciertas cosas o hace ciertas cosas, en definitiva, te quejas por algo, ¿dónde está tu atención, en lo bueno o en lo malo? Tu pareja tiene cosas buenas, estoy seguro, pero tú te enfocas en lo malo y haces que lo otro quede pequeño. Estás siendo desagradecido con el hecho de que tienes pareja, con el hecho de que alguien quiere compartir su vida contigo, estás siendo desagradecido con el amor... y aun lo que tiene le será quitado...

Cuando no tienes pareja y te pasas el día quejándote por ello, estás siendo desagradecido con el amor que ya otras personas tienen por ti, familiares, amigos, o con tus anteriores parejas que dejaron grandes lecciones para que tú hoy puedas atraer a la pareja de tu vida. Pero si eres desagradecido con todo eso... aun lo que tienes, te será quitado...

Mira lo que decía Mahoma:

**"La gratitud por lo que uno ha recibido es la mejor seguridad para que la abundancia continúe."**

Y ahora yo te pregunto, realmente, ¿estás siendo agradecido?

A veces creemos que somos agradecidos porque damos las gracias cuando alguien nos abre la puerta para entrar o salir, o cuando alguien no dice algo bonito, o alguien nos sujeta las bolsas de la compra, pero... ¿lo dices de corazón?

La mayoría de las veces que decimos gracias está automatizado y no lo sentimos de verdad, así que, en efecto, no tiene sentido para el Universo...

Jesús daba gracias antes de cada milagro. Buda decía que no había causa para nada excepto gratitud y gozo. Los grandes maestros de la historia lo enseñaban.

Fíjate, los grandes multimillonarios de la historia eran superagradecidos. Mira esta frase de Oprah Winfrey, una de las mujeres más ricas del mundo, que lleva muchos años en la televisión estadounidense:

*"Comencé dando gracias por pequeñas cosas y, mientras más agradecida me sentía, más crecían mis riquezas. Eso es porque aquello en lo que te concentras se expande y, cuando te concentras en la bondad en tu vida, creas más bondad. Las oportunidades, las relaciones, incluso el dinero, fluyeron hacia mí cuando aprendí a ser agradecida independientemente de lo que me sucediera."*

**Oprah Winfrey**

Oprah lo acaba de decir TODO. Sigue estos consejos junto a una meta clara y definida, te aseguro que si haces esto lo vas a ver manifestado.

Todas las escrituras antiguas hablan de lo mismo. Las personas agradecidas obtienen más porque se centran en lo bueno. Si estás en el papel de víctima y te quejas, te estás centrando en lo malo, y obtendrás más de eso. ¿Te quejas de la falta de dinero? Ok, pero estás siendo desagradecido con el dinero que ya tienes. ¿Te quejas de que tu pareja hace eso o aquello? Ok, pero estás siendo desagradecido en que tienes pareja. ¿Te quejas de que tus padres son unos pesados? Ok, pero recuerda que tienes padres, muchos no los tienen. ¿Te quejas de tu trabajo? Ok, pero estás siendo desagradecido en que tienes trabajo. Y lo peor es que, por desagradecido, acabarás perdiendo todo eso, y luego lo echarás de menos y querrás volver a recuperarlo cuando sea tarde. El momento de agradecer es AHORA.

Y RECUERDA:

"Porque a cualquiera que tiene (gratitud) se le dará, y tendrá más, pero al que no tiene (gratitud) aun lo que tiene le será quitado" y, "si eres agradecido te daré más, pero si eres malagradecido, de cierto te digo que mi castigo es realmente severo".

> Nunca dejes que las cosas que tú QUIERES
> te hagan olvidar las cosas que ya TIENES.

**EN RESUMEN**

En resumen: OBTÉN CLARIDAD SOBRE LO QUE QUIERES, RENUNCIA AL DESEO DE CONSEGUIRLO Y SIGUE TU INTUICIÓN A TRAVÉS DE TUS EMOCIONES HASTA CONSEGUIRLO.

Vayamos ahora a ordenarlo por partes.

1. Elegir qué queremos.

2. Ponerlo en palabras. Invocar.

3. Dejarlo ir, no buscar el cómo, solo el qué.

4. Actuar como si... y agradecer (visualizar y sentir.) Aumentar tu fe, estudiar.

4. Seguir las señales. Intuición. La voz de tu alma.

5. Controlar la importancia y los péndulos. Resistir sus envestidas. Tampoco desistir por cambiar de opinión.

6. Elevar tu energía. Ella elevará tu vibración.

7. Celebrar los éxitos y continuar adelante.

Piensa, **¿CUÁL ES TU INTENCIÓN CLARA? ¿QUÉ ES AQUELLO QUE QUIERES DE VERDAD SIN IMPORTAR CÓMO LO VAS A CONSEGUIR?**

Eso pondrá en marcha los siete principios para que puedas adquirir aquello que decidas. Una vez tengas la intención deshazte del cómo y sigue a tu alma, ella te indicará. Y cuando llegue tu señal y tu inspiración, ¡actúa!

**NOTA IMPORTANTE: ¡NO SE LO CUENTES A NADIE!**

**En cuanto se lo cuentes a cualquiera, tu poder se debilita, tu poder de la atracción se debilita, y no podrás llegar tan lejos. Cuanto más perfectamente guardado sea el secreto de lo que estás atrayendo más grande será tu poder magnético, más grande será tu imán, más alto vibrarás.**

Cuando uno cuenta sus problemas es para debilitarlos, para apartarlos de su mente. Del mismo modo, cuando revelas tus pensamientos, su poder se disipa. Es probable que debido a tu entusiasmo sientas la necesidad de contarle a todo el mundo tus proyectos, pero es un error y destruye tus manifestaciones. Háblalo contigo mismo, escríbelo.

El maestro Jesús, el maestro más grande de esta ciencia, decía siempre después de sus milagros: "vete y no se lo cuentes a nadie" y "nunca más vuelvas a nombrar el problema".

Tiene mucho sentido también, porque, generalmente, las personas con su energía no creerán posible tu petición e intentarán hacer que desistas o notarás mala vibración por su parte. No le cuentes al mundo lo que quieres hacer, DEMUÉSTRASELO.

Como ves, es muy sencillo, pero de tan sencillo que es, casi nadie lo hace. Las personas no le dedican el tiempo suficiente a estos estudios. Leen algo sobre el tema, entonces hacen "pruebas". Como cualquier novato, cometen errores, se desaniman y lo dejan.

**No seas ese tipo de personas que buscan, encuentran y luego salen corriendo. Has vislumbrado un gran secreto que puede cambiarte la vida**. No seas tan desagradecido de seguir buscando y yendo de un lado al otro perdido en busca de lo que ya sabes. Céntrate, practica y te prometo que tendrás lo mejor de este mundo, porque eso es lo que te mereces, te mereces lo mejor, siempre ha sido así y siempre lo será.

El principal problema es que nadie se toma la molestia de aprender estos principios. Están tan ajetreados con su vida estresada y sus problemas que no se detienen a ver las cosas con perspectiva. Normalmente ellos prueban a visualizarse durante un día o dos, y luego abandonan, aunque muchos suelen hacerlo durante una hora y nunca más. **COMO HACES ALGO HACES TODO. Actúan del mismo modo que actúan en su vida cotidiana. Pero todo tiene un precio. Si quieres tener lo que la mayoría no tiene, tendrás que hacer lo que la mayoría no hace.**

Imagínate que tú eres un terminal telefónico que depende de una central. Cuando existe un problema, te diriges a la central para que te lo resuelvan, ¿es así? Del mismo modo, cuando tengas un problema, dirígete a la central, al Universo, a Dios.

Si tu imagen mental está lo suficientemente clara, esta se proyectará en el MUNDO FÍSICO del mismo modo que un proyector de cine proyecta la película en los mejores cines.

Si cometes errores no te desanimes, PUEDE QUE TE FALTE FE o que intentes BUSCAR EL CÓMO, pensando que la manifestación depende de ciertas personas o circunstancias. CONFÍA.

Durante el proceso de manifestación, llegará un punto en que la idea de cómo hacerse brotará de tu cabeza y de tu corazón. Sentirás una claridad inmensa. **DEBES HACER TODO LO NECESARIO PARA MANTENER LA EXCITACIÓN BAJA**. No provoques potenciales excesivos. Y toma esa dirección, muévete. Recuerda que tú eres el medio por el cual el Universo busca expresarse, así que requiere de tu acción.

Otro factor a tener muy en cuenta: ¡NO FUERCES! Durante tus visualizaciones y el proceso de manifestación debes tener la sensación de que estás jugando. La clave para optimizar el aprendizaje y rendimiento de los niños es a través del juego.

**No lo tomes como una obligación, tan solo juega. Debe ser algo divertido.**

Lee el siguiente Código QR para ver un resumen de todo esto contado por mí:

# PERMITE LA MANIFESTACIÓN

**¿Te has dado cuenta de esa fuerza, ese poder que nos rodea, eso que hace que algunos días sean fabulosos,** que nos sintamos maravillosamente bien, que rindamos más en el trabajo, que veamos a las personas mejores de lo que las vemos habitualmente, que te sientes enérgico, lleno de vitalidad, que sientes que hay vida dentro de ti, y que suceden cosas mágicas a tu alrededor.

**<u>Es la fuerza del Universo, la FUERZA UNIVERSAL</u>**. Es la que manifiesta todo aquello que pides. No hay ninguna razón para que no obtengas lo que quieres, siempre y cuando lo permitas.

La duda, la inseguridad, la preocupación o el miedo hacen que no puedas manifestarlo. Todo eso construye muros a tu alrededor. La resistencia, los conflictos, las incongruencias entre tus actos, emociones y pensamientos. Todos los problemas que tienes son causados por lo mismo. Pides una cosa y ves manifestada otra. Debido a tus incongruencias y cambios de dirección constantes.

**<u>Pide ayuda a esa fuerza</u>**. La fuerza que hizo que los grandes inventores encontraran aquello que buscaban. La fuerza que hizo que los grandes empresarios hayan amasado grandes fortunas gracias a crear grandes entidades que han dado trabajo a cientos o miles de empleados. Aquella fuerza que ha hecho que los deportistas puedan llegar a disputar unos juegos olímpicos. Aquella fuerza que ha hecho que personas diagnosticadas de enfermedades incurables hayan podido sanar.

Es muy importante que, independientemente de tu situación actual, de tus problemas, del estrés, etc., tomes tiempo para relajarte, y conectarte con esa fuerza que te guiará y te concederá todo aquello que le pidas.

**<u>Conectarse a esa fuerza hace que desvíes la importancia hacia ella. No llevas tú la carga, la lleva ella</u>**. Esa fuerza es la que obra milagros. Debes ser consciente de ella y conectarte. No es difícil, solo debes saber que existe y permitir que fluya en ti. El Universo está deseando encontrar canales abiertos por los que manifestar toda su grandeza y abundancia. Piensa que la mayoría de las personas viven tan asustadas y llenas de negatividad y de conflictos que tienen los canales cerrados y no permiten la manifestación de sus deseos ni de todo lo bueno que hay en el Universo.

Es la gran fuerza que ha permitido descubrir el teléfono, los ordenadores, la bombilla, internet, la imprenta y todo lo que sabemos hasta ahora. Y es la misma fuerza que traerá a tu vida los milagros en la salud, la economía y el amor en tu vida, si tú se lo permites.

**Ante cualquier problema o necesidad, ante cualquier desafío que te encuentres en tu vida, PIDE. Toma conciencia y pide la solución**. Aquello que necesites pídelo al Universo. Tenemos algo grandioso que es el libre ALBEDRÍO. Nada sucederá si nosotros no damos la ORDEN. Del mismo modo que a un nivel más bajo, tampoco podemos ayudar nosotros a ninguna persona que no nos haya pedido ayuda. Pues si la persona no quiere ser ayudada, por mucho que lo intentes fracasarás y obtendrás lo contrario, pues estás yendo en contra de la voluntad divina, que es el libre albedrío. Lo mismo ocurre con el Universo, no puede manifestarse si tú no le das permiso...

Para permitir la manifestación debes tener en cuenta estos aspectos:

1. Rebaja el nivel de importancia, Si no lo haces, desviarás el péndulo y obtendrás lo contrario.

2. Déjalo ir. Significa tener la sensación de que tanto si lo tienes, como si no, tú vas a ser feliz igualmente.

3. Agradece tu situación actual y mímala al máximo. Si te obsesiones con lo que quieres dejarás de agradecer lo que ya tienes y lo perderás.

4. Ora SIN CESAR. Durante el día, los pequeños problemas o desarmonías, niégalas y decreta automáticamente el bien, o la situación, tal cual quieres que sea, da gracias y sigue con el día.

5. No dudes. Si tienes dudas repítete que son principios y no fallan jamás. Repítete y siente la situación de tu deseo. No les des ni tres segundos a los pensamientos de duda o negativos.

6. DESASÓCIATE DE LAS SITUACIONES. No vivas tu vida en primera persona, sino en tercera persona. Como un observador. Verás que las cosas no te afectan tanto, controlarás mejor los ataques de las fuerzas equiponderantes y las situaciones negativas no lo serán tanto.

7. ELEVA TU ENERGÍA. Come sano, haz ejercicio y estira mucho tus músculos. Toma el sol y agua abundante y clara. Toma conciencia de cómo captar y ceder energía universal.

8. No decretes lo contrario a lo que piensas. Una vez has hecho el tratamiento, has pedido y estás visualizando, luego no salgas a la calle y sigas decretando lo mismo de antes o intervengas en conversaciones negativas, etc.

9. Ten paciencia y espera el resultado. La expectativa es FE. Es el conocimiento de que es un hecho y te va a llegar.

10. No te dejes engañar por las apariencias. No importa lo que veas. No hay fracaso, solo demora en los resultados. Si aún no lo ves, no digas que no funciona. Eso destruye el tratamiento.

11. Sigue las señales. El Universo te enviará señales de por dónde seguir. Estate atento y síguelas. Es tu intuición, ella te guiará.

12. Sobre todo SÉ FELIZ AHORA. Es clave. Si eres feliz ahora vibrarás en todo aquello que quieres atraer.

**Date cuenta de que estás en un universo que atiende tus sugestiones. Es sensible a tu palabra y a tu pensamiento. Cuando te comuniques con él a través de sentimiento, sé consciente en todo momento de este hecho. Así, vigilarás lo que piensas y dices, pues sabes que son hechos.**

Ten en cuenta lo siguiente:

1. Todo está impregnado de esa sustancia universal creadora.

2. La sustancia universal es sensible y acepta sugestiones mediante tus pensamientos y sentimientos. Necesita dirección.

3. Actúa a través de la claridad. Debes tener fe absoluta en que eso se va a dar.

Graba esto en tu corazón: TE CONVIERTES EN LO QUE PIENSAS Y SIENTES REPETIDAMENTE.

Recuerda que la mejor manera de predecir tu futuro es creándolo.

## EL AHORA

Es el pensamiento sobre lo que se debe hacer lo que desespera a la humanidad. No hay mejor regalo que el presente, por eso se le llama presente. El ahora es la clave para atraer tus manifestaciones.

No pensar en el pasado traerá remordimientos o tristeza, o en el caso que sea positivo traerá recuerdos pero nada más.

No pensar en el futuro más que para definir metas. Muchas personas realizan una actividad pero tienen en mente lo que tienen que hacer dentro de cinco minutos. Eso desespera, estresa y llena la cabeza de conflictos que no dejan fluir la energía universal.

No dejes que nada te distraiga de tu momento actual. Debes hacer cada pequeña cosa con amor. El amor debe ocupar cada pequeño gesto tuyo. Recuerda que es la fuerza creadora y que si haces todo con amor, eso verás de vuelta.

Si haces las cosas sin dedicarles atención y solo piensas en el futuro, tu atención estará siempre en el futuro. Recuerda que la energía se dirige hacia aquello que le prestas atención. Si tu atención está en el futuro, la energía estará en el futuro.

¿Cómo se construye un rascacielos? Ladrillo a ladrillo. ¿Cómo se mantiene ese rascacielos alzado tanto tiempo? Colocando cada uno de esos ladrillos de la mejor manera posible, con todo el amor. Si empiezas a construir un rascacielos pensando en el resultado final, cada vez que pones un ladrillo, pronto te desanimarás… pero si prestas atención a cada ladrillo cada vez que lo colocas, cuando te des cuenta tendrás el mejor rascacielos del mundo. Tocarás el cielo con tus manos.

La desesperación del ser humano viene de no vivir el presente.

## EL EXPERIMENTO

No pierdas ni un segundo en pensar si esto es cierto o no, o si son fanfarronerías o no. Eso es el camino fácil, decir que esto es mentira y seguir con tu vida.

COMO SIEMPRE TE PIDO: NO LO CREAS. COMPRUÉBALO. Vamos a hacer un experimento, ¿te parece?

Durante los próximos días, dedícale unos minutos a sentarte en silencio, a solas y si es posible a las mismas horas. Entonces relaja tu cuerpo y tu mente, olvídate de tus preocupaciones, sé consciente de esa Fuerza Universal, deja que entre en ti y te conceda aquello que deseas. Ya sea más dinero, salud, consejo, trabajo… lo que sea. Eso sí, no le exijas, pues no lo aceptará. Sé humilde, y ella responderá. Sé receptivo, no le des instrucciones. Sé paciente y verás lo que ocurre.

Es muy importante que no hagas ningún esfuerzo, te conectarás si dejas de esforzarte, de lo contrario provocarás un potencial excesivo y conseguirás estresarte. Relájate, respira y fluye. Y deja que te llegue la información. "Permanece callado y entérate de que soy Dios". Una vez estés relajado, piensa en los aspectos del Universo que te mostré en el capítulo del principio de polaridad. Léelos si quieres y medita un poco sobre ellos. Acto seguido pide lo que quieras. Después da gracias como el que recibe un regalo. Dar gracias por lo que aún no ves es la mayor demostración de fe. Y luego no te tenses, no te irrites, que no te entren las prisas. Espéralo relajado.

Si tienes prisa por encontrar las llaves, meterlas y girarlas, lo más probable es que se te caigan, no atines o te equivoques de llave. Con suavidad, sin resistencias. Ya está hecho, espéralo con fe.

Empujar no sirve con los trabajos mentales. Los trabajos espirituales no entienden de fuerza física. Con suavidad. La fuerza para lograrlo reside en tu TRANQUILIDAD Y CONFIANZA.

Y por favor, ¿me puedes hacer un inmenso favor? ¡¡Cuéntamelo!! Envíame un correo a laingarciacalvo@gmail.com o contáctame por Facebook y hazme saber qué milagro has conseguido. Nada me hace más feliz que ver a las personas despertando y conociendo su poder personal.

GRACIAS, GRACIAS, GRACIAS.

# RECOMENDACIÓN

## EL MITO DE LA CAVERNA DE PLATÓN

Nos pide Platón imaginar que nosotros somos como unos prisioneros que habitan una caverna subterránea. Estos prisioneros, desde niños, están encadenados e inmóviles de tal modo que solo pueden mirar y ver el fondo de la estancia. Detrás de ellos y en un plano más elevado hay un fuego que la ilumina; entre el fuego y los prisioneros hay un camino más alto al borde del cual se encuentra una pared o tabique, como el biombo que los titiriteros levantan delante del público para mostrar, por encima de él, los muñecos. Por el camino desfilan unos individuos, algunos de los cuales hablan, portando unas esculturas que representan distintos objetos: unos, figuras de animales, otros, árboles y objetos artificiales, etc. Dado que entre los individuos que pasean por el camino y los prisioneros se encuentra la pared, sobre el fondo solo se proyectan las sombras de los objetos portados por dichos individuos.

**En esta situación los prisioneros creerían que las sombras que ven y el eco de las voces que oyen son la realidad.**

Así has estado tú hasta ahora, viendo las sombras, creyendo que eso era la realidad. Pero ahora tú ya conoces la verdad. La realidad es una sombra proyectada por nuestros pensamientos.

## EL DESPERTAR:

Supongamos, dice Platón, que a uno de los prisioneros, "de acuerdo con su naturaleza", le liberásemos y obligásemos a levantarse, volver hacia la luz y mirar hacia el otro lado de la caverna. El prisionero sería incapaz de percibir las cosas cuyas sombras había visto antes. Se encontraría confuso y creería que las sombras que antes percibía son más verdaderas o reales que las cosas que ahora ve. Si se le forzara a mirar hacia la luz misma le dolerían los ojos y trataría de volver su mirada hacia los objetos antes percibidos.

**Cuando alguien conoce la verdad, ocurre lo mismo. Al principio puede parecer que lo que ha estado viviendo hasta ahora es la verdad. Incluso las nuevas enseñanzas pueden resultarle molestas, volviendo a su vida anterior.**

## EN EL MUNDO EXTERIOR:

Si se le arrastrara a la fuerza hacia el exterior sentiría dolor y, acostumbrado a la oscuridad, no podría percibir nada. En el mundo exterior le sería más fácil mirar primero las sombras, después los reflejos de los hombres y de los objetos en el agua, luego los hombres y los objetos mismos. A continuación contemplaría de noche lo que hay en el cielo y la luz de los astros y la luna. Finalmente percibiría el sol, pero no en imágenes sino en sí y por sí. Después de esto concluiría, con respecto al sol, que es lo que produce las estaciones y los años, que gobierna todo en el ámbito visible y que de algún modo es causa de las cosas que ellos habían visto.

Al recordar su antigua morada, la sabiduría allí existente y a sus compañeros de cautiverio, se sentiría feliz y los compadecería. En el mundo subterráneo, los prisioneros se dan honores y elogios unos a otros y recompensas a aquel que percibe con más agudeza las sombras, al que mejor recuerda el orden en la sucesión de la sombras y al que es capaz de adivinar las que van a pasar. Esa vida le parecería insoportable.

**Con ese nuevo conocimiento en su poder, tenderá a volver a sus orígenes y contarles a sus compañeros su gran descubrimiento.**

## REGRESO AL SUBTERRÁNEO:

Ahora, tiene una exigencia moral de ayudar a sus compañeros. Se tendría que enfrentar a dos situaciones:

1. Confusión vital por la oscuridad de la caverna. Si descendiera y ocupara de nuevo su asiento tendría ofuscados los ojos por las tinieblas, sería incapaz de discriminar las sombras; los demás lo harían mejor que él, se reirían de él y dirían que por haber subido hasta lo alto se le han estropeado los ojos y que no vale la pena marchar hacia arriba.

2. Burla y persecución.

Si intentase desatarlos y conducirlos hacia la luz se burlarían de él, lo perseguirían y lo matarían.

**De hecho, ya ha ocurrido antes. ¿Cuántos iluminados han sido quemados en la hoguera por decir que la Tierra era redonda, que la Tierra no era el centro de la galaxia, etc.?**

## EL QUE TENGA OÍDOS PARA ESCUCHAR, QUE ESCUCHE

*"Los grandes espíritus siempre han encontrado una violenta oposición por parte de las mentes mediocres."*

**Albert Einstein**

No trates de convencer a nadie, cuando el alumno está preparado aparece el maestro. **Cuando conoces esta filosofía y las leyes que gobiernan el mundo en el que vivimos, el alumno siente la necesidad de expandir este conocimiento, de contárselo al mundo.** Pero cuando comienza a hablar de ello con sus amistades, generalmente lo que se encuentra son puertas cerradas. Y más que puertas cerradas, lo que encontrarás son mentes cerradas y corazones asustados. Te tacharán de loco. Porque ellos hablan desde la mente y tú desde el corazón. Ellos tratarán de buscar una explicación lógica, hablan el lenguaje de la lógica y tú hablas el lenguaje del alma. No se puede entender algo desde el lugar equivocado.

**Dijo Jesús: "Ningún profeta es aceptado en su aldea; ningún médico cura a aquellos que le conocen".**

La mejor manera de que ellos entiendan lo que tú recién acabas de aprender es mediante tu ejemplo. Por eso te insisto una vez más en que no te creas lo que has leído, sino que aplícalo y compruébalo. Cuando los demás vean tus resultados en lo visible, entonces ellos te vendrán a preguntar a ti.

**Entonces será el momento de decirles que lo que ellos ven es el resultado de lo que no ven. Y podrás enseñarles todo aquello que tú ya dominas, porque fuera es un espejo de dentro.**

Cuando te encuentres en reuniones escucharás todo tipo de comentarios y te darás cuenta del tipo de conceptos y creencias que esas personas tienen arraigados en el interior. Simplemente niégalo para tus adentros y decreta la verdad. No lo digas en voz alta, pues cuando el alumno está preparado aparece el maestro. No obligues a nadie a recibir lecciones sobre la verdad, porque muchas veces aquellos que creías más dispuestos son los que menos simpatizan con ella.

El maestro Jesús ya lo decía: "No deis lo santo a los perros, ni echéis vuestras perlas delante de los cerdos, no sea que los pisoteen, y se vuelvan y os despedacen".

Una buena manera de ayudar a tus seres queridos, familiares y amigos es regalándoles un ejemplar de este libro. Su conciencia se irá despertando poco a poco y tú estarás actuando con las Leyes del Universo atrayendo más y más abundancia en todos los sentidos a tu vida.

# CONSTRUYE TU VIDA

*"Lo que uno puede ser, DEBE ser."*

**Abraham Maslow**

Eres el arquitecto de tu vida, siempre lo has sido y siempre lo serás. Ahora ya conoces las herramientas que te llevarán a construir el mayor y mejor edificio que jamás se haya visto.

Pero para ello tienes que empezar por el principio. Cada uno de estos principios tiene la facultad de cambiarte la vida si uno se los estudia y los comprende. La comprensión uno a uno de cada uno de ellos elevará tu edificio añadiendo cada vez un piso más, ¡hasta tocar las estrellas!

**Cada día que practiques irás subiendo escalones.** Recuerda que todo el Universo es energía. No hay fracasos, solo a veces hay demora en los resultados. Pero en cuanto has decretado, has pedido y has continuado enfocado, ya es tuyo. Tu tarea entonces es no construir muros alrededor de ti que te impidan lograrlo.

Como sabes, la acción es el puente entre el mundo invisible y el mundo visible. Solo mediante la práctica obtendrás aquello que más deseas. Te insisto en que estos principios no fallan jamás. Pero como cualquier aprendiz o principiante en cualquier oficio o habilidad nueva que se desee aprender, al principio puede haber fallo. **No están todavía asentados esos conocimientos.** Es igual que cuando empiezas a conducir al principio te equivocas, se te cala el coche, tienes que estar muy pendiente de las marchas, de los espejos, etc., pero luego con la práctica consigues llegar a tu trabajo en coche y cuando llegas ni siquiera te has dado cuenta de cómo lo has hecho. Es perfectamente normal que al principio no te salga bien o que no lo domines lo suficiente, pero con la práctica lo aprenderás.

*"Para entender el corazón y la mente de una persona, no te fijes en lo que ha hecho, no te fijes en lo que ha logrado sino en lo que aspira a hacer."*

**Khalil Gibran**

La cuestión es si estás dispuesto a practicarlo. Eso va a depender exclusivamente de ti. **Tú tienes que ser responsable de tu vida y saber si estás dispuesto a hacer lo que has venido a hacer aquí, brillar,** o te vas a conformar con lo que tienes a pesar de que no te guste. La vida pasa rápido. Buda decía: "El problema de la humanidad es que se cree que tiene tiempo". Ya has observado que los años pasan volando y cada vez más y más rápido, ¿verdad? Ahora es el momento de decidir. De tomar una decisión que marcará tu vida para siempre.

*"La inteligencia consiste no solo en el conocimiento, sino también en la destreza de aplicar los conocimientos en la práctica."*

**Aristóteles**

Nada sucederá si no haces nada. No seas como la mayoría de la gente, que espera que llegue el milagro. Y así pasan sus vidas hasta que, cuando ya es demasiado tarde, se dan cuenta de que el milagro nunca llegó. Porque para que los milagros ocurran debemos hacer algo.

## EL PODER DE UNA ÚNICA REFERENCIA

*"La sabiduría de los sabios y la experiencia de los siglos pueden conservarse en las citas."*

**Benjamin Disraeli**

Durante la lectura de este libro continuamente hago referencia a personajes históricos de renombre. También se menciona continuamente enseñanzas de la Biblia para explicar estos principios, puesto que la religión católica ha sido la imperante en estos siglos pasados. Continuamente nos han estado bombardeando con mensajes mal entendidos y mal interpretados que nos han hecho más mal que bien. Como has podido estudiar, nuestras creencias están formadas en base a los condicionamientos pasados, así que utilizo estos condicionamientos para que tu cerebro entienda. Recuerda que tu cerebro necesita la parte lógica y debemos hablarle en su idioma. Pero también explico historias de la vida cotidiana con las que te puedas identificar. Todo esto es porque entendí el valor que puede tener una referencia en la vida de una persona para motivar el cambio. Pues ver explicado el mismo concepto una y otra vez de miles de maneras distintas y no entender nada, pero de repente, lees algo y tu cabeza, hace el "click". Entonces lo entiendes todo, y el gran misterio, que nunca se desvelaba, de pronto aparece ante ti con una claridad deslumbrante.

No sé cuál de estas historias o cuál de esas frases famosas te ayudarán a entender lo que aquí se quiere decir. Pero sí estoy seguro de que lo vas a entender. Y de que algo en ti va a cambiar.

Recuerda también que sólo con el conocimiento no es suficiente, necesitas la comprensión. Comprender estos principios te llevará a los resultados que esperas. La repetición es la base del aprendizaje. Lee y relee estos principios una y otra vez, lentamente, comprendiéndolos y medita sobre ello, hasta que los integres completamente en tu ser.

*"Lo que tenemos que aprender lo aprendemos haciéndolo."*

**Aristóteles**

El edificio de tu vida que tocará las estrellas llegará colocando cada uno de sus ladrillos de la mejor manera en que se puede colocar un ladrillo en este mundo. Los ladrillos de tu edificio son los pasos que tienes que seguir. Asegúrate de que cada uno de los ejercicios sean hechos de la mejor manera y con el amor que se merecen. Cuando te des cuenta, tendrás tu edificio. Pero todo llega por hacer los pasos correctos, durante el suficiente tiempo.

**¿TE HAS DADO CUENTA DE QUE HAY UNA GRAN DIFERENCIA ENTRE QUERER ALGO Y CONSEGUIRLO?**

Hay tres problemas graves:

1. No sabes lo que hacer de una manera concreta. No sabes cómo empezar ni dónde.

2. No haces lo que sabes.

3. No haces lo que dices que vas a hacer.

*"El que aprende y aprende y no practica lo que sabe, es como el que ara y ara y no siembra."*

**Platón**

Muchas veces pensamos que con solo pensarlo ya lo tendremos, pero recuerda que la acción es el puente entre el mundo externo y el mundo interno. Además, con la acción mantienes a raya las fuerzas equiponderantes y evitas los potenciales excesivos porque canalizas la energía a través de ella.

Pero si lo quieres todo de golpe no consigues nada. Cuando escribo estas líneas en este libro me imagino que le hablo a una persona. Esa persona que va a tener la valentía de cambiar su vida y brillar. Pero hay otra persona que leerá el libro, no aplicará los ejercicios y seguirá siendo como es. Existen esas dos personas dentro de ti. **Una que dice NO PUEDO y otra que dice SÍ PUEDO. Ahora vas a escribir un nuevo guión de tu vida. ¿Y qué voz vas a oír? ¿La del sí o la del no? Di ahora mismo: ¡SÍ PUEDO!**

*"¿Y si un trozo de madera descubre que es un violín?"*

**Arthur Rimbaud**

¿Cómo andarías? ¿Cómo hablarías? ¿Cómo serías? Si supieras que puedes ser lo que siempre has soñado. Si supieras que no tienes límites. Si ya fueras en estos momentos la persona que siempre has soñado ser.

*"Dios dio al hombre el dominio sobre todas las cosas."*

**La Biblia**

Cuando emprendes este camino, debes darte cuenta de que realmente tú tienes el completo control de tu vida. Tú controlas lo que piensas, lo que sientes, lo que expresas y lo que atraes. Es tu regalo, el libre albedrío. Luego el SECRETO de la humanidad es el siguiente: CONTROLA TU ESTADO MENTAL Y TODO LO DEMÁS SE TE DARÁ POR AÑADIDURÍA.

NO ES EL MEDIO AMBIENTE O SUS CIRCUNSTANCIAS LAS QUE CREAN AL HOMBRE. ES EL HOMBRE EL QUE CREA LAS CIRCUNSTANCIAS.

TÚ CREAS TU MEDIO AMBIENTE EN FUNCIÓN DE TUS CREENCIAS Y TUS SENTIMIENTOS.

> No es el rabo el que menea al perro, es el perro el que menea el rabo. Tú mandas.

## ¡LAS TRES TRAMPAS DE UNA SOCIEDAD ENFERMA! ¡¡¡ESCAPA CUANTO ANTES!!!

Nos encontramos con tres problemas tremendamente graves en esta sociedad enferma y confusa y estos son:

1. **NO SABEMOS** lo que queremos. Hay tanto de todo y tanto ruido, causado por los medios de comunicación, internet y la globalización en general, que, en lugar de estar más informados, estamos más confundidos.

2. Estamos cargados de **CREENCIAS NEGATIVAS.** Hemos creado nuestro propio lenguaje, nuestra propia manera de pensar, pasando de generación en generación, sin siquiera cuestionarnos si eso es cierto o no. No nos sentimos capaces.

3. **ESTAMOS ASUSTADOS**. Es tanta la información negativa que se filtra; todo son accidentes, desgracias, recesiones, crisis, etc., que nos impiden movernos. Nos tiene paralizados a la espera de que la situación mejore por algún tipo de milagro. ABRE LOS OJOS, el milagro no llegará, DEBES SALVARTE TÚ MISMO.

PUEDES VIVIR UNA VIDA EXTRAORDINARIA SI ERES CAPAZ DE:

IDENTIFICAR CON PRECISIÓN LO QUE QUIERES, FORTALECER TUS CREENCIAS CAPACITADORAS Y NO DEJAR QUE EL MIEDO TE IMPIDA TOMAR ACCIÓN MASIVA.

**Aunque nadie puede volver atrás y hacer un nuevo comienzo, cualquiera puede comenzar ahora y hacer un nuevo final. Y hoy es el día en que empiezas a crear tu nuevo final. ¿Listo? Empezamos...**

# CRECIMIENTO PERSONAL

*"Vacía tu bolsillo en tu mente, y tu mente llenará tu bolsillo."*

**Benjamin Franklin**

Muchas personas son capaces de gastarse mucho dinero en viajes, lujo, coches, casa, que no pueden pagar. Pero les duele gastarse dinero en adquirir el conocimiento para poder pagar esos viajes, lujos, coches, casa y poder pagarlos sin preocupaciones. Como decía también el gran Benjamin Franklin, si piensas que la educación es cara, prueba con la ignorancia...

Tenemos que cambiar nuestra manera de pensar. Si cambias tu manera de pensar, tu vibración cambia y toda tu vida también cambia. Tenemos un potencial enorme en nuestro interior, pero toma su tiempo. Tienes que estudiar, no sucede por casualidad.

*"Conócete a ti mismo y conocerás el Universo"*

**Sócrates**

Tienes que empezar a estudiar quién eres, por qué haces lo que haces, entenderte a ti mismo. Casi nadie sabe quién es. Creen que son su nombre, su cuerpo, su carrera, pero son mucho más que eso. Tenemos que entender que la ignorancia es la causa de todos nuestros problemas. Eso nos lleva al miedo y a los errores.

La única manera de superar la ignorancia es a través del conocimiento. Tenemos que estudiar cómo funciona el Universo y es así como comienzan a cambiar nuestras vidas.

Es posible que la lectura de este libro cambie tu paradigma para siempre, ¿por qué no? Ahora te pregunto, ¿por qué sí? Lo va a cambiar si lo trabajas. Si lees y relees hasta que entiendas.

Lo más difícil cuando decides transitar el camino del cambio es dejar atrás las viejas culpas que te hacían sentir tan cómodo. Culpar al gobierno, a tu familia, a tus padres, a quien sea menos a ti. Las personas que hacen eso están en el primer nivel, victimismo.

**No es lo que ocurre lo que determina tu futuro, sino cómo reacciones ante lo que sucede lo que determina dónde vas a terminar.** Para cambiar debes dejar de hacer lo que siempre has estado haciendo. Lee libros diferentes, habla con personas distintas, desvía tu trayectoria un grado, eso marcará la diferencia dentro de un tiempo. Empieza a hacer cosas distintas en esas mismas circunstancias que antes tanto te molestaban. Las circunstancias son las que son, pero puedes cambiarte tú. Y cuando tú cambies, tus circunstancias cambiarán. Cambiamos de dentro hacia fuera, atraemos de dentro hacia fuera. Todo lo que tienes en tu vida lo atrajiste por la persona que eres. Todo lo que quieres lo atraerás por la persona en la que te conviertas.

Así que es tan simple como esto, si cambias lo que hay dentro cambiarás lo que hay fuera. Y no se trata de cambiarte a ti mismo sino de convertirte en ti mismo. Tendrás más éxito, más amor, más salud o lo que sea que quiera que estés buscando, cuando tú crezcas. Obtienes las cosas en la medida en que evolucionas.

> Tu felicidad crecerá en la medida en que tu conciencia crezca.

Así que todo está en el crecimiento personal. Debes tener un excelente crecimiento personal. ¿Y si te dijera que puedes reunirte con los grandes sabios de la historia y poder absorber toda la información que ellos tienen? ¿Y si te diera la oportunidad de formar parte de un club selecto con las grandes personalidades de la historia: Sócrates, Platón, Benjamin Franklin, Einstein, etc.? ¿Aceptarías?

Ok, ese club existe, se llama biblioteca. Cuando lees a alguien empiezas a absorber sus creencias, empiezas a pensar como esa persona piensa y, en cierto modo, empiezas a atraer todo lo que aquella persona atrajo.

Tú ves el éxito de una persona en sus relaciones, en su felicidad o en su economía, pero no ves lo que hay detrás. Años y años de trabajo, de crecimiento, de obtención de habilidades. No seas tan estúpido de pensar que todo eso les cayó del cielo sin tener intención, fe y perseverancia, porque entonces estás muy engañado y vas a frustrarte. Empieza por el principio, da cada paso firme, tenlo claro y no te dejes desviar, mantén tu mirada al frente, no mires a los lados, no te desvíes, ten paciencia, ten fe, ten perseverancia y, muy importante, ten HUMILDAD para seguir aprendiendo y creciendo.

**Pero, sobre todo, MUÉVETE POR EL AMOR. EL AMOR ES LA FUERZA QUE MUEVE EL MUNDO.**

**En este punto de nuestro camino juntos quisiera decirte algo, TE AMO, GRACIAS POR ESTAR AQUÍ CONMIGO Y COMPARTIR ESTAS PÁGINAS JUNTOS. GRACIAS.**

# ¿SUFRES O HAS SUFRIDO POR AMOR?

**Si sufres mal de amor, es porque no has cumplido las reglas: amarás al prójimo como a ti mismo.**

Debes amarte a ti mismo primero. No puedes dar lo que no tienes. Si te amas mal a ti mismo amarás mal al prójimo.

Empieza por ti, ámate a ti mismo, y luego estarás listo para poder amar a otra persona. Si no te amas a ti mismo, ¿por qué esperas que alguien pueda amarte a ti? Es ridículo. Si ni tú mismo te amas, ¿por qué alguien ajeno a ti debería amarte?

Empieza por esta noche, cuando estés a punto de acostarte, ponte frente al espejo. Lo más auténtico que puedas llegar a ser, sin interpretar ningún papel. Sé tú mismo. Ponte desnudo. Mírate, obsérvate y entonces di: "¡wow! Te amo".

Esto tan sencillo a menudo es difícil de comprender. Durante muchas de mis sesiones personales con clientes que buscan un cambio, o simplemente mejorar sus vidas o atraer a la persona que ellos quieren, me doy cuenta de que muy, muy, muy a menudo entregamos nuestro poder, autoestima y confianza en manos de otra persona. Cuando eso ocurre, estás en una zona de peligro. Pues si esa persona deja de estar en tu vida, con ella se irán todas tus ilusiones, tu amor y la confianza que quizás nunca vuelvas a recuperar, cerrándote las puertas a un amor verdadero que está por ti esperando.

Es por este motivo que muchas personas prefieren quedarse con su pareja, a pesar de sufrir abusos de todo tipo, malos tratos o indiferencia. Es más doloroso para ellas el sentimiento de soledad o de pérdida que el soportar todo ese tipo de vejaciones.

Este tipo de relaciones tienen un nombre: **relaciones de dependencia.** Y funcionan del siguiente modo: como yo te doy esto, yo espero que tú también me lo des. Si hago esto entonces tú tienes que hacer esto otro.

Es como un trato, hago esto a cambio de lo otro. Esto no es el verdadero amor, es una relación de dependencia, y termina en alguna de las situaciones descritas anteriormente.

Empieza por amarte a ti mismo, enamórate de ti primero.

No es ego, es amor a uno mismo. Si te relacionas con alguien desde la carencia, atraerás más situaciones a tu vida que te ayudarán a manifestar esa carencia. No puedes dar lo que no tienes. **Tú eres muy importante, eres lo más importante para ti en este mundo. Cuando te enamores de ti, atraerás esas personas maravillosas que te harán sentir mejor.** Tu autoestima estará por las nubes, y ya no aceptarás nada que vaya en contra de tu persona porque amarás a tu persona.

## ¿AMOR O MIEDO?

¿Cómo te relaciones con tu pareja? ¿Cómo te has relacionado hasta ahora con las personas con las que has compartido tu vida?

La mayoría de las personas, debido a sus creencias, tal y como te expliqué en el principio del mentalismo, se relacionan desde el miedo. Tienen miedo a perder el amor, tienen miedo a que les falle, les humille, tienen miedo a perder su propia identidad con esa relación. Miedo, mucho miedo, que se transforma en **POSESIÓN**. Cuando tienes miedo a perder algo entonces lo agarras, lo oprimes contra ti, lo ahogas...

**Cuando te relacionas desde el miedo, estás provocando precisamente que ese amor se pierda.**

Hace tiempo escuché una historia que explica muy bien este hecho. Dos chicos jóvenes fueron a una aldea y pidieron consultar con el anciano sabio para sellar su amor eterno. Cuando llegaron, el sabio le dijo a ella: "Ve al monte y coge un águila hembra, la más bonita que encuentres". Luego se dirigió a él y le dijo: "Ve a la montaña y encuentra el mejor ejemplar de águila macho. Mañana nos volveremos a reunir aquí a las diez en punto".

A la mañana siguiente se reunieron todos, ella traía el águila hembra y él el macho. Entonces le dijeron al anciano que no entendían este juego, ellos solo querían sellar su amor eterno en una ceremonia que los uniera para siempre. Sin decir nada, el anciano cogió a las dos águilas y las ató por una de sus patas. Estas intentaron desatarse, y al ver que no podían, empezaron a picotearse y a hacerse heridas. Luego emprendieron el vuelo. Comenzaron a dar vueltas sobre sí mismas, sus alas chocaban unas con otras y después de unos segundos, se desplomaron contra el suelo.

El anciano dijo entonces: "El amor es como estas dos águilas. Si te atas y no dejas libertad, entonces puede doler, os podéis hacer daño, y no podréis volar muy alto ni libres". Luego cortó la cuerda que unía las patas de las águilas. Estas se elevaron, dieron dos círculos alrededor del anciano y los jóvenes, y se marcharon volando juntas una al lado de la otra hasta que desaparecieron en el horizonte.

Cuando te relacionas desde la dependencia y la posesión, sufrirás. Desgastarás ese amor, y no podrás volar libre y alto.

> Aquí va un pequeño secreto: LA ÚNICA MANERA DE MANTENER O ATRAER UN AMOR ES AMANDO SIN ESPERAR NADA A CAMBIO.

Durante mis seminarios suelo preguntar a las personas qué porcentaje de responsabilidad tienen respecto a su pareja. A menudo las personas responden "el 50%". Algunos pocos se atreven a decir una cifra más alta, el 70%, el 80%. Ok, aquí va la clave. Asumir el 100% de la responsabilidad. Las relaciones no funcionan 50/50 o 45/55 o nada de eso. Tenemos que asumir el 100% de la responsabilidad. Depende de uno mismo. Si das y esperas algo a cambio es una relación de dependencia.

Si ya tienes pareja, da, da sin esperar nada, pero de corazón, y verás el milagro de sanación. Si te gusta una persona, da, da sin esperar nada a cambio y verás el milagro. No lo creas, COMPRUÉBALO.

**¿Es magia? No, son principios, son leyes.**

**Una de las necesidades humanas más importantes es el sentido de importancia, el sentido de significación.** Muchas veces nos relacionamos con las personas buscando cubrir ese sentido de importancia. Queremos que la otra persona nos haga sentir importantes. Sin embargo, la otra persona busca lo mismo. Y ese es el secreto, aumenta su significación y deja la tuya a un lado. No es que renuncies a tu persona sino que haces el acto generoso y desinteresado de dar sin esperar nada a cambio. Si tienes claro lo que buscas de esa relación apúntalo en un papel, y luego renuncia momentáneamente a eso, y empieza a pensar en lo que necesita la otra persona. Y entrégaselo.

¿Qué necesita tu pareja o la persona que te gusta? Deja de pensar en ti y empieza a pensar en ella. Recuerda que esto lo harás cuando antes hayas resuelto tu amor propio, si no, no funciona. Ahora ya te amas a ti mismo, entonces renuncia a tu propia importancia y regálale a la otra persona lo que ella necesita. No lo que tú crees que necesita, es un error muy común. No lo que tú piensas que le irá bien, dale lo que ella necesita. Lo que ella siente que es importante para sí misma.

Este principio funciona de tal forma que te sorprenderás y pensarás que una fuerza mágica, esotérica, ocultista, está actuando. Pero no es nada de eso. Son principios, son leyes.

**AMA SIN ESPERAR NADA A CAMBIO Y TODO AQUELLO QUE QUIERES APARECERÁ DELANTE DE TI COMO POR ARTE DE MAGIA.**

## ¿ESCUCHAS ATENTAMENTE?

Si ya tienes pareja y no funciona todo lo bien que habías planeado quiero confesarte algo: es perfectamente normal.

Los seres humanos percibimos la realidad a través de los sentidos. Algunos somos más auditivos (normalmente las mujeres lo son), algunos somos más kinestésicos (tacto) y algunos más visuales (los hombres somos más visuales). Todos utilizamos todas las vías, pero siempre hay una más dominante. Y aquí es donde entra el conflicto.

La mayoría de las mujeres son auditivas, aunque no se cumple siempre, debes encontrar cuál es el canal favorito de tu pareja para percibir la realidad.

La mayoría de los hombres somos predominantemente visuales.

Cuando empiezas una relación, estás muy enamorado y utilizas todos los canales para explicarle a tu pareja lo mucho que la quieres y aumentar su importancia y su significación. Entonces le dices a tu pareja lo guapa que está, la tocas de una manera especial, la miras con ojos de enamorado, le dices que esa ropa le queda genial, etc. Estás tocando todos los canales, así que independientemente de cuál sea el suyo, lo acertarás y le harás sentir especial.

**Sin embargo, con el tiempo nos vamos acomodando, y pronto dejamos de utilizar todos los canales para usar solo el nuestro a la hora de comunicar nuestro amor.**

Por ejemplo, si somos auditivos, le diremos a nuestra pareja "te amo" porque eso es lo que nos hace sentir importantes a nosotros. Sin embargo, si nuestra pareja es visual, un "te amo" no le va a llegar. No se va a sentir amada, pues ella no necesita un "te amo", su canal es el visual, no necesita oírlo, necesita verlo. Necesita ver tus gestos, tus miradas, tus acciones. En un principio tú las utilizabas, pero poco a poco dejaste de hacerlo.

Al principio no decimos nada. Ya no sentimos ese amor, porque nuestra pareja utiliza esos canales, pero lo vamos aceptando. Aunque en el fondo de nuestro corazón no es lo que queremos. De pronto un día sin saber por qué explotas. Decides marcharte, decides huir o decides romper con todo. Has estado mucho tiempo callando.

Escucha a tu pareja, determina cuál es su canal para percibir la realidad y utilízalo para hacerle saber que continúas amándola como al principio.

**La única manera de que triunfe el amor es AMAR SIN ESPERAR NADA A CAMBIO, y entonces la MAGIA OCURRE.**

*"Amar es enamorarse de la misma persona todos los días, sin hacer antigüedad, evitando la monotonía."*

Uno de los pasos más importantes para lograr lo que quieres es amarte a ti mismo, ser importante. Cuando eres importante el Universo se interesa por ti. Si tú crees que no eres importante, el Universo hará selección natural, no le importarás.

El Universo se interesará por tu existencia sólo si tú te interesas por tu existencia.

# DECISIÓN

*"Un viaje de miles de leguas empieza con el primer paso."*

**Confucio**

¿Te acuerdas de la época en que ocurrieron los atentados de las torres gemelas? ¿Recuerdas el tsunami en sur asiático en el año 2004? ¿Te acuerdas de la muerte del papa Juan Pablo II en el año 2005? Han pasado entre once y siete años de estos sucesos. Piensa por un momento, ¿dónde estabas en esa época? ¿Quiénes eran tus amigos? ¿Cuáles eran tus pensamientos? ¿Cuáles eran tus sueños? ¿Estás hoy donde querías estar? Diez años pasan muy rápido, ¿verdad?

Aunque lo más importante para uno mismo es preguntarse: ¿Cómo quiero vivir los próximos diez años de mi vida? ¿Qué voy a proponerme hacer? ¿A dónde quiero llegar? ¿Qué tipo de vida quiero tener? ¿Con qué me comprometo?

No tienes por qué hacer lo que has estado haciendo los últimos diez años. Puedes comprometerte hoy a  hacer algo nuevo, otra cosa.

**Escribo este libro para desafiarte a que tomes una decisión diferente hoy.**

El momento adecuado para planear cómo quieres que sea tu vida es ahora, no cuando estos diez años hayan pasado. Lo que va a marcar la diferencia es la manera que tengas de hacer las cosas en determinada situación en comparación al resto de personas. Hay una gran diferencia entre vivir una vida extraordinaria o vivir una vida de preocupaciones. La diferencia estriba en cómo actuarás ante cada circunstancia. Estarás de acuerdo conmigo que solo un porcentaje muy pequeño de la población es realmente feliz. Un pequeño y selecto grupo goza de opulencia en todas las áreas de su vida. Las personas promedio actúan de determinada manera ante los diferentes desafíos que se les plantean; la cuestión es, ¿qué harás tú diferente si deseas ser diferente ante esas situaciones?

## TU HABILIDAD PARA CAMBIAR TU DESTINO

Existe una cosa que va a marcar la diferencia. Algo que hará que cumplas o no tus objetivos. Cuando venimos al mundo todos empezamos desnudos, sin ropa, sin prejuicios, sin ningún tipo de programación mental. Pero al final de tu vida terminarás solo, triste, arruinado o acompañado en una relación de amor. Terminarás teniendo riqueza o pobreza. Terminarás teniendo salud o enfermedad. Morirás de viejo o morirás de alguna enfermedad adquirida. Vivirás en una casa bonita junto al mar o en la montaña, con tu jardín y con todas las comodidades, o vivirás en una choza con apenas el dinero justo para subsistir o ni siquiera eso. Hay algo que marcará la diferencia a lo largo de tu vida. Una cosa que te distinguirá del resto. Todo depende de una sola cosa. ¿Y qué es esa cosa que marca la diferencia? **Las DECISIONES**.

*"Por regla general, un hombre debe muy poco a aquello con lo que nace; un hombre es lo que él hace de sí mismo."*

**Alexander Graham Bell**

Somos el resultado de la acumulación de todas las decisiones y elecciones que hemos tomado a lo largo de nuestra vida desde que nacimos. Las decisiones que tomaste determinan qué resultados has tenido. Tus relaciones de pareja, tu economía, tu carácter, todo.

**El éxito en la vida es el resultado de pequeñas acciones que se suman unas a las otras y parecen insignificantes, pero a la larga marcan la diferencia**. Por ejemplo, la decisión de ir al gimnasio todos los días en lugar de tumbarse en el sofá. La decisión de comer para cenar verdura en lugar de comer chocolate. La decisión de darle un abrazo a tu pareja en lugar de ser indiferente. Leer media hora antes de irte a dormir o poner la tele media hora antes de irte a dormir.

Imagínate lo que cambia la vida de estos dos individuos en el plazo de tiempo de unos años.

La persona A todos los días escucha las noticias cuando se despierta, pone la radio cuando va al trabajo en coche, cuando llega a casa pone la televisión mientras come con su familia. Le encanta beber coca-cola. Por las tardes se va a tomar unas cervezas con sus amigos. Para volver a su casa coge el metro. Y siempre antes de irse a dormir se toma un tazón de leche con galletas. Para dormirse mira un rato la televisión hasta que le entra el sueño y muchos días se despierta con la televisión encendida.

La persona B todos los días cuando se despierta lee sus metas y objetivos escritos en un papel, escucha cintas de desarrollo personal o de algún mentor en el coche de camino al trabajo; cuando llega a casa al mediodía comenta con su familia los avances que está teniendo en su trabajo e intercambian opiniones de cómo les ha ido la mañana. Bebe dos litros de agua al día. Por las tardes se va al gimnasio a hacer ejercicio media hora. Para volver a casa, en lugar de coger el metro lo hace andando. Antes de irse a dormir toma una pieza de fruta. Para dormirse lee un buen libro y agradece todas las cosas buenas que le ocurrieron durante el día.

La diferencia entre estas dos personas no se hace evidente en un mes, o incluso en pocos meses. Incluso pudiera parecer injusto. Pero, ¿dónde crees que estarán cada uno de ellos dentro de diez o veinte años?

El individuo A, al cabo de un año, tiene miedo de que lo despidan del trabajo porque en las noticias no paran de hablar de crisis. Tiene problemas con su familia por falta de comunicación. Empieza a tener un poco de sobrepeso a raíz de las coca-colas y las cervezas. Y tiene problemas de insomnio por dormir con la tele puesta.

El individuo B, al cabo de un año, leyendo quince páginas al día se ha leído un total de 50 libros sobre éxito y cómo mejorar su vida, ha escuchado un total de 500 horas de CD de formación. A reducir la dieta y comer más sano y hacer más ejercicio ha perdido peso y se siente más sano. Al tener más comunicación con la familia, su relación con su mujer ha mejorado, han recuperado la pasión y se sienten muy enamorados.

> Tomar una decisión es lo mejor que puedes hacer por ti y por los que te rodean hoy. Decidir hoy lo que vas a hacer con tu vida durante los siguientes años puede ser el motor que inspire a cientos de personas con las que vayas a tener contacto en este plazo de tiempo. No tomar una decisión también es tomar una decisión. Es tomar la decisión de dejarse guiar por las circunstancias externas en lugar de responsabilizarte por tu propia vida.

Tomar una verdadera decisión significa eliminar el resto de posibilidades y empezar una acción inmediata en ese sentido. No decides dejar de fumar si tu mente todavía concibes la opción de coger otra vez un cigarrillo, y no es una verdadera decisión si inmediatamente después de decidirlo ya no vuelves a fumar jamás. ¿Entiendes la diferencia? Has tomado una decisión real si eso se convierte en la única posibilidad existente y si te diriges hacia ella en el mismo momento en que la tomas.

*"Jamás dejes que las dudas paralicen tus acciones. Toma siempre todas las decisiones que necesites tomar, incluso sin tener la seguridad o certeza de que estás decidiendo correctamente."*

**Paulo Coelho**

**¿Será hoy el día en que decidas comprometerte con tus sueños y con el tipo de persona que eres en realidad? ¿Será hoy el día en que decides darle la espalda a tu mente y girarte hacia tu alma para vivir de acuerdo con tus más altos valores y realizar por fin tu propósito de vida?**

¿Será hoy el día en que decides darle un giro a tus circunstancias? ¿Será hoy el día en que todo cambia para siempre?

## ENTRENA TU MÚSCULO DE LAS DECISIONES

*"La gente rica toma decisiones rápidas y no las cambia. La gente pobre tarda mucho en tomar una decisión y luego la cambia con mucha rapidez."*

**T. Harv Eker**

Como ya sabes, todo es energía. Tus sueños requieren de energía. La energía se dirige hacia donde tú la enfocas. Y la enfocas mediante tu mente y tus emociones, cuando aparece el sentimiento. Cuando has acumulado suficiente energía entonces consigues tu objetivo.

Pero como has podido leer en la referencia citada arriba de mi maestro T. Harv Eker, la mayoría de personas no están entrenadas para tomar decisiones. Suelen aplazar las cosas y una vez que se deciden, entonces cambian de opinión con mucha rapidez. Con esto, continuamente están cambiando de rumbo y nunca llegan a acumular la suficiente energía como para lograr sus metas. Entonces se conforman con resultados mediocres que lo único que les traen son dolor y sufrimiento a sus vidas.

Tomar decisiones es una habilidad entrenable. Del mismo modo que alguien va al gimnasio y trabaja a diario para que sus músculos luzcan fuertes y sanos, uno también puede entrenarse en el arte de tomar decisiones.

Algunos mamíferos superiores hemos desarrollado una región especializada del cerebro asociada con el pensamiento, la planificación y la TOMA DE DECISIONES, llamada corteza pre-frontal. Si la tenemos, ¿por qué no utilizarla a nuestro favor? Como cualquier parte de nuestro organismo, si lo usamos se fortalece y crece, si no lo usamos lo perdemos. O lo usas o lo pierdes.

La gente no suele tomar decisiones, normalmente se escaquea. Es demasiada responsabilidad. Pero si no aprendes a tomar decisiones entonces vivirás a base de reacciones, como un animal o una máquina. Piénsalo, ¿por qué no tomas las decisiones que sabes ahora que deberías tomar? ¿Qué es la dilación? La dilación es aplazar algo que uno sabe que debería hacer. ¿Y por qué no lo hacemos? Porque en algún punto de tu subconsciente tú entiendes que tomar esa decisión ahora es más doloroso que aplazarla. Hasta que llega un punto en que lo has aplazado tanto, tanto y tanto que sientes la presión de tener que hacerlo de una vez por todas. En ese punto, has cambiado de parecer. **Seguir aplazando la decisión te resultará más doloroso que emprender la acción**.

## ¿CORTO PLAZO O LARGO PLAZO?

*"Si haces lo que la mayoría de las personas no hacen, podrás hacer lo que la mayoría de las personas no podrá hacer, durante el resto de tu vida."*

**Mark Twain**

Tienes veinte años. La vida te sonríe. Eres joven, tienes muchos proyectos, las cosas te van bien, pocas preocupaciones. Un día llegas a casa y ves una tarta de chocolate. No tenías pensado comer tarta. De hecho, ibas a la cocina a beber un vaso de agua; sin embargo, ahí estaba. Una tarta de chocolate gigante se había interpuesto en tu camino. Ahora tenías que tomar una decisión, seguir con tu idea de tomar el vaso de agua o tomar un trocito de tarta. Como te encanta la tarta finalmente sucumbes y te comes un trozo.

Veinte años después, cuarenta años. Durante los últimos veinte años has tenido el hábito de tomar tarta de chocolate varias veces por semana. Con veinte años tomaste una que te encantó y además comprobaste que cada vez que comías dulce te sentías muy bien. Así que de ahí en adelante, durante los siguientes veinte años decidiste que cada vez que tenías un problema allí estaba tu mejor amiga para ayudarte a sentirte bien, la tarta de chocolate. Con veinte años era divertido, pero ahora con cuarenta la cosa cambia. Por culpa de haber tenido ese mal hábito ahora tienes cierta obesidad, tu colesterol empieza a dar problemas y el médico ya te ha advertido que corres el riesgo de tener un ataque cardíaco. Hace veinte años tomaste una decisión, una tarta en lugar de un vaso de agua...

La gran paradoja de la vida es la siguiente: LO QUE NOS DA PLACER A CORTO PLAZO NOS PROPORCIONA DOLOR A LARGO PLAZO; LO QUE NOS DA DOLOR Y ESFUERZO A CORTO PLAZO NOS DA PLACER A LARGO PLAZO.

Ya sabes que para atraer tus sueños debes disciplinarte en pensar de manera correcta, hablar de manera correcta, sentir tus sueños como si ya hubieran sido concedidos, dedicarle tiempo al día en pensar en lo que quieres y pase lo que pase ser positivo. Jim Rohn decía: "Tarde o temprano tendrás que elegir entre el dolor de la disciplina o el dolor de lamentar o del remordimiento".

Si haces lo fácil tu vida terminará siendo muy difícil. Si haces lo difícil tu vida terminará siendo muy fácil.

Es muy duro ver pasar una vida, llegar a tu lecho de muerte y mirando atrás pensar: "debería haber hecho eso y aquello, y también aquello". Pero ya será demasiado tarde, y por culpa de esas malas decisiones basadas en el miedo y en la inmediatez, tú obtuviste dolor y también tus seres más queridos.

**Quizás la mejor decisión que puedas tomar en esta vida es comprometerte con los resultados a largo plazo.** Nos movemos en un mundo dirigido por la inmediatez. La comida rápida, el estrés, todo tiene que ser ya. Pero lo obtenemos y luego, ¿qué? No le damos el valor que merece.

Cuando tomas decisiones precipitadas basadas en el placer inmediato es casi seguro en el 90% de los casos que te estás equivocando.

Para tomar correctas decisiones debemos superar los siete miedos que expusimos anteriormente, sobre todo el miedo al fracaso. Recuerda que toda mala decisión que tomes hoy te traerá el conocimiento mañana para poder tomar una buena decisión. Si no tomas una decisión hoy, no ocurrirá nada.

Tomaste un préstamo en el banco que no podías pagar porque querías esa casa que te gustaba tanto ahora. Decidiste dejar a tu pareja porque preferiste tener libertad con tus amigos ahora. Pensaste que era mejor irte de viaje y disfrutar de la vida que ahorrar por si surgía algún inconveniente. Todas esas decisiones cortoplacistas aportaron algo negativo en tu vida.

**El éxito en la vida llega por hacer cosas fáciles durante el suficiente tiempo.** La mayor parte de la gente va dando tumbos de un lado a otro porque no son constantes, se aburren, y entonces cambian la dirección de sus deseos tan a menudo que no llegan a acumular la suficiente energía de intención como para que eso se materialice en sus vidas.

A este fenómeno se le llama el síndrome del Niágara. Tratas de esquivar las rocas que te encuentras en el camino y no ves la catarata por la que vas a caer más adelante.

Tomar decisiones basadas en la inmediatez suele ser la raíz de todos los problemas.

Si a una persona a la que le acaban de detectar cáncer de pulmón hubiera podido volver atrás cuando era un niño y dio la primera calada, ¿crees que tomaría decisiones diferentes? Pero eres un niño y no te preocupa la salud, porque estás bien, y fumar te hace importante dentro de tu grupo de amigos.

**Las decisiones que estás tomando hoy, ¿qué consecuencias tendrán dentro de diez años? ¿Qué tipo de persona serás gracias a esa decisión? ¿Con qué resultados te estás comprometiendo?**

Si te comprometes a largo plazo, eres capaz de cualquier cosa. ¿Podrías hoy correr una maratón si te lo propones? A menos que ya tengas el hábito de correr, no. Pero si tomases la decisión de dentro de un año correr una maratón, entrenando cada día con el mejor entrenador y un grupo de compañeros que te apoyase en esos entrenamientos, ¿podrías entonces hacerlo?

## EL ÉXITO ES FÁCIL

Siempre estamos buscando las cosas complicadas para hacer. Creemos que lo complicado es lo que marca la diferencia. La mayoría de las veces ni siquiera empezamos algo porque creemos que será demasiado difícil. Pero lo que ocurre es que en realidad nosotros sabemos lo que debemos hacer, y el hecho de no hacerlo hace que las cosas se vuelvan difíciles.

Todo el mundo sabe que debemos tomar agua cada día, comer verduras, hacer ejercicio, contestar emails, hacer llamadas, ser puntual, visualizar cada día tus sueños, definir claramente tus metas y tenerlas por escrito, etc. ¿Es esto difícil? ¡Claro que no! Es muy fácil, pero ¿lo hacemos? Mucha gente no lo hace o no lo hace lo suficiente. Así que son las pequeñas cosas que dejamos de hacer las que hacen nuestra vida complicada.

Todo eso es fácil, ¿cierto? Pero lo que es fácil de hacer también es fácil dejar de hacer. Sencillamente porque esas pequeñas cosas se te pasan por alto. Pero la suma de esas pequeñas cosas fáciles hacen que tu vida sea mejor en el futuro.

Levantarse media hora antes de lo habitual para visualizar tus objetivos y después leer algún fragmento de algún libro como este que tienes en tus manos es fácil, aunque no le gusta a nadie tener que hacerlo. La diferencia entre los que tienen una vida de éxito y los que no, es que todos saben cómo hacerlo pero solo los que consiguen tener éxito lo hacen.

¿Para qué vas a centrarte en hacer las cosas complicadas? Son las pequeñas cosas fáciles, hechas durante periodos de tiempo prolongados, lo que hace que alcances tus sueños.

> Decide hacer lo sencillo de forma prolongada y cambiarás tus hábitos, y entonces cambiarás tu vida.

## LA GRAN DIFERENCIA

Hasta aquí, estarás de acuerdo conmigo, por las innumerables referencias que has ido leyendo en este libro, que todo lo que piensas la mayor parte del tiempo se convierte en tu realidad.

Hace un año tuve la oportunidad de asistir a un seminario de mi mentor

T. Harv Eker en donde dieciocho millonarios explicaban distintos métodos de generar fuentes de ingresos pasivos. Durante el seminario hubo una persona que me llamó mucho la atención. Keith Kuninghamm, el padre rico de Robert Kiysaki, autor del libro *Padre rico, padre pobre*.

Después de su ponencia, todo el mundo se levantó a aplaudir. Era una persona con una energía excepcional. Inmediatamente después, salió al escenario el siguiente ponente, pero me di cuenta de que Keith se quedó detrás del público y decidí acercarme a hablar con él.

Durante su exposición, nos explicaba la importancia de tener un sistema, que a veces es aburrido, pero que el éxito llega por la constancia y el trabajo diario. Entonces le dije: "Sí Keith, eso está muy bien, pero ¿cómo haces para no venirte abajo durante el camino?, y su respuesta fue muy clara, dijo: "Para no venirme abajo cuando surge algún problema, cojo mi hoja donde tengo apuntadas mis metas, la miro, y recuerdo el porqué un día decidí que yo quería eso".

Si tienes la oportunidad de conocer a personas de gran éxito en la vida te darás cuenta de un pequeño detalle. Entendí este concepto muy bien cuando me mudé a Madrid a estudiar. Durante esos años viví en la residencia del Real Madrid de fútbol y allí tuve la oportunidad de conocer gente importante. Entre ellos, futbolistas de primera división, árbitros o personas de renombre en el ámbito de la cultura o la educación. Las personas con las que yo había tratado hasta entonces eran maravillosas, con muy buenos sentimientos, buena gente, etc., pero sus vidas estaban llenas de problemas, principalmente económicos, pero también tenían fugas en sus relaciones y en su salud. Tú ahora ya sabes el porqué esto se da, porque ya conoces los principios que regulan este mundo.

Pues bien, cuando tuve la oportunidad de comparar unos con otros, me di cuenta de que las personas que había conocido hasta entonces mantenían la mayor parte del tiempo **su mente enfocada en los problemas. Siempre tenían muy claro lo que no querían y dedicaban más esfuerzos en huir de aquello que les disgustaba que en dirigirse hacia aquello que querían. Principalmente porque ¡no sabían lo que querían!**

*"Los obstáculos son esas cosas que las personas ven cuando dejan de mirar sus metas."*

**E. Joseph Cossman**

Sin embargo, la gente que lograba éxito mantenía su enfoque en las metas que se habían planteado y en cómo lograrlas. Tenían problemas, por supuesto que sí, pero mantenían su foco en la solución y luego seguían pensando en cómo conseguir sus objetivos.

Resumiendo, ten claras tus metas, y cuando surja algún problema enfócate en la solución, no en el problema.

**Di la verdad, deja de engañarte. Llevas demasiado tiempo justificándote. Tu alma está cansada, triste, desolada. Lleva años reclamando tu atención. Ha llegado el momento de darle el lugar que se merece, ¿no crees? ¿Será hoy el día en que por fin decides cambiar?**

## LA MAYOR GUIONISTA DE CULEBRONES DE LA HISTORIA: LA MENTE

Lo que nos entristece es todo aquello que vemos cuando apartamos los ojos de nuestros sueños.

¿Por qué? Por una sencilla razón, tu mente busca la supervivencia, esto quiere decir que está programada para buscar peligros. La mente busca problemas y su misión es tratar de evitarlos para tu bienestar.

¿El problema? Nos mantiene dentro de la zona de lo conocido. ¿Inconvenientes? Pues que lo conocido nos ha llevado exactamente a donde estamos ahora. ¿Qué ocurre si queremos un cambio? Tenemos que salir de lo conocido para adentrarnos en lo desconocido. ¿Obstáculos? Nuestra mente se inventará mil y una excusas para que no lo hagas y utilizará todos los mecanismos de los que dispone, para asegurarse de que no emprendas acciones que puedan perjudicarte. Siempre según su criterio, el de tu mente, claro.

**Algunos de los mecanismos que tiene son mentales, mil y una EXCUSAS que te las justificará de tal manera que no te des cuenta del engaño.**

También pueden ser emocionales. Si las excusas no son suficientes, te hará sentir muy, muy mal para que tú, según tu lógica, determines que "esto no es para mí porque yo hago caso a mis emociones".

Si estos mecanismos fallan le queda un último mecanismo infalible. Atacará por la vía física. ¿Alguna vez te ha ocurrido que tenías que hacer algo y justo el día antes te pones enfermo? Qué casualidad, ¿no?

Al fin y al cabo, ¿quién controla todo en tu cuerpo? Tu cerebro. Y él emite órdenes al sistema nervioso. Él puede acelerarte el pulso, puede aumentar tu riego sanguíneo, puede hacer muchas cosas. TAMBIÉN BAJAR TU NIVEL DE DEFENSAS PARA QUE ENFERMES con tal de evitar que hagas lo que él considera que es peligroso.

## LA ZONA DE CONFORT

Lamentablemente, todo lo que nosotros queremos y no tenemos, llámese más dinero, mejores amigos, mejor sueldo, mejor situación social, el amor, la salud, etc., está más allá de tu zona de confort. Más allá de lo conocido. Más allá de lo que has estado haciendo hasta ahora.

Por ejemplo, si estás acostumbrado a comer hamburguesas cada día, salir de tu zona de confort es dejar de hacer eso y empezar a comer ensaladas. ¿Qué hará tu mente? CONVENCERTE. ¿Si no lo logra, qué hará? Hacerte sentir mal si no comes esa hamburguesa. Y si aun así no lo logra, ¿qué hará? Te sentará mal la ensalada y ya tendrás la EXCUSA perfecta para no volver a comerla en tu vida.

¿Qué ocurre si lo que quieres es más dinero? Tu zona de confort es lo que estás ganando actualmente. ¿Quieres más? Ok, ahí van unas cuantas perlas de tu mente: no te lo mereces, ganar más dinero es imposible en tu situación, es que estamos en crisis, pero qué vas a hacer tú si no vales para nada, ganar dinero sería renunciar a muchas otras cosas, el dinero no es lo más importante… ¿Te convence? Ok, te voy a hacer sentir mal. Con la cantidad de niños que hay muriéndose de hambre y tú pensando en ganar más dinero. ¿Cómo puedes ser tan egoísta si lo más importante es la salud? No te duele lo suficiente, ok, vete en busca de nuevas oportunidades para ganar dinero. Te sabotearé con los mejores resfriados, gripes, dolores de cabeza o lo que tenga para ti en ese momento para que tú no vayas a hacer aquello que tienes que hacer.

¿Te gusta esa persona? ¿Te gustaría tener pareja? No estés tan seguro… ¡pero si eres más feo que Picio! ¿Quién te va a querer a ti? Venga, hombre, baja de las nubes, eres muy mayor para eso. No vale la pena, la mayoría de personas de mi edad no son de fiar. Es que no te puedes fiar de nadie. ¿No tienes suficiente? Ok, queda con aquella persona que te gusta. Te haré sentir mal, no sabes por qué, pero te sientes incómodo mal y cuando vuelves a tu casa tienes un mal sabor de boca. Si aún no tienes suficiente podemos atacar por la vía física…

¿ENTIENDES EL MECANISMO?

## OTRO MECANISMO MÁS: LA PROCRASTINACIÓN

Es el hábito de dilatar en el tiempo lo que realmente es importante en beneficio de esas actividades menos importantes pero más placenteras.

¿Cuál es el problema? Que nos darán placer a corto plazo pero suelen provocarnos dolor y estrés a largo plazo.

La procastinación, postergación o posposición es la acción o hábito de postergar actividades o situaciones que deben atenderse, sustituyéndolas por otras situaciones más irrelevantes y agradables.

Aquí te dejo algunos tips para combatirla:

1. ELIMINA DISTRACCIONES. Las redes sociales, ordenador, móvil, televisión, te distraen y te dejan sin tiempo y con las cosas sin hacer. Por tanto, crean estrés y preocupación. Así que cuando te pongas a trabajar, visualizar o lo que sea que debas hacer, deja el móvil en otra habitación, aléjate de la televisión y, a menos que tengas que trabajar con él, aléjate también del ordenador.

2. PLANIFÍCATE PARA LO IMPORTANTE. No pienses demasiadas cosas a la vez. Quiero esto, necesito hacer esto y simplemente lo haces. IMPORTANTE VS. URGENTE. ¿Qué es importante y urgente para ti? ¿Qué es importante pero poco urgente para ti? ¿Qué es poco urgente pero importante para ti? Y ¿qué es poco urgente y poco importante para ti?

3. PLANIFICA TUS DÍAS, SEMANAS Y MESES. Planifica tu día con anterioridad, tu semana y tu mes. Así sabrás lo que tienes que hacer, no dudarás y eliminarás distracciones innecesarias. Además, podrás medir tus metas en cuanto a si las has cumplido o no.

4. EMPIEZA POR LO MÁS GRANDE. Cuando tienes varias cosas que hacer empieza por lo más grande y lo que más te asusta. Coge aire y ¡vamos! Solo empieza. Generalmente tan solo necesitamos empezar. Es lo que más nos cuesta. El hecho de postergarlo solo creará más miedo y más estrés, porque sabes que vas a tener que hacerlo tarde o temprano. Hazlo ya.

## LAS FUERZAS MOTIVADORAS DEL CAMBIO: PLACER-DOLOR

Como decía Darwin, "la necesidad crea la función". En el momento que sientas la necesidad de cambiar, activarás los mecanismos para que esto suceda. Pero, ¿cuáles son estos mecanismos que provocan el cambio en las personas? Las auténticas fuerzas motivadoras para el cambio y la toma de decisiones son el placer y el dolor. La mayoría de las personas se mueven en uno de estos dos sentidos. O bien se acercan al placer o bien se alejan del dolor.

Cualquier tipo de decisión que tomes se encaminará a provocarte felicidad o a evitar un disgusto.

**Los expertos han determinado que la mayoría de la gente está más dispuesta a cambiar para evitar el dolor que para acercarse al placer**. Pero si acumulas suficiente placer, también puedes tomar una decisión aunque te suponga también dolor.

Por eso hablábamos antes de comprometerse a largo plazo. El dolor a corto plazo para el placer a largo plazo, siempre y cuando el placer a largo plazo sea lo suficientemente grande como para motivarte.

Muchas personas saben que tienen que cambiar algo si no quieren seguir con la vida que tienen. Esa vida que te hace sufrir, esa situación específica que te provoca tanto dolor, ese malestar que no te deja dormir, esa inseguridad que te preocupa y te despierta a media noche con sudores fríos, ese miedo a perderlo, etc.

Sin embargo, nadie moverá un dedo, por mucho que lo diga, por muy mal que se encuentre y por mucho que se queje, **¡¡¡a menos que ya haya sufrido lo suficiente como para decidirse a dar el cambio!!!**

Te voy a contar una pequeña historia:

Una persona iba conduciendo en una carretera secundaria en medio del desierto. Su coche se estaba quedando sin gasolina y se detuvo en una gasolinera que se encontraba en el camino. Le pidió al empleado que le llenara el depósito y mientras este lo llenaba, el conductor escuchó un ruido fuerte, como un quejido o grito de dolor...¡¡"Aaaauuughhh, aaauughh!!"

El hombre no dijo nada y al empleado parecía no importarle. Al cabo de un rato volvió a escuchar el mismo quejido... una y otra vez... "¡¡Aaaaauuu-ghhh!!" Hasta que, movido por la curiosidad, el conductor le pregunta al empleado: "¿Disculpa?. ¿Qué es ese ruido? ¿Qué pasa aquí?"

El empleado del lugar se ríe y le dice: "¡Oh! Es solo mi perro... es que el muy holgazán está sentado sobre un clavo y le da pereza levantarse o tal vez no le duela lo suficiente como para quitarse del clavo".

¿Conoces a alguien como el perro? Todos los días conoces y escuchas gente que se pasa el día quejándose sobre su situación, ya sea económica, física o sentimental, pero nunca hace nada..."¡Oh, no tengo suficiente dinero!", "¡Este trabajo no me gusta!", "¿Por qué no puedo conseguir lo que quiero?", "¡Ah, estoy muy gordo!", "¡Esta casa no es la que yo quería!", "¡Mira ese, tiene un coche mejor que el mío y casi ni trabaja!", etc.

¿Cuánto más te tiene que doler tu situación para que hagas algo al respecto? ¿Hasta cuándo va a durar esto? ¿Cuánto más te tiene que doler ese clavo?

**Todo hombre llega un momento en su vida en el que está en un punto de inflexión. La mayoría de personas sufren un cambio cuando tienen un disgusto. Cuando les pasa algo gordo. Algo que ya no pueden remediar. Entonces cambian sus hábitos y todo a su alrededor cambia. Comienzan a tomar decisiones diferentes.**

Durante toda nuestra vida comenzamos a generar cristalizaciones en el subconsciente debidas a nuestros condicionamientos pasados. Es decir, nuestras experiencias negativas van formando nuestras creencias que nos limitan, dando por hecho muchas cosas, y no dejándonos ver más allá de nuestras propias narices. Construimos enormes muros alrededor nuestro que solo es posible romper a base de machacarlos, torturarlos, destruirlos por la fuerza. Por eso necesitamos de un dolor muy fuerte, un disgusto, un trauma, para poder romper esas barreras creadas y empezar a vislumbrar un nuevo camino.

Del mismo modo que cuando queremos desbaratar rocas, montañas o superficies de cualquier mineral con explosivos, maquinaria pesada, y tenemos que dinamitarlo, destrozarlo, despedazarlo todo para poder construir encima, muchos de nosotros tenemos que dinamitar nuestras creencias, destrozarlas, desbaratarlas, para poder construir encima un nuevo comienzo.

**Primero las golpeamos, después las rompemos, las trituramos en tercer lugar y por último recogemos el polvo.**

Pero no tienes por qué esperar a que llegue ese disgusto para cambiar.

La pregunta que debes hacerte es la siguiente:

¿HAS SUFRIDO YA LO SUFICIENTE?

¿HAS TENIDO BASTANTE?

## ¿REALMENTE QUIERES UN CAMBIO EN TU VIDA? TOCA DECIDIR

En 1513, un abogado que estudiaba astronomía en su tiempo libre descubrió por sus cálculos que la Tierra no era el centro de la galaxia, sino que el sol estaba en el centro. Eso hizo que las instituciones religiosas y la ciencia tuviesen que cambiar sus CREENCIAS de lo que estaba establecido en ese momento.

En 1955, Rosa Parks se negó a cederle su asiento del autobús a un hombre blanco. Fue llevada a prisión por ello, pero cambió la historia con un simple gesto. Simplemente, no soportó ni un segundo más aquella situación tan injusta.

57 años después, el primer presidente negro de la historia de Estados Unidos volvió a sentarse en aquel autobús.

No tienes por qué seguir como estás, si es que ese es tu anhelo. Tenemos innumerables muestras a lo largo de la historia de personas que cambiaron sus creencias y con ellas, cambiaron sus vidas y las de su comunidad. Cuando alguien hace "lo imposible", de repente se vuelve posible para el resto. Si alguien lo ha hecho, ¿entonces por qué tú no? Tú puedes cambiar lo que no te gusta. Solo tienes que querer de corazón, desde lo más profundo de tus creencias.

Si queremos cambiar nuestra manera de ver el mundo y por ende nuestra realidad, tenemos que tener una razón lo suficientemente grande para que nos induzca a hacerlo. ¿Cuál es tu razón? A lo largo de este libro te he ido mostrando que tú eres el responsable de lo que sucede en tu vida y también que tú tienes la capacidad de transformarla. Tienes las suficientes referencias como para conocer esta fantástica noticia: eres libre.

El cambio a veces resulta costoso, pues eso implica cambiar los cimientos con los que hemos construido nuestra realidad, nuestra propia identidad. Por muy desoladora que parezca, nuestra realidad es nuestra, nos identificamos con ella, es nuestra zona de confort. Es por eso que a menudo nos cuesta tanto abandonarlo aunque nos esté causando mucho dolor.

Ha llegado el momento de tomar una decisión. **Un día despertarás y te darás cuenta de que ya no tienes tiempo para hacer todo aquello que soñabas. Tu vida habrá acabado. El momento es ahora. La vida es maravillosa. No desperdicies la tuya. No hay momento como el presente para tomar una decisión. Los milagros comienzan a suceder cuando le das más energía a tus sueños que a tus miedos.**

La decisión convierte la oscuridad en luz. Debes tomar una decisión sin dejarte influenciar por los demás. La indecisión es una dura batalla interna por la que no tienes que pasar.

Toma decisiones basadas en lo que tú quieres y luego no cambies de opinión ni te dejes influir por tu entorno. Si crees que es bueno para ti, entonces ve a por ello. La decisión es una escalera al cielo. La indecisión es una caída rápida al infierno.

La amargura, la tristeza, la desesperación te atrapan por la indecisión. Una vez hayas tomado una decisión vislumbrarás unas altas montañas a lo lejos. Puede que haya obstáculos, puedes que haya resistencias. Mucha gente se queda dando vueltas en el borde de esas montañas mirando hacia arriba, a la cima, preguntándose si valdrá la pena hacerlo. Hoy tú puedes ser otro tipo de persona, la persona que da el primer paso y no para hasta llegar a la cima. Tú ya sabes que todo está gobernado por leyes. Conviértete en el tipo de persona que hace que las cosas pasen.

Decide hoy dar tu vida por tus sueños. ¿Cómo? Creerás que me he vuelto loco. ¿Dar tu vida para tus sueños? Bien, ya lo estás haciendo ahora. Te estás dejando la vida, ¿para qué? Un trabajo que quizás no te guste, mal pagado o mal valorado. Unas personas con las que convives que quizás no te valoran o no se merecen tu atención. Unas circunstancias que definitivamente odias o simplemente te entristecen. ¿No sería más sensato dar tu vida por tus sueños?

**Es tiempo de dejar a un lado los "me gustaría" y poner encima de la mesa los "voy a". Una verdadera decisión se toma cuando se descarta cualquier otra posibilidad.**

No vas a bajar de peso, sino que descartas cualquier otra posibilidad que no sea esa. No te gustaría no volver a comer bollería industrial sino que descartas por completo volver a comerla. Simplemente esa posibilidad ya no existe para ti.

No te gustaría tener más dinero, sino que decides que esa es la única opción y que no pararás hasta conseguirlo.

La palabra decisión procede del latín *de caedre*, que significa "cortar". Decidirse de verdad significa comprometerse a obtener un resultado y después descartar cualquier posibilidad que no sea ese.

Allá donde está tu atención, allá estás tú. Y EN ELLO TE CONVIERTES.

## LAVARSE LAS MANOS AYUDA A DECIDIR

En un estudio de la Universidad de Michigan, en Estados Unidos, se constató que lavarse las manos permite hacer borrón y cuenta nueva sobre las decisiones del pasado y las tomadas recientemente.

Según explicó Spike W.S. Lee, coautor del trabajo, "No es solo que el lavarse las manos contribuya a la limpieza moral tanto como a la higiene física, según demostramos en una investigación anterior", y añade: "Nuestros resultados muestran que lavarse las manos también reduce la influencia de las conductas y decisiones del pasado que no tienen implicación moral alguna".

Se realizó un experimento bastante curioso en el que se les pidió a un grupo de estudiantes que revisaran treinta portadas de CD y que eligieran las diez que les gustaría poseer, como parte de una supuesta encuesta a los consumidores. Éstos eligieron diez de los treinta discos, clasificándolos según el grado de su preferencia. Acto seguido los participantes rellenaron una encuesta sobre otro producto que no tenía nada que ver: un jabón líquido. La mitad de los participantes ni siquiera examinaron el producto. La otra mitad probaron el jabón lavándose las manos. Seguidamente se les pidió que volvieran a examinar los discos.

El resultado fue sorprendente. Las personas que solo habían examinado la botella de jabón mostraron dudas acerca de su decisión, cambiando en muchos casos su criterio. "Pero una vez que los participantes se lavaron las manos ya no necesitaron justificar su elección cuando clasificaron los discos por segunda vez", dijo Schwarz.

Los autores nos dicen que los resultados del experimento muestran que del mismo modo en que lavarse las manos puede liberarnos de la "culpabilidad" de conductas inmorales en el pasado, también puede aliviar el peso de decisiones recientes, reduciendo la necesidad de justificarlas.

Vas a tomar una decisión… Cuando la hayas tomado, lávate las manos. Vuelve a mirar tu decisión y entonces debes tener en cuenta lo que voy a explicarte a continuación…

## EL PUNTO CRÍTICO

Una vez has descartado toda posibilidad que no sea la de alcanzar tu objetivo, tu decisión debe ir acompañada de una acción inmediata. Si no la acompañas de una acción en el sentido de tu meta u objetivo, es que no has tomado una verdadera decisión. Para ello necesitas sobrepasar el punto crítico. Debes romper con la pereza, el miedo, la incertidumbre, etc.

> Una vez has tomado la decisión, lo que más cuesta es empezar, dar el primer paso. Pero no necesitas verlo todo, tan sólo necesitas ver el final, y el camino se irá abriendo bajo tus pies. Tan sólo necesitas dar el primer paso con fe.

Si tuvieras que subir unas escaleras muy largas para llegar a tu destino, puedes hacer dos cosas. La primera es mirar hacia arriba, darte cuenta de que está muy lejos y que tendrás que sufrir y agotarte para subir. O bien, mirar arriba y dar el primer paso. Una vez has dado el primer paso la inercia te lleva, tan solo tienes que pensar en el final y disfrutar del camino, paso a paso. Cuando te des cuenta estarás arriba y habrás disfrutado de cada uno de los escalones.

Muchas personas no empiezan porque tienen miedo. Miedo de no terminar, de que el camino sea muy duro, de qué se encontrarán, miedo a no lograrlo y al qué dirán. Pero el miedo no es más que un mecanismo de la mente para protegerte. Cuando un niño pequeño tiene miedo en la oscuridad es porque no ve lo que hay y su mente imagina lo peor. Los monstruos, el coco o lo que sea que pueda imaginar. Pero solo hace falta encender la luz para darse cuenta de que eso no era real. Entonces ve y los monstruos desaparecen. **Si no se hubiera levantado habría pasado una noche horrible pensando en los monstruos y**

**en todas las cosas malas que podrían hacerle.** Pero si sobrepasa el punto crítico, se levanta, enciende la luz y toda su pesadilla se termina.

Cuando hayas tomado una decisión solo tienes que subir el primer peldaño de inmediato. Enciende el interruptor, te darás cuenta de que no ha ocurrido nada malo y entonces podrás dar el segundo paso. Y dando ese primer paso, estarás tomándole la delantera a miles y miles de personas que están creando sus excusas para no darlo.

Qué eliges en todo momento, eso determinará cómo te sentirás y hacia qué líneas de la vida te diriges.

En cada momento, cuando te plantees cumplir tus sueños, no te preguntes, ¿pasará o no pasará? Pregúntate, ¿qué elijo? Porque eso hará que tu mente emita una energía mental que atraerá hacia ti más cosas positivas y te irá acercando hacia tu objetivo.

Dejar espacio a la duda es falta de fe. Dudas y ante cualquier infortunio te vienes abajo. Empiezas a emitir energía negativa y eso te aleja de tus sueños.

¿Acaso vas a enseñar a un cocinero cómo cocinar? El Universo sabe cómo hacer para que tus objetivos se cumplan. A veces vivirás situaciones raras, se está reestructurando. Olvida lo que piensa tu mente y su lógica. Eso no importa, hay un plan para ti. Y es mejor incluso de lo que esperas, siempre y cuando te mantengas en la emisión mental correcta todo el tiempo.

**¿Será hoy el día en que decidas darle la espalda a tu mente y girarte hacia tu alma?** Ella sabe todo lo que tú necesitas. ¿Será hoy el día en que decidas por ti mismo y no por lo que los demás piensen o esperen de ti? ¿Será hoy el día en que te complazcas a ti mismo y no a los demás?

Decide. No postergues, hazlo ahora. No digas no puedo, pregúntate cómo puedes. No seas víctima, responsabilízate. Gestiona bien tu tiempo. Construye relaciones magníficas a tu alrededor y sobre todo sé muy, muy, muy agradecido. Ahora, inmediatamente, el momento es ahora.

Aquí nos encontramos, después de conocer todos los principios que han gobernado, gobiernan y gobernarán el mundo. Sabiendo que todo lo que te ocurre es responsabilidad tuya y que tú eres el que lo has creado. Ahora toca decidir:

**¿ESTÁS DISPUESTO A HACER LO QUE HAS VENIDO A HACER AQUÍ?**

**¿ESTÁS DISPUESTO A BRILLAR?**

**¿TE COMPROMETES CONTIGO MISMO Y CON TUS SERES QUERIDOS?**

# ¡SIEMBRA SEMILLAS DE BENDICIÓN!

Es hora de sembrar semillas en los corazones de la gente que te rodea. Repasa lo que has leído hasta ahora y piensa con quién podrías compartir alguna frase, texto o parte del libro.

Incluso si lo deseas, puedes hacerle una foto a alguna parte del libro y publicarla en Facebook, Twitter o Instagram para compartirlo con tus amigos.

**¡Y ahora es tiempo de DECLARACIONES!**

Ponte la mano en el corazón, y repite conmigo en voz alta y con intensidad emocional:

**YO SOY LÍDER, NO SEGUIDOR**

**ESCUCHO LA VOZ DE MI ALMA**

**POR MUCHOS NO DE MI PASADO,
HAY UN GRAN SÍ EN MI FUTURO**

**NO VENGAS A HABLARME DE DERROTA Y DE FRACASO,
¡YO HABLO DE VICTORIA, FE Y ESPERANZA!**

**NO IMPORTA DE DÓNDE VENGO, IMPORTA A DÓNDE VOY**

**Y EN MI VIDA SE ABREN PUERTAS DE BENDICIÓN**

**PORQUE ¡YO SOY IMPARABLE!**

¡BIEN HECHO!

Sigamos…

# La Voz de tu Alma

## TERCER PASO:
## RENDICIÓN

# LA VOZ DE TU ALMA

Ahora conoces los principios. Te encuentras en el segundo estadio de conciencia, el empoderamiento. Tomas el control de tu vida, empiezas a manifestar lo que deseas y te sientes muchísimo mejor que cuando eras una víctima.

Todo marcha sobre ruedas, todo es maravilloso, hasta que…

**De pronto un día sucede algo inesperado. Algo que no tenías previsto… algo que no entraba en tus planes… algo que no quieres.**

Entonces es cuando te das cuenta de que tú tienes poder, pero no estás en control de todo el planeta. Aprendes que tú no eres Dios, no eres la Divinidad, no eres el Universo.

**Por fin te das cuenta de que debes RENDIRTE a algo superior que lo controla todo.** Cuando te rindes ante algo superior en poder, empiezas a conocer el verdadero poder y comienzas a actuar a través de Él. Acabas de entrar en el tercer estado de conciencia, el estado de la **CO-CREACIÓN** o el estadio de RENDICIÓN. El estadio donde escuchas la voz de tu alma en contacto directo con ese ser superior que te guía para lograr tus objetivos en armonía con todo el mundo y de acuerdo con Su voluntad.

*"Vuestro trabajo es descubrir vuestro mundo y después entregaros a él con todo vuestro corazón."*

**Buda**

Cuando veo a las grandes estrellas rodeadas de tanta gente no puedo evitar pensar qué han hecho diferente a los demás. Me lo he preguntado tantas veces que por fin un día hallé lo que para mí es una respuesta inequívoca… Personas que han triunfado en la televisión, en la radio, en la empresa, en la familia, en las relaciones. Lo han logrado porque han quebrantado las reglas. Las reglas de la sociedad dicen: si haces lo que yo hago, serás como yo. Tendrás mi éxito.

Pero curiosamente, si te fijas, todas esas estrellas son la excepción de la regla. Piénsalo bien. Los cantantes que triunfan son los que son únicos, genuinos, los que no tratan de imitar a nadie, ¿cierto? La persona que triunfa en los negocios es porque ha seguido sus propias reglas. Lo mismo con cualquier persona en la que puedas estar pensando ahora mismo y que tú determines que haya sido exitosa en el área que más te está preocupando en estos momentos. Todos ellos triunfaron porque fueron ellos mismos. No trataron de imitar a nadie. Cogieron ciertas pautas y luego empezaron a brillar con luz propia.

Y esta es la gran verdad. Hay un lugar para ti en este mundo, si tratas de imitar a otro, estás ocupando su lugar pero no el tuyo. En tu lugar, tú brillas, tú triunfas, es tu zona de triunfo, es tu estrella en la tierra. Para eso debes explotar tus habilidades únicas. Solo tú las tienes. Nadie las ha tenido y nadie las tendrá porque tú eres un ejemplar único. Valórate por lo que ERES más que por lo que HACES, porque lo que haces lo puede hacer más gente, pero **¡¡¡NADIE PUEDE SER COMO TÚ!!!**

ESCÚCHAME, ATIÉNDEME, NO ME ABANDONES.

PUES SOLO YO SÉ QUÉ ES LO MEJOR PARA TI.

SOLO YO RECUERDO POR QUÉ ESTAMOS AQUÍ.

SOLO YO SÉ QUIÉN ERES EN REALIDAD.

NO ME FALLES, POR FAVOR,

TENEMOS ALGO IMPORTANTE QUE HACER.

HEMOS VENIDO AQUÍ POR UNA RAZÓN.

TÚ Y YO TENEMOS UN PROPÓSITO EN LA VIDA.

FIRMADO: LA VOZ DE TU ALMA.

Me maravillo cuando veo a todas esas estrellas, siendo ellas mismas, y la gente a su alrededor tratando de imitarlas, cuando en realidad esas personas podrían brillar tanto o más que todas esas personas que tanto admiran. Sin embargo, me sorprende más todavía cómo todas esas personas admiran más a sus ídolos que a ellos mismos. Son como las flores de un hermoso jardín, ellas ven al jardinero, ven lo que hace, aman al jardinero, pero no se aman a ellas mismas. Debes marcar la diferencia...

Marcar la diferencia no es más que reclamar lo que es tuyo, tu lugar en el mundo, el Universo no hace piezas de más, es muy, muy, muy eficiente. Tú estás aquí por una razón. Debes recoger aquello que te pertenece. Creerte digno de lo mejor, reclamarlo y luego abrir los brazos y el corazón para poder recibirlo.

## LAS DIMENSIONES

Hasta ahora ya conoces todos los principios. Sabes que lo que vemos en el mundo físico es un reflejo de lo que ocurre a nivel metafísico. Ya sabes que la **VISUALIZACIÓN es la herramienta más poderosa** que posee el ser humano para lograr lo que quiere.

Ya sabes que **TODO ES ENERGÍA** y que la energía es magnética. Creamos continuamente con nuestros pensamientos y palabras. Lo más importante para controlar tus pensamientos es **ENFOCARTE EN LO QUE QUIERES con SENTIMIENTO.**

También sabes que no todo lo que dices y piensas se manifiesta. <u>**Solo aquello que piensas claramente y fuertemente y aquello que dices con mucho sentimiento.**</u> Entonces la VIBRACIÓN crea una formación de energía con el prototipo exacto que creaste.

Al igual que la gravedad, no la ves pero está ahí y te afecta. La formación de energía que has creado está ahí, aunque no la veas. La manera en cómo le das **energía y VIDA** es a través de los **sentimientos.** Cuanto más sentimiento le des más energía contiene ese molde. **Cuánto más energía contenga, más magnético se vuelve.**

Atiende un momento a este gráfico:

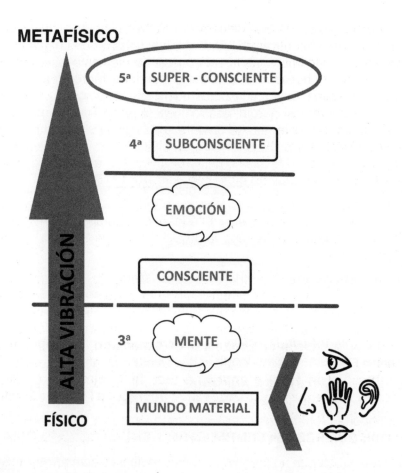

En este gráfico se muestran las dimensiones en las que se mueve el ser humano: 3ª dimensión o el plano físico. 4ª dimensión o el subconsciente. 5ª dimensión o el supraconsciente.

Como ves, la 3ª dimensión es todo lo que vemos, nuestros resultados. La 4ª dimensión es nuestro subconsciente, formado por nuestras creencias y condicionamientos. La 5ª dimensión es la mente de Dios, es el Todo.

La 4ª dimensión es la responsable de lo que ves reflejado en la 3ª dimensión. Esta es totalmente impersonal y solo refleja lo que le das. Lamentablemente, la 4ª dimensión está conectada a todo el mundo. Actualmente la atmósfera está contaminada por mucha negatividad y tu subconsciente, conectado al subconsciente colectivo, se ve afectado reflejando en lo exterior una y otra vez las condiciones negativas.

Para que te hagas una idea de cómo funciona: tú captas, a través de los sentidos, cosas negativas en tu vida y tu mente las procesa y genera una conciencia. Esto impregna tu subconsciente mediante las emociones y este refleja de nuevo en lo exterior lo que tiene impregnado. Por eso el ciclo se repite una y otra vez. La mayoría de las personas se centran en lo que ocurre en la 3ª dimensión, en el plano físico, entonces se dejan afectar por este, su subconsciente (4ª dimensión) se impregna, crea FORMACIONES DE ENERGÍA, EL MOLDE y este vuelve a reflejar abajo (3ª dimensión) lo mismo una y otra vez. Por eso se dice, COMO ES ARRIBA ES ABAJO. **¡El ciclo necesita ROMPERSE!**

Puedes sugestionar a tu subconsciente repitiendo una y otra vez lo que deseas hasta que borres tu anterior huella. Lamentablemente, esto gastará tu energía y en la mayoría de los casos abandonarás en medio del proceso.

Hay una manera de hacerlo más fácil. Mediante la 5ª dimensión. Esta, a diferencia de la 4ª dimensión que es impersonal, la 5ª es muy, muy personal. Es la parte más profunda de ti y tienes conexión a través de tu alma. A través de tu corazón. **Cuando te elevas más allá del subconsciente, llegas a la 5ª dimensión, conectas con el Universo.** Vas un paso más allá, es la forma más alta de creatividad. **La vibración se eleva e impregna toda la 4ª dimensión. Desde arriba se impregna abajo. Desde la 5ª impregnas la 4ª y esta refleja lo que tiene en la 3ª.**

**¡Entonces se ACELERA EL PROCESO Y CREAS CON ARMONÍA!**

Es decir, si intentas impregnar tu subconsciente utilizando tu energía te agotarás. Pero si conectas con la energía de Dios, entonces accederás a la energía ilimitada del Universo. Supongo que conoces a personas conectadas. Son ese tipo de personas que no se cansan nunca, no tienen fin. Son ilusionadas con la vida, su trabajo, su familia. Se despiertan pronto, se acuestan tarde y cuesta seguirles el ritmo. ¿Conoces a alguien así? Trabajan con la energía Universal.

**¡Tú puedes ser uno de ellos!**

**Necesitas elevar tu energía. NECESITAS ELEVAR TU VIBRACIÓN.**
Cuando elevas tu vibración ACCEDES directamente a la 5ª dimensión. Esta vibración no permite que entren en ti ya más pensamientos negativos ni emociones negativas, pues no pueden vibrar juntas. La 5ª dimensión recoge tu visión e impregna toda la 4ª dimensión, tu

subconsciente. Este inmediatamente empezará a reflejar en el plano físico, la 3ª dimensión, todo aquello que tiene impregnado.

Así que la clave de todo esto está en ELEVAR TU VIBRACIÓN. Una vez sabes lo que quieres y tienes un deseo, entonces debes elevar tu vibración para llegar a la 5ª dimensión y poder así empapar todo tu subconsciente utilizando la energía Universal.

## ATRAEMOS MEDIANTE EL CORAZÓN

Recuerda que ya te hablé de esto en capítulos anteriores, el corazón tiene una fuerza magnética y eléctrica millones de veces más potente que el cerebro. Y es en lo más profundo de nuestro corazón donde se encuentra la mente SUPRACONSCIENTE. Podemos conectar con ella fijando nuestra atención en lo más profundo de nuestro corazón.

En el EJERCICIO DE EMPODERAMIENTO que te enseñaré más adelante podrás aprender a conectar directamente con la mente de Dios e impregnarte de todo el amor.

Recuerda que hay dos emociones básicas que crean, el amor y el miedo, ¡ambas son las expresiones más altas de FE! **¡DEBES SENTIR QUE TÚ Y LO QUE QUIERES ATRAER SOIS UNO!**

Cuando te sientes pleno y completo de amor, correctamente entendido, sin ataduras, acerca de cualquier cosa, eso hace que conectes mucho más con aquello y se EXPANDA EN TU VIDA.

**EL AMOR ES LA FUERZA COHESIVA DEL Universo. ES COMO EL PEGAMENTO. ESTE PEGA LA IMAGEN MENTAL Y LA IMAGEN EXTERIOR FUSINÁNDOLAS EN UNA.**

El sentimiento EMPODERADO DEL AMOR es como la inocencia de un niño, apreciativo, poderoso e incondicional. Es el sentimiento de la energía del amor moviéndose a través de ti, desde lo más profundo de tu corazón, para conectarse con alguien o con algo, lo que te empoderará a ti, y a esa cosa o ese alguien.

La manera incorrecta de amar es teniendo que tener, intentar conseguir, y esperando siempre algo a cambio. **ESO MATA TUS PETICIONES, ¡LITERALMENTE!**

La energía de separación causa el apego por las cosas. Y éste hace que se alejen de nosotros.

Si estás intentaemdo agarrarte a algo, tengo una cosa que decirte, NO PUEDES. LO PERDERÁS.

**Cuando conectas con LA FUERZA CREADORA DEL AMOR, entonces te sientes energizado y poderoso, tu vibración se eleva y eso le da una ENORME VIDA a tus deseos atrayéndolos hacia ti rápida y fácilmente.**

## COMO ES DENTRO, ES FUERA

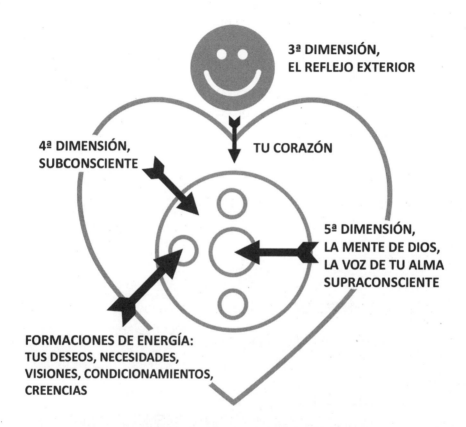

**3ª DIMENSIÓN, EL REFLEJO EXTERIOR**

**4ª DIMENSIÓN, SUBCONSCIENTE**

**TU CORAZÓN**

**5ª DIMENSIÓN, LA MENTE DE DIOS, LA VOZ DE TU ALMA SUPRACONSCIENTE**

**FORMACIONES DE ENERGÍA: TUS DESEOS, NECESIDADES, VISIONES, CONDICIONAMIENTOS, CREENCIAS**

**ATRAEMOS MEDIANTE EL CORAZÓN, QUE CONECTA CON LA 5ª DIMENSIÓN, CON DIOS, MEDIANTE TU PODER PERSONAL QUE SE HALLA EN LO MÁS PROFUNDO DE TU CORAZÓN**

## LA VOZ DE TU ALMA
Laín García Calvo

## <u>LA IMPORTANCIA DE ELEVAR TU VIBRACIÓN Y MANTENERLA ALTA</u>

- Eres uno con EL PODER y te enamoras de la vida.

- La energía te traslada a un estado de éxtasis, ¡y te sientes LIBRE y VIVO!

- Te enamoras de ti mismo, **SANAS TU ALMA** y dejas brotar a tu niño interior.

- Debido a tu niño interior, esta energía transforma tu conciencia y tu apariencia.

- Te sientes energizado. Aparentas juventud y te sientes radiante.

- La Energía Alineada produce de manera natural un flujo de pensamientos, palabras y actos positivos en tu vida.

- Incrementa tu DESPERTAR de conciencia y te da CLARIDAD. Recibes valiosas ideas INTUITIVAS y actúas a través de ellas.

-Expandes tu tiempo y te lleva a las **SINCRONICIDADES**.

-Te sientes AMADO, EMPODERADO y mucho más GRANDE que tu mundo.

-La vibración elevada ABRE TU CORAZÓN, transforma tus emociones, y las convierte en SENTIMIENTOS POSITIVOS!

- Te permite estar, de manera natural, alejado del JUICIO y del APEGO.

- Te sientes A SALVO, SEGURO y nunca te vuelves a SENTIR SOLO.

- Esto te **TRANSFORMA** a ti, a los demás y a toda tu experiencia.

- Esto balancea tu cuerpo y tu subconsciente para que experimentes una **SALUD ILIMITADA**.

- Estás TOTALMENTE PROTEGIDO, te sientes PODEROSO y LIBRE.

- Elimina cualquier DEPENDENCIA.

- Te permite darte cuenta de TU ENTUSIASMO, CONFIANZA y ESPERANZA.

- Esto crea belleza y realización en tu interior, desde lo más profundo de tu ser.

- Debido a que se crea esta belleza, realización y armonía en tu interior, también se crea en tu exterior, ¡y entonces te conviertes en un MAESTRO DE LA VIDA!

Para elevar tu energía solo necesitas limpiar tus canales. A continuación te voy a dar algunos *tips* para que logres elevar tu energía. Disculpa que no sea muy técnico, pero podríamos escribir otro tomo entero para hablar de la energía y la salud.

## TIP 1: MEDITACIÓN

La meditación hará que la energía fluya mejor. **Estás captando la energía universal.** Estás concentrando toda la atención en un punto. Es muy fácil, siéntate relajado, reserva un espacio de tu casa tranquilo, donde nadie te moleste, pon una colchoneta en el suelo o algo que te permita estar cómodo. Ahora siéntate en posición de loto si puedes o con las piernas estiradas. Céntrate en un punto situado entre tus ojos, y ahora piensa en los atributos del Universo o de Dios. Recuerda que son siete: amor, unidad, principio, etc. Elige uno el que más te guste o el que creas que te conviene más ese día. A continuación repite esa palabra una y otra vez y céntrate en ese punto. Empezarás a notar cosas. Es posible que tu mente se desvíe, no importa, vuelve a centrarte. No seas muy duro contigo mismo si ves que al principio te despistas con facilidad. Mientras lo haces presta atención a tu respiración, coge aire por la nariz, lo mantienes unos segundos y lo sueltas por la boca.

Otra manera de meditar es simplemente mantener la atención en la respiración y en cómo el aire entra y sale por la nariz. En la misma posición, observa tus orificios nasales y céntrate cómo entra el aire, llena de oxígeno y de luz cada una de tus células, y luego sueltas el aire y ves cómo todos los desechos y toda la oscuridad se van. La respiración oxigena el cuerpo y eso eleva tu energía. Prueba a respirar de este modo: inspira durante 2 segundos, mantén el aire durante 8 segundos dentro y luego expira durante 4 segundos. Vuelve a repetir el ciclo una y otra vez centrándote solo en los orificios de tu nariz y en cómo entra y sale el aire.

Te voy a dar otra forma. Tapas los orificios nasales con los dedos de la mano como cuando te suenas. Destapas uno y coges aire en 4 segundos, aguantas el aire 8 segundos y lo sueltas en 4 segundos por el orificio contrario.

Estas tres formas de meditar que te acabo de dar son sencillas y fáciles. Empieza por 5 minutos tres veces al día y vas subiendo de tiempo y repeticiones. Poco a poco, sin estrés, no fuerces y no te castigues si no te concentras bien al principio. Con la práctica todo llega.

## TIP 2: ALIMENTACIÓN

Una alimentación basada en una dieta alcalina hará que tus niveles de energía aumenten considerablemente. La dieta alcalina se basa en mantener un pH interno alcalino de tal forma que tu cuerpo esté bien oxigenado. Te recomiendo que busques información sobre la dieta alcalina, pero básicamente, elige el verde. Come vegetales, frutas y alimentos vivos. ¿Qué significa vivos? Significa no cocinados o poco cocinados. Verás un cambio en tu energía y una lucidez mental impresionante. No exagero, pruébalo.

## TIP 3: HIDRÁTATE

Un 10% menos de hidratación equivale a un 30% menos de actividad cerebral. Tu vibración baja considerablemente por tu falta de hidratación. La mayoría de las personas están deshidratadas y no lo saben. Si la orina sale oscura es síntoma de deshidratación, pero lo notas en su piel y en su cabello. Los alimentos que tomamos como los azúcares refinados, el café, el alcohol, etc., no solo deshidratan sino que acidifican el cuerpo. Y un cuerpo ácido y deshidratado es un cultivo para todo tipo de enfermedades.

**La manera de rehidratarte es beber agua poco a poco.** Coge una botella y empieza a beber. Si ves que vas al baño entonces sigue bebiendo. Si no vas al baño espera hasta que vayas. No quieres encharcar tus órganos. Bebe al menos dos litros de agua limpia al día, elimina las bebidas isotónicas, tan solo agua y si le echas limón exprimido, entonces estarás alcalinizando tu cuerpo.

Otra manera de rehidratarte es comiendo mucha fruta. La fruta contiene mucha agua y se absorbe muy bien en el intestino.

## TIP 4: ESTIRAMIENTOS

Yoga, *streching*, lo que sea, pero estira tu cuerpo. Más del 90% de los seres humanos nacen con los isquiotibiales acortados. Los canales energéticos pasan por todo el cuerpo pero hay uno central que recorre toda la columna hasta los pies. Los músculos pueden bloquear estos canales si no están flexibles y blandos. Estirar el cuerpo y sobre todo la columna vertebral y los isquiotibiales hará que la energía universal fluya a través de ti. No tienes que querer retener la energía, está en todas partes. Es como si un pez intentara retener el agua en su boca, es absurdo. Estás rodeado de energía, todo es energía, solo tienes que dejar que fluya limpiando tus canales.

## TIP 5: LIMPIA TU AURA

El aura es tu vibración, es la energía que sobresale de tu cuerpo. Cuando has tenido un mal día tu aura presenta colores más oscuros y es más débil. Recuerda que atraemos mediante vibración. Limpiar el aura es fácil. Date una ducha cada día al terminar el día y nota cómo el agua se va por el desagüe llevándose consigo toda tu negatividad. Pruébalo, funciona espectacularmente. Es necesario que limpies tu aura a diario.

## TIP 6: PONTE UNA META SUPERIOR

Elige algo que te desafíe a lograr tu máximo rendimiento. Algo tan grande que te estimule a lograrlo, de tal forma que saques lo mejor de ti. Algo que te mantenga despierto por las noches y te haga saltar de la cama antes de que suene el despertador.

## TIP 7: ENFÓCATE EN LO POSITIVO

Toda situación tiene dos caras, una buena y una mala. Las personas más felices son aquellas entrenadas en ver lo bueno de cada situación. Diferénciate de la mayoría, los pesimistas, y sé luz allá adonde vayas, sé un optimista. Recuerda que los pensamientos llevan a las emociones y estos dos juntos provocan el sentimiento que crea la vibración con la que atraes tu realidad. Céntrate en los pensamientos que te hagan sentir bien.

## TIP 8: HAZ EJERCICIO

Haz ejercicio aeróbico a diario. El ejercicio aeróbico que oxigena tu cuerpo es aquel que puedes realizar mientras hablas. Si tienes que cortar tu conversación significa que estás pasando del umbral aeróbico al anaeróbico. Caminar a un ritmo alto es más beneficioso que correr si no estás buscando rendimiento atlético. Incluso para adelgazar, se consumen más grasas andando que corriendo en la mayoría de los casos. El ejercicio aeróbico remueve la sangre, oxigena el cuerpo, y aumenta la circulación distribuyendo los nutrientes por todo el cuerpo. Los taoístas dicen: "el movimiento es salud". Muévete.

## TIP 9: DESAZTE DE LA VIBRACIÓN NEGATIVA

Una de las mejores maneras es escribiendo cómo te sientes. Al ponerlo por escrito, esas emociones pierden fuerza, las canalizas hacia fuera.

## TIP 10: MÚSICA

La música es uno de los mejores catalizadores de vibración alta. Ponte música que te guste, sube el volumen y disfruta.

## TIP 11: AROMATERAPIA Y TERAPIA DE COLORES

Al igual que la música te lleva a estados emocionales, el color y el olor también tienen una vibración propia y puedes aprovecharte de ella para elevar la tuya propia.

## TIP 12: GRATITUD

La gratitud es una de las formas más potentes de elevar tu vibración. No la subestimes. La GRATITUD te llevará al siguiente nivel. ¡Agradece todo lo que tienes AHORA!

## TIP 13: PASA TIEMPO EN EL AGUA

El agua tiene una vibración muy elevada y te conecta con la fuente creadora. Tiene una conductividad muy elevada y te transportará más rápidamente a la frecuencia que deseas.

## TIP 14: ENAMÓRATE DE TODO

Existen dos fuerzas creadoras: el AMOR y el miedo. Cuando te enamoras de todo lo que te rodea elevas tu vibración a límites insospechados. Debes ver el amor en todo lo que te rodea.

## TIP 15: RISOTERAPIA

La risa es otra de las maneras más elevadas que existen de subir tu vibración. Cuando ríes puedes lograr cosas que no harías en circunstancias normales.

**HAY ALGO QUE TE ENTUSIASMA. TU PROPÓSITO DE VIDA.**

*"La única fortuna que vale la pena encontrar es un propósito de vida. Y no lo hallarás en tierras extrañas, sino en tu propio corazón."*

**Robert Louis Stevenson**

Recuerda, tienes un papel importante que desenvolver en este mundo. Si quieres ser feliz deberás encontrarlo. **NUTRE TU NATURALEZA.** Tienes un montón de intereses, es aquello que normalmente capta tu atención. Esa es tu naturaleza, por ahí van los tiros. Dedicarte a ello te hará feliz y te sentirás realizado.

**Debes encontrar aquello que te ENTUSIASMA y luego encontrar la manera de poder ganarte la vida realizando esa tarea.**

¿Qué es lo que ocupa tu atención la mayor parte del tiempo? En tu tiempo libre, ¿qué es aquello que te gusta hacer? ¿Qué es lo que harías aun cuando no te pagasen por ello? ¿Sobre qué te piden consejo tus amigos o conocidos? Cuando estás en reunión, ¿cuál es el tema que cuando hablas sobre ello todo el mundo calla y te escucha? ¿Qué es aquello que siempre te ha gustado hacer desde que eres pequeño?

Las respuestas a todas estas preguntas son las que te guiarán hacia la actividad que debes desempeñar para ser feliz. Es tu NATURALEZA, TU PROPÓSITO. TU DHARMA. Y hay algo que te ha estado dando señales toda la vida, tan, tan débiles que quizás no le prestaste atención...

Es probable que me digas: "sí, Lain, pero llevo tiempo buscándolo y no lo encuentro. Parece ser que no tengo ninguna motivación. Realmente no sé lo que me gusta".

¿Dónde lo has buscado? Si tu mente no quiere que lo encuentres te llevará por donde sabe que no lo encontrarás y tú no te darás ni cuenta. La vida no trata sobre encontrarte a ti mismo. La vida trata sobre CREARTE a ti mismo. Debes escuchar esa voz, ese susurro, es tan débil y tu mente tan ruidosa que a veces cuesta reconocerlo...**Es la VOZ DE TU ALMA.** Reconócela, ella te guía, ella sabe lo que has venido a hacer aquí. Atrévete a darle la espalda a tu mente, a tu lógica, a tu entorno, a todos aquellos que no creen en ti o intentan decirte en qué términos debes vivir. Sé valiente, ten el valor de girarte hacia tu alma y reconocerla por fin. Dale el lugar que se merece. **Nada te dará más felicidad que seguir la voz de tu alma.**

*"La gratitud es una flor que brota del alma."*

**Henry W. Beecher**

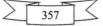

> Y sobre todo, ámate. Ámate a ti mismo sobre todas las cosas. Trátate con cariño y con mimo, tu alma entrará en calor, y desplegará sus alitas para que vueles muy alto... Mima tus sueños, pues son los hijos de tu alma, la llave de tu felicidad.

Olvídate del dinero por un momento. Nos pasamos la vida haciendo cosas que no nos gustan por perseguir el dinero y terminamos viviendo una vida miserable y larga, sin entusiasmo ni ilusión. Quizás creas que tu pasión no puede reportarte ganancias, pero si decides empezar ahora y te conviertes en un maestro en esa área en concreto, terminarás ganando muchísimo más y la principal diferencia será la siguiente: ¡vas a ser feliz!

Desde el principio, las personas buscan aquello que les dé la felicidad, el éxito y todo el reconocimiento del mundo, sin embargo, lejos de buscar fuera, la respuesta está dentro. Debes aprovechar todas esas herramientas que ya posees, aquello que Dios te ha dado, el regalo único para ti.

> Dios no ha creado a ningún don nadie jamás, todas sus creaciones son piezas únicas de coleccionismo y tú eres una de ellas. Tú no eres nadie, tú eres alguien. Tú eres importante. Tú eres una obra de arte. No te olvides de estas palabras jamás y grábalas en lo más profundo de tu ser.

El Universo detesta el vacío. Deja un trocito de tierra sin tocar y verás que pronto aparece un brote asomando. Deja un vaso de agua unos días y verás cómo se llena de larvas. Tampoco soporta el desperdicio. Todo tiene su función.

Toda persona viene a este mundo con un lugar para él. Con un talento especial que debe encontrar y poner al servicio. Entonces encuentra la felicidad. Por fin su vida cobra sentido.

Igual que las huellas dactilares son únicas en ti, tú eres único para el Universo. Si alguien desempeña la función que es otorgada para ti, estará a disgusto y no triunfará. Porque es tu lugar.

La labor que has venido a desempeñar es muy fácil de encontrar.

¿Qué es aquello a lo que le dedicas más tiempo cuando no tienes que cumplir con tus obligaciones?

¿Sobre qué temas te gusta leer? ¿Sobre qué te gusta informarte?

¿Sobre qué te gusta hablar todo el día y no te cansarías de seguir hablando todos los días?

¿Qué es aquello que para ti no parece trabajo? ¿Aquello que cuando lo estás haciendo te olvidas de todo?

¿Aquello que consideras loco que te paguen porque te estás divirtiendo mucho?

Contesta a estas preguntas para que vayas reconociendo tu lugar en el mundo.

Cuando vives tu propósito de vida, tu Dharma, todo fluye. No tienes que esforzarte, todo sucede con extrema suavidad. "Dios provee". No tienes que confundirlo con pereza. Cuando encuentres tu camino, lo que tu alma quiere, porque recuerda para qué estás aquí, vas a tener todo lo que quieras y mucho más.

> Las abejas son las encargadas de polinizar el mundo para que crezcan plantas y árboles que oxigenan nuestro planeta. Las abejas son responsables de que haya vida en el planeta, pero ellas no lo saben...

Debemos encontrar esos dones especiales y apasionarnos por ellos e inmediatamente tomar acción. El momento es ahora, no reces más, no esperes más, no desees más, toma acción.

Tú sabes en lo más profundo de tu corazón que quieres hacer algo. Sientes que tu corazón se acelera, aumenta tu sudoración, un escalofrío recorre tu cuerpo porque estás tan entusiasmado acerca de eso... Tan pronto como aparezca esa chispa muévete. Ese eres tú, ese es quien debes ser. Esa es la voz de tu alma susurrándote...

## UNA GUÍA DESDE ARRIBA

Hay algo más grande que tú mismo dentro de ti. Eres mucho más que tu cuerpo. Es algo extraordinario, magnífico, grandioso dentro de ti. Cuanto más tiempo estés en ese lugar mucho antes lograrás encontrar tu lugar en el mundo. Eres majestuoso, fantástico y todo eso lo sabes en lo más profundo de tu ser. Quizás lo has olvidado pero hay algo que te lo recuerda. Ese susurro cuando tu mente se calma...

La voz de tu alma tiene un nombre, se llama intuición. Las personas guiadas por su intuición suelen ser felices y alegres, pues confían en que algo superior las está guiando. La intuición es Dios, el Universo hablando a través de tu alma. Reconocer la voz de nuestra alma es entrar en sintonía con el Todo. Es comunicarte con Dios. Tu intuición es tu alma guiándote en el camino hacia tus sueños que solo ella conoce, pues ella tiene contacto con Dios.

La voz de tu alma, tu intuición, no es una emoción fuerte. **Es un quieto, pequeño y calmado susurro**. No implica emoción, se siente como algo pacífico, sosegado... Si hay emoción es mente, no es alma.

> Cuando tienes el valor de escuchar a tu alma entonces entras en comunión con el Universo o con Dios, y entonces es cuando actúas a través de Él. No creas sino que CO-CREAS. Tú no haces nada, tan solo haces tu trabajo y el CÓMO es el trabajo de Dios. ¡Es genial! Es maravilloso. Dejas de preocuparte y confías.

Hay muchas personas que están todavía en el primer estadio, victimismo. Ellas no quieren que les hables de fe y que confíen, ellas quieren resultados ya. Y si les hablas de fe, se enfadarán. Deja que sigan su camino, trátalas con amor y luego enséñales mediante tu ejemplo. Tus resultados hablarán más alto que tú. **Ellas no se dan cuenta de que su preocupación está retrasando las cosas. Concéntrate en hacer tu trabajo y deja que Dios haga el resto**.

Cuando entramos en esta comunión es posible que las personas puedan vernos con un exceso de entusiasmo, como extasiados, como locos. No te preocupes, es Dios haciéndote cosquillas. Recuerda que no creas tú, es Dios, el Universo. **Deja la responsabilidad para Él**.

Es probable que te encuentres a muchos maestros en el camino que te ayudarán y déjame enseñarte por qué todos tienen una cosa en común:

**son alegres, juguetones y tienen mucho sentido del humor. Se dan muchas risas y bromas entre ellos y sus alumnos. Cuando estés listo, un maestro aparecerá, entonces ten el valor de seguirle. Son puros e inocentes. A veces en público son demasiado excéntricos. Incluso en sus charlas la gente abandona a la mitad, pero luego se quedan los que realmente están en el camino. Todo ha sido una estrategia. Muchos son los llamados, pero muy pocos los elegidos. Lo dijo uno de los grandes maestros de la historia, Jesucristo**.

Ahora, llevas tiempo visualizando, tienes por escrito lo que quieres y una idea mental clara, la voz de tu alma te **mandará un chispazo de inspiración.** Te llegará una idea, algo que te electrifica, te entusiasma, te sube una energía desde el interior. Verás que tu problema tiene una solución y es tan sencilla y clara. **Este es el aspecto de los chispazos de la intuición**.

Todos los grandes maestros de la historia la han tenido. A Einstein se le ocurrió solo una vez la idea de la relatividad pero le mantuvo ocupado todo el tiempo. Cuando Arquímides se estaba duchando y tuvo un chispazo del alma, saltó de la ducha y empezó a correr por las calles de Atenas gritando: "¡EUREKA!", Thomas Alba Edison, con más de 1.093 patentes de inventos que cubrían más de 1/6 parte de la fabricación laboral de su país, solía meditar y dar siestas durante el día en busca de la inspiración.

Siempre que recibas un **chispazo del alma, una inspiración, irá acompañada de energía y entusiasmo.** Sentirás la necesidad de actuar de inmediato y estarás en lo cierto.

Y la condición es clara: baja el nivel de importancia, ríndete ante Dios, medita a diario y descansa y, sobre todo, espera esa inspiración y luego confía y actúa inmediatamente. **Es la voz de tu alma hablándote a través del Universo entero conspirando a tu favor**.

Quiero volver a advertirte del tipo de persona que estás empezando a ser. La persona con alma que escucha el susurro de su intuición. Una persona con la conciencia despierta que está viviendo el amanecer de su alma. Es posible que ya conozcas a algunos de ellos. Este tipo de personas no son reactivas ante las circunstancias exteriores y son unas entusiasmadas de la vida y sus posibilidades. Como niños. Son pacíficos y alegres, siempre listos para su próxima aventura. Son perseverantes y la palabra riesgo no existe en su vocabulario. Tienen un aspecto juvenil sin importar su edad real. Son muy creativos y siempre terminan lo que empiezan, nunca se rinden y cuando deciden algo se aferran a ello. Cuando estás a su lado te sientes más feliz y mucho más esperanzado acerca de todo. Ellos sí saben escuchar. Y aunque puedan ser deslumbrantes en su personalidad, nunca sabrás demasiado de ellos. Quizás te cuenten algo para satisfacer tu curiosidad pero ni siquiera sus amigos más cercanos sabrán nada demasiado profundo de ellos, solo trivialidades. Lo que sí sabrás de manera clara es que te sientes espectacularmente bien en su compañía.

¿Conoces a alguien así? **Son despiertos de conciencia. Son personas con alma. Son personas que escuchan a la voz del alma**.

Todo lo que sabrás es que cuando estás con ellos tu vida cambia a mejor, te sientes más conectado. **Cuando estemos con ellos la vida parecerá más brillante de alguna manera...**

Bien, **esa persona vas a ser TÚ.** En realidad, eres tú. Siempre lo has sido y siempre lo serás, solo tienes que reconocerlo.

Jesús dijo: **SOIS DIOSES** y quizás esto no se ha tomado en cuenta o no se le ha prestado la suficiente atención.

TÚ ERES GRANDIOSO, TÚ ERES GRANDIOSA, lo digo ahora y lo diré siempre, TÚ, la persona que está leyendo estas líneas en estos momentos.

Eres GRANDIOSO Y GRANDIOSA. Es decir, eres un GRAN-DIOS-o y una GRAN-DIOSA.

Tienes el derecho de nacimiento de ser y tener lo que quieras, te lo mereces, eres digno de toda la grandeza, porque tú eres GRAN-DIOS@

## ¿CÓMO CONECTAR CON TU ALMA Y LA 5ª DIMENSIÓN?

Es muy sencillo, mediante el ejercicio de EMPODERAMIENTO especialmente diseñado para elevar tu vibración y conectar con el Universo a través del amor de tu CORAZÓN.

Es tan, tan sencillo que no te lo vas a creer. Siéntate relajado, respira profundamente tres veces. Y después dices tres veces:

DESDE EL YO SOY EN MÍ, INVOCO A MI ALMA.

Muy suavemente, empieza a llevar tus pensamientos hacia tu interior, a la zona del corazón, y concéntrate en tu poder interior. Empieza afirmando, con sentimiento profundo centrado en tu corazón, afirmaciones que empiecen con YO SOY/YO ESTOY:

YO SOY PAZ, YO SOY FELICIDAD, YO SOY ARMONÍA, YO SOY EQUILIBRIO, YO ESTOY SALUDABLE, YO ESTOY REALIZADO, YO ESTOY LLENO DE AMOR, ¡YO SOY LA LUZ!, YO SOY LA INOCENCIA.

Y termina siempre diciendo: ¡YO ESTOY IMPREGNADO POR EL PODER! ¡Y AHORA PERMITO A ESTE PODER FLUIR A TRAVÉS DE MÍ LÍBREMENTE!

Después notarás una sensación, generalmente en el pecho, aunque hay personas que lo notan en las manos, en la cabeza, no importa. También puede ir variando según el día o como tú vayas evolucionando. Quédate con esa sensación para reconocerla y saber que es tu alma quien habla y que estás conectado a Dios, al Universo. Siente esta sensación y deja que fluya, siente cómo te empodera. Ahora dile lo mucho que la amas, siente ese amor desbordándote. Enfócate en esa energía. Siente una enorme sensación de amor por ese poder.

Estás conectado, sigue diciéndole lo mucho que lo amas y lo maravilloso que es. Siente como ese poder está dándote más y más amor. Ahora ¡ESCUCHA! Te llegarán informaciones de arriba en forma de intuiciones, nuevas afirmaciones, respuestas a preguntas que tenías en mente, ¡o incluso ideas lucrativas!

Ahora pide, sigue dándole amor, siéntelo siempre en el corazón, y pregunta que te resuelva el problema o te ayude a decidir. Hazle una pregunta concreta. Entonces te contestará. A veces en imágenes, a veces en palabras, a veces en símbolos y a veces en sensaciones.

Ten una libreta y un bolígrafo a mano y escribe todo lo que te llegue 😊 Guíate por tu primera intuición.

### MI REGALO PARA TI: MEDITACIÓN GUIADA

¿Te gustaría tener una meditación guiada por mí para poder conectar con tu alma todas las noches de tu vida, y no solo pedirle guía, sino también pedirle ayuda en tus creaciones?

Escanea el código para poder descargarte esta meditación que he creado especialmente para ti. Te va a encantar y te conectará con una parte de ti que quizás ya tenías olvidada…

Entra en www.meditacionlavozdetualma.com

### ¿CÓMO SABER SI HE DECIDIDO BIEN?

Cuando dudas sobre algo hay un conflicto entre alma y mente. Generalmente ya sabes que para lograr atraer lo que quieres a tu vida necesitas que haya un acuerdo entre alma y mente. Para que la mente se calle y puedas oír lo que te dice tu alma necesitas decidir.

**Una vez hayas tomado una decisión,** tu mente ya estará contenta, ya has decidido. Entonces tu mente callará y tu alma hablará. **Te enviará una sensación. Un susurro.** Alerta, porque es muy sutil pero tú lo vas a saber. Decide y el segundo después vendrá esa sensación. Si es buena es lo que tu alma quiere en comunión con Dios y todo saldrá bien. Si te entra temor, encogimiento o preocupación entonces no lo hagas. Tu alma sabe que no es bueno.

Muchos problemas que has tenido han sido por no hacer caso a tu alma. Fíjate, conociste a esa persona y sin conocerla de nada tuviste una mala sensación... no sabes por qué... con el tiempo, termina jugándotela.

O en los negocios, tomas una decisión y sientes que no es bueno, pero aun así lo haces. Termina en drama.

## ¿CÓMO SABER SI ES UNA DECISIÓN DEL ALMA O DE LA MENTE?

Muy fácil. **Cuando la decisión es del alma no tienes que convencerte.** Simplemente lo sabes, sientes paz, sientes tranquilidad, sosiego...

Si has decidido por la mente entonces tendrás que convencerte, justificándote y dándote mil razones para seguir creyendo en eso. Te darás argumentos continuamente para convencerte de que ha sido una buena decisión.

**Con el alma será paz y felicidad, será tranquilidad.**

## ALGUNOS CONSEJOS QUE TE AYUDEN A CONECTAR

A menudo estamos tan absorbidos por nuestra realidad actual y por nuestros automatismos creados que no tenemos tiempo para reconocer a nuestra alma. Es por ello que con el tiempo, de manera muy sutil, empezamos a sentirnos desplazados del mundo. Llega un punto en que no puedes descansar bien. Todo pasa irte mal y te sientes fuera de lugar. Te cuestionas el porqué de todo esto. Para qué. Qué sentido tiene todo lo que haces.

Estás desconectado de la fuente original. Voy a darte algunos consejos, solo son eso, consejos míos. Tómalos como quieras o como sientas...

Medita a diario varias veces al día. Haz ejercicio abundante y entra en contacto con la naturaleza. Termina lo que empiezas y entrégate a tu trabajo con pasión, a lo que tu alma quiere. Tira la televisión. Conéctate a internet sólo si es necesario o si es tu trabajo. Deja el alcohol, y las drogas como el tabaco. Come más vegetales. Dúchate muchas veces y lávate las manos. Ríe mucho, la risa es un tónico para el alma y te eleva la vibración. Sé feliz bajo toda circunstancia.

## PERMÍTETE BRILLAR. CRÉETE DIGNO DE LO MEJOR

¿Por qué te culpas? ¿Por qué te castigas? ¿Acaso crees que te mereces eso? Como todos, has cometido cientos de errores, pero lo has hecho lo mejor que has sabido en cada momento. Estás aprendiendo, no seas tan duro contigo mismo. Trátate con cariño y atención para que tu alma pueda elevarse.

> Cuanto más te valores a ti mismo más te valorará el mundo.
> Cuanto más te cuides a ti mismo más te cuidará el mundo.
> Cuanto más te trates como a un genio más opciones tendrá el genio de salir a relucir.

No hay nada bueno en hacerse pequeño para que los demás no se sientan mal a tu lado, debes atreverte a brillar, creerte digno. **Entonces brillarás y contagiarás a todo el mundo. Se verá en tus ojos, en tu andar, en tus movimientos, en tu sonrisa y las personas dirán: ¡wow! ¡Qué cambiado estás!**

Y las personas que no te conozcan dirán: "¿Quién es esa persona? Yo quiero hacer lo que él hace, quiero comer lo que él come, quiero ser como él es", porque brillarás con luz propia.

## TEN FE, ESCUCHA LA VOZ DE TU ALMA

Si supieras que esta voz, tu alma, te guía indefectiblemente hasta tus sueños. Si supieras que no puedes fallar… ¿entonces lo harías?

> La voz de tu alma, tu intuición, es tu sentido de la dirección. Es la voz guiándote hacia tus sueños a través de la senda correcta. Es aquello que te ayuda, te apoya, te protege. Es aquello que te permitirá ser más, hacer más y poder contribuir más con el mundo que te rodea. Es lo que te guiará en el viaje más grande que una persona puede hacer en la vida, el viaje hacia su interior.

**Si te estás preguntando si ahora es el momento para empezar el cambio, para dirigirte hacia lo que siempre has soñado, la respuesta es sí.**

Tómate tu tiempo para mirar hacia tu interior y cuando lo veas claramente, es el momento de ir hacia ello. Observa tu objetivo allí adelante y luego vuelve hacia atrás para determinar los pasos a seguir.

Tienes tu visión, crees que puedes hacerlo. Tienes claridad, sabes por qué quieres eso, pides ayuda y sabes que nada ni nadie te detendrá.

El tiempo pasa y hay algo que debes preguntarte: ¿Cuál es tu propósito?

Algunas personas piensan en pequeño, día a día. Otras piensan más en grande, semanas y meses. Otras se atreven a ir más allá, en años y décadas. Otras personas expanden su visión más allá de los límites, en siglos, milenios. Solo muy poquitas quieren dejar un legado. Piensan en la eternidad.

Si quieres marcar una diferencia en ti mismo, afecta a tu familia. Si quieres afectar a tu familia, influencia a tu comunidad. Si quieres influenciar a tu comunidad, impacta a tu país. Si quieres impactar a tu país, transforma el mundo.

Céntrate en marcar la diferencia. Es un hábito, día a día. La única manera de satisfacer a tu alma es con la gratitud y el amor. No vivas más en el miedo y la culpa. Expándete al amor.

Le pregunté a mi alma: ¿Cuál es el propósito del Universo? Y ella me contestó: Expandirse. Le pregunté: ¿Cuál es mi propósito? Me respondió con otra pregunta: ¿Formas parte del Universo? Sí, contesté…

Las grandes personalidades de la historia confiaron en su voz interior, en la voz de su alma. Lograron aquietar su mente, meditaban diariamente, y el susurro se volvió más perceptible poco a poco. Tú puedes. Sí se puede.

**Tu principal propósito es expandirte. Entonces te alineas con el Universo y este te proporciona todas las fuentes para que crezcas y te desarrolles en tus deseos.**

Cada vez que sientes amor te expandes, cuando sientes miedo te contraes. Te desconectas de la fuente.

Todo es acerca de la cosecha. ¿Qué estás dando? Lo que ves de vuelta es lo que das. Haz algo por alguien que sabes que lo necesita y que jamás podrá pagarte.

Lo que haces hoy será el legado de en lo que te convertirás mañana.

¿Qué decides ahora? ¿Cuál es tu propósito? ¿Cuál es tu motivo de estar aquí? ¿Cuál es la voz de tu alma?

La tragedia en esta vida no es no alcanzar tu propósito. La tragedia es no tener un propósito que poder alcanzar.

No es una desgracia el no poder alcanzar las estrellas. La gran desgracia es no tener estrellas a las que querer alcanzar.

> Tus sueños son la razón por la que viniste a este planeta. Sé auténtico, sé original, encuentra tus dones y ponlos al servicio de la humanidad.
>
> Cree en ti. Empieza ahora. Eres el mejor "tú" que jamás ha existido. Atrévete a parar, darle la espalda al mundo y girarte hacia ti.
>
> Atrévete a darle la espalda a tu mente y girarte hacia tu alma.

Y el último día de tu vida, postrado en tu cama, con todos tus seres queridos a tu lado, serás capaz de preguntarte: ¿hice todo lo que pude? Y entonces sonreirás, suspirarás y podrás contestar: sí, lo hice.

Ten fe.

Escucha la voz de tu alma...

Te quiero.

Lain

# MI MENSAJE PARA TI

**HAZLO. HAZLO. JUEGA EL JUEGO. UN SOLO PASO EN LA DIRECCIÓN CORRECTA ES MUCHÍSIMO MEJOR QUE 100 AÑOS PENSANDO EN ELLO.**

NO EXISTE EL TIEMPO ADECUADO PARA EMPEZAR, SOLO EXISTEN OPORTUNIDADES PERDIDAS.

TENGO UNA PREGUNTA PARA TI:

¿CÓMO VALORARÍAS TU VIDA EN GENERAL EN UNA ESCALA DEL 1 AL 10?

Si tu respuesta es menos de un 8. ¡¡¡ESTÁS LOCO!!!

¿Cuántas vidas tienes? ¿Cómo la estás aprovechando?

No sé, pero pronto tu vida habrá terminado y te preguntarás: ¿qué hice con este regalo que se me dio? ¿Lo aproveché? Por eso te digo, si tu vida consideras que NO está a un nivel 8 o SUPERIOR, entonces ¡¡¡ESTÁS LOCO!!!

¿QUÉ VAS A HACER CON ESTE REGALO QUE SE LLAMA VIDA?

"Si no te puedes arriesgar, no vas a crecer.

Si no vas a crecer no podrás llegar a ser tu mejor versión.

Si no puedes llegar a ser tu mejor versión, entonces no vas a ser quien has venido a ser.

Si no eres quien deberías ser, jamás serás feliz.

Y si no puedes ser feliz, ¿entonces qué más te queda?"

**Less Brown**

Buda decía: "el problema de la humanidad es que se cree que tiene tiempo". Los años pasan, los días, las horas y los segundos...

¿Te has dado cuenta ya de lo rápido que pasa el tiempo?

**Pronto se acabará el tuyo, ¿qué vas a hacer hoy para cambiar todo eso que no te gusta y para acercarte a tus sueños?**

**Al Universo le gusta la velocidad.** Mientras te lo piensas, planificas, mides, compruebas y te lo vuelves a repensar una y otra vez, la oportunidad de esa vida espectacular pasa a la siguiente persona de la lista.

Ahora mismo, me estoy imaginando a dos personas que están leyendo este libro, me dirijo y le hablo a dos personas... Sobre todo me imagino que le hablo a una de ellas, una persona que AHORA MISMO va a leer esto y va a tomar acción.

A una persona que va a dejar de postergar todo aquello que lleva días, meses o incluso años queriendo hacer y que todavía no ha hecho. Esa persona que sabe que tiene que hacerlo... que puede que sea arriesgado, doloroso o incluso puede que esté aterrorizada pero sabe que tiene que hacerlo...

Pero hay otra persona que leerá esto y seguirá siendo mediocre. MEDIO-CREE, personas que viven a medias, creen a medias y no lo van a cambiar.

ESTAS DOS PERSONAS ESTÁN DENTRO DE TI. UNA DICE :NO PUEDO, LA OTRA DICE: SÍ SE PUEDE.

**¿QUÉ VOZ VAS A ESCUCHAR?**

DI AHORA MISMO: ¡SÍ PUEDO!

La vida es un viaje de ida. No hay vuelta. No podemos estar practicando para algo que nunca llegará. Es hora de que despiertes y vivas tu sueño.

EL MOMENTO ES AHORA. EL TIEMPO ES AHORA. TU VIDA ES AHORA.

HAZLO. HAZLO. HAZLO. JUEGA EL JUEGO de tu vida. UN SOLO PASO EN LA DIRECCIÓN CORRECTA ES MUCHÍSIMO MEJOR QUE 100 AÑOS PENSANDO ACERCA DE ELLO.

Probablemente estés asustado. Tengas dudas, preocupaciones. Te aterroriza empezar. Pero la vida trata de seguir adelante y lograr aquello que tanta ilusión te hace. El siguiente paso está en tu interior. Búscala, tu guía interior te lo dirá.

> Todo debe empezar en ti, en creer en ti, en amarte, eso sentará las bases para todo lo demás. Cuanto más seas capaz de confiar en ti y en tu intuición, en creerte merecedor de lo que quieres lograr, antes podrás dirigirte hacia ello.

Pienso sinceramente que el primer paso es cultivar **el amor propio y el poder personal,** cosa que la mayoría de las personas no tienen. No vas a lograr lo que quieres, vas a lograr lo que eres. Debes conocer tus valores, cuáles son tus principales principios.

Es vital que sepas quién eres, de dónde vienes, hacia dónde te diriges. Debes convertirte en el tipo de persona que sabrá saborear ese éxito que persigues. Es muy fácil que tu vida transcurra siendo un pasajero de la misma, en lugar de ser el piloto. Toma el control ahora, no te dejes llevar por las circunstancias. No seas un corcho flotando en medio de la tormenta golpeado por el oleaje y los vientos del cambio. Aprovecha estos vientos para izar la vela de tu intención con destino a tus sueños. Aprovecha el oleaje para que te ayude a avanzar hacia adelante. Gira el timón en dirección a tu próximo objetivo. Es tu primer paso. Y, por favor, persiste y deséalo con todas tus fuerzas. Pide y se te dará.

HA LLEGADO EL MOMENTO DE ELEGIR... ¿QUÉ QUIERES HOY? ¿TE COMPROMETES? NOS VEMOS EN EL CLUB DE LAS PERSONAS FELICES Y REALIZADAS...

¡ESPERO VERTE ALLÍ PRONTO!

ESPERA EL MILAGRO...

**Sigue LA VOZ DE TU ALMA, tus intuiciones y ten FE.**

**¡TU CAMBIO EMPIEZA HOY!**

# TOMA ACCIÓN INSPIRADA AHORA

Hemos llegado a la hora de la verdad, vamos a construir tu DESTINO. Si estás pasando por una mala situación, no te preocupes; como ya sabes la vida busca el equilibrio, así que ahora está buscando recompensarte, tan solo debes permitírselo.

Simplemente estás atravesando una **NOCHE OSCURA DEL ALMA** y necesita ser sanada. Pero pronto podrás contemplar el **AMANECER DE TU ALMA** aplicando estos principios hasta integrarlos.

De hecho, empecé a escribir este libro en una noche oscura del alma, así que ten por seguro que lo que estás pasando ahora, sea lo que sea, es una **BENDICIÓN DISFRAZADA.**

Ahora que has aprendido que el Universo es mental y que obedece a nuestras palabras, pensamientos y emociones, vamos a darle una guía para que pueda traerte todas las maravillas de su reino, pues ha llegado el momento de reclamarlas, son tuyas, te las mereces, ¡te lo debes!

Así que mi pregunta es: ¿QUÉ QUIERES REALMENTE?

Cuando tienes un pensamiento es caótico y difuso; sin embargo, la mejor manera de ordenarlo es poniéndolo por escrito. Esto tiene una doble intención. Primero, ordenar el caos de tu mente. Segundo, enfocar nuestra atención plena hacia nuestro objetivo, pues al escribirlo involucramos a nuestro cuerpo, a nuestra mente y a nuestras emociones. ¡Escribimos desde el corazón!

Me gustaría que, por favor, te tomaras esto en serio, pues tiene la facultad de hacer que vislumbres el mayor amanecer que jamás hayas visto antes. Y lo hará dentro de ti, en el fondo de tu corazón, en un lugar muy profundo dentro de este, en un lugar llamado alma…

Escribe AHORA lo siguiente en un papel a mano:

**YO ME VEO A MÍ MISMO RECIBIENDO TODAS LAS MARAVILLAS DEL Universo ATRAÍDAS HACIA MÍ COMO UN IMÁN.**

Cuando empecé escribiendo mis propósitos era maravilloso porque obtenía un resultado del 80-85%. ¡¡¡Poco a poco fue aumentando a 90%-95%!!!

**Ahora lo escribo y tengo la ABSOLUTA Y CERTERA FE DE QUE ¡¡¡CUALQUIER COSA QUE ESCRIBA VA A OCURRIR!!!**

¡¡¡Escribir tu visión es algo absolutamente invaluable. Tienes que tomar ventaja y recordar siempre la ABSOLUTA fuerza que tiene el escribir tus deseos. **¡SIEMPRE ESCRIBE TUS DESEOS!**

Ahora toma ventaja y escribe la lista de tus **10 PRINCIPALES DESEOS y PARA QUÉ LOS QUIERES. Escribe esta frase:**

**¡YO ME VEO A MÍ MISMO RECIBIENDO** _____ **PARA**

_____¡

**YO ESTOY ABSOLUTAMENTE AGRADECIDO DE QUE ESTO ES MÍO AHORA.**

Ahora vuelvo a escribirlo completo y con **MUCHA ENERGÍA DESDE EL CORAZÓN.**

**Ahora siéntete UNO con tu deseo dentro de tu corazón.**

**Siente tu corazón poderoso y pleno.**

**Siente la paz de que eso es tuyo ya.**

**Siente gratitud por ese poder dentro de ti.**

**Siente el AMOR y el APOYO del Universo entero detrás de ti AHORA.**

Ok, eso es todo, ahora repite el proceso con cada uno de tus diez deseos. Luego júntalos todos en una lista y **léela cada día con MUCHO SENTIMIENTO al despertar y justo antes de acostarte.** Hazlo así hasta que tus deseos se hayan cumplido.

Verás cómo vas a tener que ir tachando cosas de la lista porque se te van a ir cumpliendo. Algunos antes, otros tardarán más dependiendo de lo alejado que estés de ellos. **¡No te creas, COMPRUÉBALO!**

Ahora, durante tus días es muy importante que hagas el ejercicio de **CONECTAR CON TU ALMA.** Cuanto más lo hagas más **CHISPAZOS DEL ALMA** recibirás, más inspiraciones tendrás para moverte hacia la dirección correcta.

Aprovecha estos CHISPAZOS DEL ALMA para tomar acción masiva intuitiva. Cuando estás conectado y sigues LA VOZ DE TU ALMA, tus sueños y tus deseos **¡¡¡TE ENCUENTRAN ELLOS A TI!!!**

Estoy tan convencido de que te vas a sorprender y de que vas a lograr lo que quieras que te pido por favor que ¡ME LO CUENTES! Envíame un correo a laingarciacalvo@gmail.com y comparte conmigo tu experiencia.

GRACIAS, GRACIAS, GRACIAS

# ¿CÓMO SABER SI ESTÁS EN EL CAMINO?

Si sientes que estás haciendo consistentemente todas las técnicas de LA VOZ DE TU ALMA y no tienes resultados, esto es en esencia IMPOSIBLE.

Sería como decir que tiras una manzana desde un edificio y la ley de la gravedad no está cooperando para que la manzana caiga hacia el suelo. Debe haber algo que no está alineado con la ley porque estas **¡¡¡son infalibles!!!**

**Muchas personas creen que el mero hecho de conocer las leyes hará que estas actúen para ellas.** Esto nunca es así porque no se está teniendo en cuenta la propia ley. Debes APLICARLAS y tomar ACCIÓN cada vez, hasta que la ley se ponga en movimiento y te traiga de vuelta su correspondiente físico.

Entonces, estas personas se preguntan por qué no les está funcionando, y deben saber que es necesario tomarse su tiempo para practicarlas y hacerlo consistentemente.

Hay muchos pasos a seguir en este libro, es por ello que he querido asegurarme de que los completes todos para que tu deseo pueda encontrarte a ti. Por ello, **he elaborado esta lista para ti**, que puedes seguir para asegurarte de que estás siguiendo los pasos correctamente.

Si no lo estás haciendo, puedes añadir correctamente el ingrediente que te falta para permitir que LA LEY DE LA ATRACCIÓN pueda atraer hacia ti el deseo y verlo manifestado en la 3ª dimensión.

## TU MAPA DEL CAMINO

-¿Has empezado a responsabilizarte de tu vida y has aceptado que todo lo que te ocurre lo has atraído tú? Absolutamente todo...

-¿Has escrito lo que quieres en una lista y la llevas contigo a diario?

-¿Has transformado tu vocabulario para generar nuevos estados y comenzar a crear tu visión mediante tus declaraciones?

-¿Te has cuestionado todas tus creencias respecto a tu visión y las has ido rompiendo una a una, sustituyéndolas por otras que te capaciten más?

-¿Estás visualizando consistentemente tu visión, del modo en que aparece en el principio de correspondencia?

-¿Estás enfocándote en lo positivo todo el tiempo? ¿Estás decretando lo que no quieres y sustituyéndolo por lo que quieres, cada vez que algo no te gusta?

-¿Haces todo lo posible por mantener alta tu vibración todo el tiempo, sea como sea?

-¿Estás conectando con tu alma a diario para pedir guía y sintiendo ese poder interior? **¡ESTA ES LA CLAVE DEL PROCESO!**

-¿Estás actuando a través de los chispazos intuitivos que te envía tu alma?

-¿Estás controlando los péndulos? ¿Estás excediendo el grado de importancia? Si es así, contrólalo…

-¿Estás sintiéndote a todas horas como si ya tuvieras aquello que quieres manifestar? ¿Lo sientes centrándote en lo más profundo de tu corazón?

-¿Estás continuamente observando tu mundo físico para ver si esto funciona? ¡ERROR! No es así como funciona.

-¿Te sientes apoyado por el Universo entero? ¿Estás enamorado de la vida?

-¿Ya te inscribiste en el evento **INTENSIVO ¡VUÉLVETE IMPARABLE!** para llevar estos conocimientos a la ACCIÓN (principio CAUSA-EFECTO)?

# ¿ME AYUDAS A AYUDAR A MÁS GENTE?

Estos conocimientos transformaron mi vida por completo, las de toda mi familia y las de mis amigos más cercanos. Curamos enfermedades crónicas de nuestros allegados, nuestra economía se multiplicó, empezamos a ser más felices y a tener más paz.

**¡Gracias a Dios por permitirnos vislumbrar estos conocimientos! Me siento muy bendecido y afortunado.**

**¡¡GRACIAS, GRACIAS, GRACIAS!!**

Es por ello que tengo un sueño. Jesús dijo: "Sois dioses", y tengo el gran sueño de que todas las personas que actualmente están sufriendo y se sienten perdidas puedan conocer estos principios. No hay nada en este mundo que me llene más que ver a las personas FELICES y SONRIENDO sintiéndose plenas.

**¡AMO EL SER HUMANO. TODOS SOMOS UNO. TÚ Y YO SOMOS UNO. ESTAMOS TODOS CONECTADOS!**

Mi sueño es el siguiente:

> Yo tengo el sueño de que más de 1 millón de personas puedan descubrir estos principios y ayudarles a TRANSFORMAR SU VIDA también, a través de este libro, LA VOZ DE TU ALMA, para que puedan vivir en PAZ y en absoluta FELICIDAD sus vidas.

¿Te ha gustado el libro? ¿Crees que puede ayudar a otras personas como nos ha ayudado a ti y a mí? ¿Crees que puedes ayudar e inspirar a tus seres queridos con este libro? ¿Crees que más personas necesitan escuchar La Voz de Su Alma? Y lo más importante, este libro está escrito con el alma, durante la lectura de este libro, ¿has conectado con mi alma?

Mi alma ahora te pide ayuda...

Uno de los principios que enseño es: si necesitas AYUDA, AYUDA a otros. Es por eso que escribí este libro, quería ayudar a otros a descubrir lo que yo descubrí gracias a Dios. Esto concuerda con la LEY DE CAUSA Y EFECTO, la ley de la COSECHA o la ley del BÚMERAN.

**¡Lo que das recibes y vuelve a ti multiplicado!**

Por eso te pido AYUDA para poder cumplir un sueño: DEJAR UN MUNDO MEJOR PORQUE ESTUVIMOS EN ÉL.

Si te has visto identificado con estos principios. Si te han dado paz y han ayudado aunque sea un poquito a aumentar tu felicidad. Si te han inspirado. Si sientes que quieres ayudarme de corazón.

Mi corazón y mi alma, que son los mismos que los tuyos, estarán muy, muy, muy felices.

Como ya conoces, la CONTRIBUCIÓN es lo que más felices nos va a hacer en esta vida. Te pido ayuda para que CONTRIBUYAS a cumplir un sueño: aliviar el sufrimiento innecesario de al menos un millón de personas y, con ello, colaborarás en el proyecto que estoy a punto de presentarte… ¿Te imaginas un millón de personas con la vibración alta? Y créeme, el Universo opera con las leyes muy exactas, Dios o el Universo te va a compensar multiplicado. En ese sentido, estoy súper feliz de que desees ayudarnos.

Pero más importante para mí es poder agradecerte PERSONALMENTE tu ayuda.

Tanto si decides ayudarme o no, quiero agradecerte de todo corazón haber adquirido y leído este libro. Está escrito desde mi alma para tu alma.

Si ha llegado este libro a tus manos no es por casualidad. Nada ocurre por casualidad, sino por sincronicidad. Tampoco es casualidad que tú y yo hayamos entrado en contacto. Hay algo que debemos hacer juntos en esta vida:…

**Creo firmemente que todos podemos ayudar a UN MILLÓN de personas a ser más felices.**

**GRACIAS, GRACIAS, GRACIAS DE TODO CORAZÓN.**

**Te quiero.**

**Lain.**

# ¿TE GUSTARÍA CONTRIBUIR?
# HAZTE EMBAJADOR DE
# "LA VOZ DE TU ALMA"
## Y AYÚDANOS EN UNA CAUSA
## MUY, MUY, MUY ESPECIAL.

# BENDECIDOS PARA BENDECIR

*"El SECRETO para la vida es DAR*
*y el PROPÓSITO definitivo es la CONTRIBUCIÓN."*

**LAIN GARCÍA CALVO**

Querido lector, una vez más quiero agradecerte profundamente el hecho de que hayas llegado hasta aquí, porque significa qué realmente estás comprometido con tu cambio y tu transformación personal, pero también intuyo que vas a ser una persona que repartirá muchas bendiciones a quienes tienes alrededor.

Siento que en toda familia, en todo grupo de amigos, en toda comunidad, el Universo manda a alguien para romper la maldición pasada y abrir nuevas puertas de bendición en la vida de esas personas.

Si estás en estas páginas, es seguro que esa persona eres tú. Esa persona especial, que en algunos caso fue señalada como "rara", pero tremendamente intuitiva y "diferente", que hará que con su ejemplo y su transformación, otras personas aprendan a dejar de ser víctimas de sus circunstancias y ayudarles a crearlas.

Esto se resume en una palabra:

## ERES LÍDER

Lo que significa que, lo creas o no, vas delante, en niveles de conciencia y en muchas otras cosas. Hace un tiempo aprendí algo:

## LOS LÍDERES VAN PRIMERO

Y desde que comencé a trabajar en mi propósito de vida, no he dejado de pensar en que todo esto no se trata solo de mí, se trata de nosotros.

Como ya aprendiste, el campo es uno, todos somos uno, y cuando una parte del TODO evoluciona, ayuda al resto a evolucionar. Es por eso que durante la lectura del libro te propuse sembrar semillas de bendición (ojalá lo hayas hecho, porque por CAUSA-EFECTO recibirás grandes bendiciones del Universo), pero ahora vamos a ir un paso más allá.

Comencé con una idea:

## QUIERO DEJAR UN MUNDO MEJOR
## PORQUE YO ESTUVE EN ÉL

Por eso escribo libros, quiero transmitir al mundo lo que a mí me ha ayudado, y si te ha ayudado a ti también, ¿me ayudarás a compartirlo?

Puedes hacer EMBAJADOR del libro y colaborar con mis proyectos en mi fundación BENDECIDOS PARA BENDECIR.

### ¿EN QUÉ CONSISTE SER EMBAJADOR?

Déjame explicarte, porque esta es la parte más maravillosa del proyecto...

Desde que empecé a hacer eventos y a escribir libros, he donado el 10% de la abundancia que recibía. Al principio no era mucha, pero lo importante es empezar y crear el hábito. Sorprendentemente, cuando empiezas con poco, el mero hecho de empezar hacer que termines con mucho.

Donaba el 10% y lo hacía anónimamente, porque Jesús decía que había que hacerlo así. Pero luego me di cuenta de que cada vez tenía a más y más y más personas siguiendo mis libros, mis eventos y tenía la obligación moral de mostrárselo, para que vieran que era algo real.

*"Solo aquellos que aprendieron el poder de la contribución honesta y sincera, conocen la mayor experiencia que cualquier ser humano pueda tener en su vida: la verdadera autorrealización."*

**LAIN GARCÍA CALVO**

No leo, me entretengo y luego no hago nada. Yo soy de los que leo, practico, pruebo una y otra vez, hasta que obtengo lo que quiero. Y siempre leí lo del diezmo, lo de donar, y en la Biblia hay un pasaje en Hebreos que se llama BENDECIDOS PARA BENDECIR, así que un día me dije que así se llamaría mi fundación.

Puedes ver más en:

www.bendecidosparabendecir.org

Como en todo, piensas en grande y comienzas en pequeño. Así que donaba pequeñas cantidades de dinero, donaba conocimiento, donaba libros que me habían ayudado, donaba tiempo, etc.

¡EL SECRETO DE LA VIDA ES DAR! Así que mientras iba prosperando y siendo bendecido, ayudaba a prosperar y a bendecir a otros, no solamente donando dinero, sino ayudándoles a cambiar su mentalidad a través de los libros, que ya sabes que en la mente empieza y termina todo.

*"Al final de tu vida, no serás recordado por lo que obtuviste, sino por lo que diste; por cómo mejoraste la vida de aquellos que te rodean. Ese es el mejor legado que podrás dejar.*

*Pero no puedes dar lo que no tienes, por lo tanto, crea abundancia, sé un bendecido y luego reparte bendiciones a millones.*

*¡Construye una vida para que esto se pueda dar!"*

**LAIN GARCÍA CALVO**

Y esta es tu parte, querido lector,

**Si te ha gustado este libro y crees que podría ayudar a otros, puedes hacer embajador, lo que significa que donarás libros a las personas que lo necesiten.**

Al hacerlo, bendecirás a otros de dos maneras:

1) Con la lectura de este libro, que les ayudará a comprender y aplicar sus principios para cambiar sus vidas.

2) Al comprar los libros, se donará una parte de los beneficios al proyecto BENDECIDOS PARA BENDECIR (el 10% de los beneficios serán donados a diversas causas que puedes ver en la web www.bendecidosparabendecir.org).

## ¿CÓMO HACERTE EMBAJADOR?

¡Es muy fácil!

Sólo tienes que pensar en 8 personas a las que les iría bien esta lectura, y hacerles un regalo inesperado.

Si no puedes adquirir 8 libros de golpe, puedes empezar por uno, dos o tres... los que tú consideres, el caso siempre es empezar.

```
┌─────────────────────────────────────────────┐
│              YO SOY EMBAJADOR                 │
│                                               │
│             1. REGALA 8 LIBROS                │
│        ☐ ☐ ☐ ☐ ☐ ☐ ☐ ☐                      │
│                                               │
│      2. PUBLICA 8 FOTOS DE PASAJES DEL LIBRO  │
│        ☐ ☐ ☐ ☐ ☐ ☐ ☐ ☐                      │
│                                               │
│       3. RECOMIENDA EL LIBRO A 8 PERSONAS     │
│        ☐ ☐ ☐ ☐ ☐ ☐ ☐ ☐                      │
└─────────────────────────────────────────────┘
```

Conforme vayas donando libros, irás rellenado estos recuadros:

¿Y luego?

Envíame una foto tuya con el libro (al correo laingarciacalvo@gmail.com) y los recuadros tachados porque, si lo deseas (no es obligatorio y simplemente puedes regalar los libros y hacerlo anónimamente), aparecerás en la web de BENDECIDOS PARA BENDECIR como embajador y las personas sabrán que TÚ también fuiste parte del cambio.

¡Ayúdame a ayudar a más gente!

Sin más, te deseo muchas bendiciones, abundancia y éxitos.

Nos vemos pronto.

Un abrazo enorme.

Lain.

Repite conmigo:

YO SOY LÍDER, NO SEGUIDOR

ESCUCHO LA VOZ DE MI ALMA

POR MUCHOS NOES DE MI PASADO,
HAY UN GRAN SÍ EN MI FUTURO

NO VENGAS A HABLARME DE DERROTA Y DE FRACASO,
¡YO HABLO DE VICTORIA, FE Y ESPERANZA!

NO IMPORTA DE DÓNDE VENGO, IMPORTA A DÓNDE VOY

Y EN MI VIDA SE ABREN PUERTAS DE BENDICIÓN

PORQUE ¡YO SOY IMPARABLE!

# ¿QUÉ HACER AHORA?

Continúa la lectura de **la Saga de "LA VOZ DE TU ALMA"**

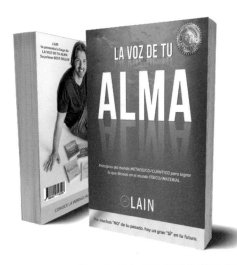

Entra en la web www.laingarciacalvo.com y continúa tu aprendizaje.

# ¿ERES EMPRENDEDOR?

Tengo un RETO para ti... Lee **la Saga de ¡VUÉLVETE MILLONARIO!**

Aprende las herramientas, estrategias y habilidades de los mentores millonarios, para ganar TU PRIMER MILLÓN de dólares/euros, en menos de cinco años, haciendo lo que amas y ayudando a los demás.

Entra en la web www.laingarciacalvo.com y continúa tu aprendizaje.

# INTENSIVO ¡VUÉLVETE IMPARABLE!

**Vive la EXPERIENCIA que ha transformado la vida de más de 55.000 personas de más de 20 países en todo el mundo.**

Esto es lo que dicen algunos de sus participantes en sus REDES SOCIALES después de participar en el evento:

 **francisalmanzarmk** Siiiiii!!! Tengo más energía y vitalidad que nunca!!!! Hace tiempo que no sentía esto!! Tengo mi corazón lleno de entusiasmos y júbilo. Al final del evento no me quería ir... y no quería que se acabara quería más y más!! Una pasada.. Iain eres lo máximo... @laingarciacalvo @vuelveteimparable

 **blancareyesdoria** Wowwww estoy tan energética, entusiasmada, full de todoooo. Venir al Evento desde Perú es una Gran gran Bendición. La voz de mi alma me dijo que siiii, a pesar de las dificultades muy muy agradecida y a transformarme mássss y voy hacia mi obseción. Te AMO 😭😭😭

33 min    1 Me gusta    Responder

**Lorena Velado**
Desde luego q es cierto. Mi segundo evento y cada vez más brutal. Llegué con muy poca energía alli, y salí super energizada al finalizar el primer día del evento. Hasta ahora siguió super arriba, exagerado. No paro de hacer cosas que me llevan a mi objetivo y se me ocurren un montón de ideas buenas q está acelerando el proceso. He tomado conciencia de muchos pasos q tengo q dar en esa dirección q me eran invisibles hasta ahora. A desengramar todo el mundo. Un abrazo grande, maestro. Eres un crack.

 **Cristina Dopazo Soage** · 1:10 Buen día !!!!estoy súper activa ayer después del vuelo aún repase todo y hoy a las 6 de la mañana estaba despierta espectacular jjajaa y ahora con mi libreta para 40 días de organizar y a por todas mi Segundo evento y deseo ir a más, cada evento me aporta unas cosas distintas y sano muchísimo como dices si no nombras la enfermedades se van bueno están pero al no darles atención se van lo comprobé este año sin medicamento y voy mucho mejor gracias lain

 **Kris Soler** · 0:00 Hola Lain y a todos los imparables! Si, es totalmente cierto! Después de pasar muchísimas horas en el evento puedo decir y confirmar que no sentía cansancio, todo lo contrario, una energía brutal y el día siguiente, el lunes, mi actividad fue mucho más grande que lo que venía siendo! He tomado acción masiva y estoy comprometida conmigo y con mis sueños al 200%!! Aún puedo sentir todas las vibraciones de este fin de semana pasado. Creando nuevos hábitos y rompiendo moldes!!! SI SE PUEDE! Gracias gracias gracias 😎😃

**tuty_org** Gracias Lain por dos días de profundidad e intención, anclajes y acción. Transformación profunda, se quedan cortas las palabras. Impecabilidad y ejemplo. Un equipo increíble de imparables sosteniendo y poniéndose al servicio. La contribución que estás haciendo va más allá de lo que podamos ver. Se siente en el corazón. Tu sueño es un hecho. Estoy feliz de estar en Mi primer bestseller, anclando hoy y reafirmándome en La voz de mi Alma. Voy a hacer mucho ruido @laingarciacalvo y tú me vas a mentorear. Honrada y bendecida por tantos regalos. Gracias gracias gracias #soyimparable

11 h    1 Me gusta    Responder

 **Kike Morillas** · 0:02 Lain soy kike de Granada, el trompetista, pareja de Sandra Bonal. Enhorabuena por todo lo que nos has transmitido en este fin de semana. Agradecerte a ti por organizar estos eventos y darnos la oportunidad de conocer las herramientas que debemos utilizar en la vida para lograr nuestros sueños. También agradecer a cada una de las personas que han asistido y por transmitir tanta buena energía al colectivo. Brutal.
Decirte que es verdad que tenemos más vitalidad y estamos menos cansados. A parte de eso mi pareja y yo, justo estos dos días después del evento hemos vivido experiencias con gente desconocida alucinantes que son pruebas reales de que los principios que nos has enseñado son ciertos y funcionan.
A seguir seguir seguir seguir hasta que ganemos la partida de nuestra vida 😊 ✊✊✊✊✊

Fin de semana lleno de emoción y gente imparable.. cumpliendo sueños rodeada de los mejores, y ahora ...a seguir cumpliendo más sueños!! Gracias a todos por toda la magia y energía que me habéis aportado, un verdadero placer !!! 💪💪❤️🍑💰🤓🤩😋😄🦍🔥☀️ #imparables#LainGarciaCalvo#eventovuelveteimparable#lavozdetualma

Un antes y un después, tras el paso por el evento... y un grupo de amigos y conocidos que te han abierto el corazón en dos dias...sin palabras!!! O si...Imparables!!!!gracias, gracias, gracias 💪👄👄

**Cecilia Pilo**
lun. a las 8:22 · 🖼

Indescriptible!!!.. Gracias Universo!!!
Gracias Lain!! Gracias Tere!! Gracias a cada uno
del equipo, gracias a cada uno de por imparables
porque su energía ha cambiado mi vida.
#vuelveteimparable, #joselepadilla;
#robinsongonzalez, Marta Gimenez; Cecilia Pilo

 mjoserossello Estar allí, VIVIRLO y
VIBRAR de la manera que allí se hizo.
Mis seres queridos me piden les
explique, les digo que no sé puede
explicar con palabras, hay que VIVIRLO!
El componente humano, maravilloso, la
cantidad de casualidades que se iban
produciendo, las sinergias...🔥 Decir
también que por primera vez en mucho
tiempo me sentí yo misma, me sentí
en CASA. Nos vemos en el siguiente!!
GRACIAS GRACIAS GRACIAS

¡No dejes que te lo cuenten!

Obtén más información ahora en: www.intensivovuelveteimparable.com

o escribe un WHATSAPP a +34 686559256 Y RESERVA TU ENTRADA,

¡SE AGOTAN LAS ENTRADAS ENSEGUIDA!

Y recuerda...


**CUANDO SE QUIEBRE TU ARCO Y HAYAS LANZADO
TU ÚLTIMA FLECHA**

**¡DISPARA! ¡DISPARA CON TODO TU CORAZÓN!**


**GRACIAS, GRACIAS, GRACIAS
TE AMO**

# ¿Puedo pedirte un inmenso favor?

Envíame tu experiencia con la lectura y las bendiciones que han llevado a tu vida los libros de la saga de LA VOZ DE TU ALMA.

Sólo **tres simples pasos:**

**1.** Hazte una **FOTO** con el libro.

**2. Escribe tu experiencia** y cómo te ha bendecido y ayudado la lectura.

**3.** Envíamela por **email** a laingarciacalvo@gmail.com

Me encantará conocerte y saber de qué forma ha mejorado tu vida.

GRACIAS GRACIAS GRACIAS

TE AMO

Sigámonos en las REDES SOCIALES: